村学集

安身

来自经典的转化发展

赵宗符◎著

齊魯書社

卷首诗

其　一

中庸哲学通中外，
大学功夫贯古今。
古今转化要创造，
温故发展在创新。

其　二

学而时习心常悦，
知行合一身自安。
唯物辩证一线串，
人能弘道贵实践。

目　录

中庸哲学论

——《中庸》猜想，以朱子《四书章句集注》为文本

题解：

“中庸”这个词在这里不是一种并列结构，而是一种偏正结构，“中”的意思是不偏不倚，乃是和后世理解的辩证法或矛盾内涵相似的一个词，包含着朴素的辩证法思想；“庸”的意思是不变的常理。因此，“中庸”这个词的核心是“中”，“庸”是用来说明“中”的，“中庸”是要讲“不偏不倚”的“中”的道理的，“庸”是形容这一道理的。这一道理是如此普遍而伟大，以至于其为不可改变的常理。《中庸》通篇都在讲“中”这个概念，讲中之道、中之庸，而不是把“中庸”当成一个固定的词组。后来把“中庸”当成一种庸俗的滑头哲学，对“中庸”的理解是大错特错的。

《中庸》朱序解

中庸何为而作也？子思子忧道学之失其传而作也。盖自上

古圣神继天立极，而道统之传有自来矣。其见于经，则“允执厥中”者，尧之所以授舜也；“人心惟危，道心惟微，惟精惟一，允执厥中”者，舜之所以授禹也。尧之一言，至矣，尽矣！而舜复益之以三言者，则所以明夫尧之一言，必如是而后可庶几也。

解：本段指明《中庸》的核心概念即为“中”，这是自“上古圣神继天立极”所传下来的道统。经书上有记载以来，则见尧传于舜，舜传于禹。可见“中”这一概念的根本性。

盖尝论之，心之虚灵知觉，一而已矣，而以为有人心、道心之异者，则以其或生于形气之私，或原于性命之正，而所以为知觉者不同，是以或危殆而不安，或微妙而难见耳。然人莫不有是形，故虽上智不能无人心，亦莫不有是性，故虽下愚不能无道心。二者杂于方寸之间，而不知所以治之，则危者愈危，微者愈微，而天理之公卒无以胜夫人欲之私矣。精则察夫二者之间而不杂也，一则守其本身之正而不离也。从事于斯，无少间断，必使道心常为一身之主，而人心每听命焉，则危者安，微者著，而动静云为自无过不及之差矣。

解：人心道心是一种方便讲法，其本来是一种东西，这种东西就是虚灵知觉。这种虚灵知觉，无论动静都能体现出中的状态，也就是辩证法的境界，就是性命之正，就是道心，否则，就是人心。中、辩证法是宇宙的根本大法，符合了，自然得其正；不符合，自然成其偏。

夫尧、舜、禹，天下之大圣也。以天下相传，天下之大事也。以天下之大圣，行天下之大事，而其授受之际，丁宁告戒，不过如此。则天下之理，岂有以加于此哉？自是以来，圣圣相承：若成汤、文、武之为君，皋陶、伊、傅、周、召之为臣，既皆以此而接夫道统之传，若吾夫子，则虽不得其位，而所以继往圣、开来学，其功反有贤于尧、舜者。然当是时，见而知之者，惟颜氏、曾氏之传得其宗。及曾氏之再传，而复得夫子之孙子思，则去圣远而异端起矣。子思惧夫愈久而愈失其真也，于是推本尧、舜以来相传之意，质以平日所闻父师之言，更互演绎，作为此书，以诏后之学者。盖其忧之也深，故其言之也切；其虑之也远，故其说之也详。其曰“天命率性”，则道心之谓也；其曰“择善固执”，则精一之谓也；其曰“君子时中”，则执中之谓也。世之相后，千有余年，而其言之不异，如合符节。历选前圣之书，所以提挈纲维、开示蕴奥，未有若是之明且尽者也。自是而又再传以得孟氏，为能推明是书，以承先圣之统，及其没而遂失其传焉。则吾道之所寄不越乎言语文字之间，而异端之说日新月盛，以至于老、佛之徒出，则弥近理而大乱真矣。然而尚幸此书之不泯，故程夫子兄弟者出，得有所考，以续夫千载不传之绪；得有所据，以斥夫二家似是之非。盖子思之功于是为大，而微程夫子，则亦莫能因其语而得其心也。惜乎！其所以为说者不传，而凡石氏之所辑录，仅出于其门人之所记，是以大义虽明，而微言未析。至其门人所自为说，则虽颇详尽而多所发明，然倍其师说而淫于老、佛者，亦有之矣。

解：概述“中”之思想史，从尧之“允执厥中”，到舜之“人心惟危，道心惟微，惟精惟一，允执厥中”，古圣先贤君臣皆切实行之，至孔子说之甚详，“中”之思想散为万殊，子思子又作《中庸》加以提炼明确，以防淹于言语之中而不明，孟子又善加发挥，传之程朱又加以明确。“中”的思想发展，一直到今天而不停止。孔子称赞：“舜其大知也与！舜好问而好察迩言，隐恶而扬善，执其两端，用其中于民。其斯以为舜乎！”孟子称赞“汤用中，立贤无方”，称赞孔子的伟大之处在于“时中”。“中”表现出朴素的辩证法思想。宋代各大儒对“中”都深有体会，如张载讲“有象斯有对，对必反其为，有反斯有仇，仇必和而解”，已有现代辩证法的意蕴。到现代，科学的辩证唯物主义思想，在中国思想史上对于“中”的思想之阐发又进入一个新境界。现代著名科学家钱学森凭借其高超的现代科学技术素养，构建了一个庞大的集大成式现代科学技术体系，将辩证唯物主义放到了体系的最顶端，具有一般哲学的地位、元哲学的地位，辩证唯物主义的内涵有了极大的丰富，从而古圣先贤从生活经验中直觉到的“中”的思想，发展到现代辩证法也有了现代科学技术的经验支持，包含了“中”的辩证唯物主义哲学也成了现代科学技术体系的王冠，其大本大道的地位更加牢固。因此，从“中”的思想发展史看，从尧、舜、禹、汤、文、武、周公，到孔子、曾子、子思、孟子、程、朱，再到现代史上的一些辩证唯物主义思想家，有一脉相承的地方。比如，《矛盾论》是在《中庸》之后，对“中”的辩证法思想阐述的又一里程碑。钱学森则在科学的时代，为“中”的辩证法思想奠定了科学的基础。

熹自蚤岁即尝受读而窃疑之，沉潜反复，盖亦有年，一旦恍然似有以得其要领者，然后乃敢会众说而折其中，既为定著章句一篇，以俟后之君子。而一二同志复取石氏书，删其繁乱，名以《辑略》，且记所尝论辩取舍之意，别为《或问》，以附其后。然后此书之旨，支分节解，脉络贯通，详略相因，巨细毕举，而凡诸说之同异得失，亦得以曲畅旁通，而各极其趣。虽于道统之传，不敢妄议，然初学之士，或有取焉，则亦庶乎行远升高之一助云尔。

淳熙己酉（1189年）春三月戊申

新安朱熹序

解：朱文公述其得“中”这一要领的方法，“沉潜反复，盖亦有年”。读书确实要涵泳其间方才有得。正如当代哲学家陈来先生所言，他读书亦学朱子的方法：敛身正坐，缓视微吟，虚心玩味，切记省察。此实乃会读书的经验之谈，从中也可以看出，发现“中”的要领，用的就是“折中”的方法，也就是“允执厥中”。围棋大师吴清源总结自己的根本思维方法就是“用中”。初学之士若“行远升高”，必须时时处处能“用中”。

子程子曰："不偏之谓中，不易之谓庸。中者，天下之正道，庸者，天下之定理。"此篇乃孔门传授心法，子思恐其久而差也，故笔之于书，以授孟子。其书始言一理，中散为万事，末复合为一理，"放之则弥六合，卷之则退藏于密"，其味无穷，皆实学也。善读者玩索而有得焉，则终身用之，有不能尽者矣。

解： 讲《中庸》之结构及读法、用法。读《中庸》需反复咀嚼，不断玩索，并且要知行合一，随时随地加以利用。

下面即仿照维特根斯坦《逻辑哲学论》的格式，以阿拉伯数字表示整篇文章的结构及其各段落之间的逻辑关系，结合现代思想，对《中庸》加以重构解读，之所以名之为"中庸哲学论"，取其仿《逻辑哲学论》之结构也，之所以副之以"中庸猜想"，取波普尔《猜想与反驳》之意，不敢自以为真理也。

正文解

1. 天命之谓性，率性之谓道，修道之谓教。

解：《中庸》思想中没有宗教理论，但有一种天人合一的超越情感。《中庸》开篇第一句话：天命之谓性，率性之谓道，修道之谓教，里面含有儒家自同于宇宙大全的超越情感。

1930年，维也纳学派的核心人物、逻辑实证主义哲学家石里克出版了一本论伦理的书，其中讨论神学伦理时，区分了两种善之本质的观念：根据第一种观念，善是善的，因为它是“上帝”想要的东西；根据第二种观念，“上帝”因为善是善的，而想要善。

石里克说，第二种更深刻。著名哲学家、维也纳学派自奉的精神领袖（尽管其本人对此坚决否认）维特根斯坦对此表示了坚决反对。维特根斯坦坚称，第一种更深刻，“因为它切断了引向对善为何是善做出任何解释的路；第二种是浅薄的、理性主义的观念，按照这一观念，你‘仿佛’能对善的东西给出理由”。维特根斯坦讲：“第一种观念清楚地说，善的本质与事实毫无关系，因此不能被任何命题解释。如果有什么命题准确表达了我的想法，那就是这句话：‘上帝命令的东西，那就是善。’”

维特根斯坦对善的这种态度，与《中庸》的思路有异曲同工之妙。人的本体、人的本性是从哪里来的？《中庸》开篇就予以了绝对的肯认：天命。“天”是中国古代文化中的最高思想概念，其地位相当于维特根斯坦讲的“上帝”，但中国之“天”是不具有神格的，它是宇宙大全、是大化之流行，有自然性而又有灵性，其灵性是由人来体现的。人就是宇宙的一部分，人不外于宇宙，大化流行生成人这复杂巨系统，此巨系统便有其功能。这功能便是人的灵明，人的性。为何有此功能？有此性？有此灵明？能描述，不能有最终解释，给不出理由。人在宇宙之中，与宇宙一体，人的灵明就是宇宙的灵明，人的心就是宇宙之心，存在主义哲学家海德格尔讲的此在的在世存在，与此有异曲同工之妙。按照现代自然科学的研究，人类所面对的宇宙，分为五个层次：胀观、宇观、宏观、微观、渺观。宇观世界是太阳系乃至银河系的世界，是爱因斯坦相对论适应的世界；宏观世界是我们日常生活的世界，是牛顿定律适应的世界；微观世界是质子、中子的世界，是量子理论适应的世界；至于更大的胀观世界，更小的渺观世界，还有大量未知的东西，人类并不是十分清楚。就是在宇观、宏观、微观的世界里面，也有许多未知之谜，据说在量子世界里还有隐结构、隐秩序，时间并不是单向性的。这样的宇宙就是中国文化观念里的“天”，这个“天”不是人格神，也不是纯自然物，它是由已知和未知之物、有序与混沌、生命和非生命共同构成的。此宇宙生生不息、大化流行。什么是生命？微生物、植物、动物、人，不是生命，只是生命者，生命者在某一方面体现了生命，生生不息、大化流行才是生命本身。此大化流行，在儒家称为元气、道家称为道、黑格尔称为绝对精神、叔本华称为意志、尼采称为强力意志、马克思称为辩证运动、柏格森称为生命意欲等，都是一类东西。在这样的“大化”中，尼采发现的是虚无主义、所有的价值失效，儒家发现的是万物的真实无妄（诚）的表现、生生不息的景象。这样的“天”，像下命令一样，把自己体现在人身上，就是性，这是人的本体。就是通过这样的“当下”肯定，中华民族建立了自己的超越意识。这一点是不同于一些民族的有神论信仰的。宇宙不可言说的神秘之物就这样贯注到人之中，使人获得了人之为人的本体。在此，《中庸》用“性”这一概念将人获之于天的这一切进行了概括。这就是“天命之谓性”。

按照性的要求视、听、言、动，就是道，在体是性，在用是道，性是本体，道是发用。动时普遍性寓于特殊性之中，体寓于用中，体用不二。

学习和实践性所发用出来的道，就是教育。教育的目的就在于认识自己的性，在于实践性之即物而体现的道。教育是一个认识自己的过程，也是一个认识“天命”的过程，认识自己和认识“天命”是统一的。仅仅认识还不是教育的全部，还需要见之于行，能够做到知行合一，所以讲“修道之谓教”，而不讲“学道之谓教”，“修”字的意义就有学和行的意味，讲的就是知行合一。马克思有名言：哲学家们只是以不同的观点解释世界，而问题的关键是改造世界。中国哲学家用一个

“修”字，把这两层意味都说到了。通过认识和改造世界，人也认识和改造了自己，从而把自己的潜能和本性也表现出来。黑格尔讲，一个小孩的教育和培养即在于将他最初只是自在的或潜在的，因而亦就是为他的、也将成为自为的、那最初对小孩来说只是内在认识可能性的理性，通过教育得以实现于外，反过来说，同样那小孩最初看成是外在的权威，如礼俗、教条、科学等，他将会意识到为他自己固有的内在的东西。亦是此意。

天命之谓性，率性之谓道，修道之谓教。三句话把中国儒家哲学的意思都讲明了，其后的一切思想都是这三句话在万事万物上的推论。中国人不需要神道设教，只这三句话，就可以建立起自己的精神信仰，能够安身立命，因此，对这三句话不可不经常玩味体察。玩味体察的过程，就把有限而短暂的自我与无穷无尽的宇宙联系在了一起，从而可以使自己产生一种“纵浪大化中”的超越意识。这就是现代哲学家冯友兰先生所讲的“天地境界”或曰“宇宙境界”。

《中庸》讲了一种大哲学，一种大成主义，古今中外的许多哲学思想，在其中都能找到相应的种子，孔、孟、老、庄、《易经》、程、朱、陆、王、柏拉图、亚里士多德、黑格尔、康德、马克思、尼采、海德格尔、维特根斯坦等的思想，在《中庸》中都可以找到相通之点。因此，对《中庸》要背熟、悟透、时时玩味。

天命之性在人所形成的性体，亦可称作良知、良知本体等。对于此性体，后世有两种认识：一种认为此性体是一点灵明，此后在习修中不断丰富；一种认为此性体自足丰富，此后的习修，只是让其呈现出来。以今天的眼光来看，认此性体为一点灵明更为准确。用科学的话说，此“灵明”就是人所特有的生物遗传因素。正是人类有了不同于其他动物的这种因素，人类才在实践中创造了文化宇宙，人类个体才发展出了智慧和道德。明代大儒王阳明及其部分弟子讲，满大街都是圣人、人人都可成为孔子，从一点灵明的潜能角度讲也是对的。但现实中的个人，如果真要成为圣贤，需要不断地学习、实践，这也就是王阳明一直强调“事上磨炼”的道理。在这一过程中，此“灵明”不断地光明、充实，成为良知本体，直至可以应事变、处生死、安身立命，这也就是一个“结圣胎”的艰苦过程。此性体自足的观点，也由王阳明学说而来，其龙场悟道，讲自性具足、心即理，给人感觉有个良知本体存在。其实这个良知本体存在，并非阳明生下来就有，而是他此前事上磨炼所得，所以阳明讲，这点真骨血是从百难千险中来。阳明后学错识阳明，以为真有这样一个本体明晃晃的存在，如果肯认这一本体，然后立志事上磨炼，一见本体，那从行上、从用功夫上讲，也没有什么差失，发展到阳明末学，把此事看得甚易，完全遮蔽了阳明此前的人生苦难，以为只是静坐、归寂即可见体，从而空疏无行，拍脑袋见道，产生了极大弊害。黑格尔对直观知识曾有批评，一是人的意识中有一些特殊性的思想，如何将其与普遍性的理念区分开，没有一个标准；二是每个人都可将直观的知识，甚至包括一些违背道德的知识，宣布为直观到的真理；三是直观到的“上帝”是一个空概念。黑格尔还批评主观自由，说人是良知的动物、人是理性的动物都可，但良知、理性欲不成为一个空虚的概念，需要一个从自在到自为再到自在自为的过程。此正可以批评王学末流。王学末流忽略了王阳明提出良知说时，恰恰在此前经历了千难万险的学习、实践历程。这种忽略导致良知本体成为一个没有客观现实性的、没有实践展开的空概念或者是唯我主义的主观自为的概念。王学末流所谓的修养功夫，也就只是意气自雄、玩弄光景而已。

开始的三句话，点出了《中庸》的根本思想，下面是从三大方面——道、诚、孔子对此加以细化、理解。

1.1　道也者，不可须臾离也，可离非道也。

解： 进一步明确率性之谓道、修道之谓教之“道”，“道”的一个特点是：对人来讲，时时处处都不能离开。这个道是本然的，也是应然的，对人来讲，是不能离开的，也应该是不可离开的。但人又是有自由意志的，所以要自觉要求不可离道，就人而言，这道是不可离的，而自由意志就有另一面，也就是说，人可以拒绝此道，那么人离开了这不可离的道又如何呢？其实，对人而言，只是现象上离开了，因为此道是人之天命所予，不可离，也不能离。人受到遮蔽，一时不能体现道，也并非离了道，道的种子依然在人心中。道就是后来王阳明讲的良知，良知如同太阳。太阳始终是在那里的，尽管有时受到云彩的遮蔽会看不见。萨特讲，自由是人无法摆脱的命运。在这里也可以讲，道是人类无法摆脱的命运。自觉的人，自觉行道；不自觉的人，无论怎样穷且滥矣、怎样大奸大恶、怎样表面上离道悖行，道的性体始终在其心中，想去也去不掉。所以有“放下屠刀，立地成佛”的说法。在这里，儒家对道的理解，与存在主义哲学对自由的理解是相似的，应然与必然是统一的。人应该努力做到体用不二、知行合一、必然与应然的统一。

另一方面讲，这句话也划定了人之为人的界限。既然道对人来讲是“不可须臾离”的、“可离非道也”，如果有人真能离开了这“不可离的道”，不但在“用”上乖理悖常，在“体”上也彻底抹去，应然做不到、本然全清除，那么，其就为失心人，失心人已不是人矣，乃孟子所称之禽兽也。因此，从人的主观方面讲，从人可以自我确证自己为人的角度讲，道也是具有“不可须臾离”的绝对性，如果道达不到这样的绝对性，对人之为人而言，可离可不离，也就不成其为道了。

此句话，既确立了道的高标准，也确立了人的高标准。

1.1.1 是故君子戒慎乎其所不睹，恐惧乎其所不闻。莫见乎隐，莫显乎微，故君子慎其独也。

解：从逻辑上进一步说道。此句有两种读法，理学的读法和心学的读法，把这两种读法结合起来，才是最好的理解。理学的读法就是朱子的读法，心学的读法就是阳明子的读法。

朱子的读法，“其”是指别人，在别人看不见、听不到的地方，君子也要戒慎恐惧，在不见不显的隐微处，也要加强自己的修养。

阳明子的读法，“其”是指良知，君子时时刻刻戒慎恐惧良知的不睹不闻，在不见不显的隐微处，君子也要认真地持守自己的良知。独知即良知。

从朱子到阳明子，是一个应然到必然的过程。道是性体之发用，在细微处体会到了性体，明心见性，就可以更加明了“道也者，不可须臾离也，可离非道也”。在别人看不见听不到的地方戒慎恐惧，这是性之发用上对君子的应然要求，是君子就应该这样，但君子不是为这样而这样，而是为了见性体而这样，应然的慎独，到了见性体的慎独，最后就是应然与必然合一的慎独。戒慎恐惧是手段，悟性见道才是目的，而这一手段本身就是目的的体现与要求，手段与目的是统一的。君子以戒慎恐惧的方式悟性见道，这特有的方式中就体现着性与道。

古人一句话甚至一个字都有多重含义，穷尽这些含义，才是古人之意，此是大成主义的读法，定于一偏，乃小成也。

1.1.1.1　喜怒哀乐之未发，谓之中；发而皆中节，谓之和。中也者，天下之大本也；和也者，天下之达道也。

解：此节进一步讲悟性见道的“性”与“道”，由天落实到人身上。喜怒哀乐之未发的那种东西就是中，“中”在此有中心、中正的意思，中心的那种东西是中正的、寂然不动的，是先天就有的，这就是性，是那“一点灵明”。性是未发用的，属先天的，后天之下，无论动静与否，都是发用。静是发用的一种方式，动亦是发用的一种方式。中还有不偏不倚的意思，发而皆中节，就是发用出来皆不偏不倚，恰好符合标准。这已含着事物的辩证运动的意思。这种辩证的综合就是和。“中也者，天下之大本也”，这种包含着辩证本性的寂然不动的东西，就是天下的本体，可以想象一下太极、太极图。“和也者，天下之达道也”，发用出来不偏不倚就是和，就是天下的大道。中与和皆在实践中充实起来。可以看出，不动而具有中的性是大本、大源，具有中的动、发用是大道、正道。此节整个在讲中，即体的中、用的中，因此最后可以加上几个字作结："此之谓中庸也。"也就是"此之谓中的常理、定理"，这也印证了前面讲的"中庸"之意，就是"中之庸"，重点在"中"的说法。往后读也可以看出，《中庸》这篇，都在说中，根本没有后世所理解的"中庸"的意思，无论从"庸常"这个角度看还是从"庸俗"这个角度看都没有。"中"是活泼泼的东西，就是辩证的。"中"是体，"中"以"中"的方式表现出来是道，道是用。悟透一个"中"字，体用、源流无不通矣。这是本体论与方法论的统一。

1.1.1.1.1　致中和，天地位焉，万物育焉。

解：收束归纳"中"之大用，"中"乃体之不偏不倚、辩证综合；"和"乃用之不偏不倚、辩证综合。把此体、此用推致出去，天地都可以归其所位，万物都可以生长发育。因此，一个人应当自觉地追求中和的境界，这才是真正地发现自己的本质，实现自己的人生价值。使本然成为应然，将应然落到实处，这就是将人生发扬而光辉之。人有辩证本性，应自觉按辩证法办事，即用中，这样才能在顺应天地万物的规律的同时，改造天地万物。

这是从天地、万物的角度讲中庸（中和）的大作用。

子思述所传之意以立言：首明道之本原出于天而不可易，

其实体备于己而不可离，次言存养省察之要，终言圣神功化之极。盖欲学者于此反求诸身而自得之，以去夫外诱之私，而充其本然之善，杨氏所谓一篇之体要是也。其下十章，盖子思子引夫子之言，以终此章之意。

解：总括《中庸》第一章。儒家哲学对于心灵和肉体有一种功能主义的一元论的哲学认识，宇宙生人有此形体结构、有此系统，则此形体结构、此系统就有此“虚灵明觉”的功能，此良知也、良能也。良知良能如同种子，是人无法摆脱的命运。用海德格尔的话说，“灵明”就是人的生存论—存在论结构。人如果同于禽兽，只是其本性受到遮蔽，非其天生如此。

1.1.1.1.2　仲尼曰：“君子中庸，小人反中庸。君子之中庸也，君子而时中；小人之反中庸也，小人而无忌惮也。”

解：与上之从天地、万物看中庸并列。此章引孔子之言，从君子、小人的角度看中庸，讲中庸之难。尽管从体的角度讲中庸如同种子，不可须臾离，离了中庸的人生也便不是有道的人生，但性之发用也并非百分之百的率性，从应然的要求来看“道也者，不可须臾离也，可离非道也”，这是道的绝对性和普遍性。也就是说，只有有了这种绝对性和普遍性，才有资格称为道。但是如同种子不一定长成树一样，后天的影响也是显而易见的，一个活生生的人并不一定完全将中庸之用发用出来，将道的绝对性和普遍性体现出来。只有君子才能自觉做到中庸，一切从实际出发，具体问题具体分析，具体对待，并不是教条主义的用中，而是根据时机，发现真正的中；小人无所忌惮，就很难做到中庸。孔子讲：操则存，舍则亡，出入无时，莫知其向，唯心之谓与。心即理，理即中。

1.1.1.1.3　子曰："中庸其至矣乎！民鲜能久矣。"

解：中庸有大用，但老百姓很难持久地发用，因为有许多遮蔽、诱惑会让人背离自己的本性。讲中庸之难，反衬中庸之道的高贵。如同说，辩证法是自然界、人类社会和思维的根本规律，但现实中违背辩证法的现象比比皆是。

1.1.1.1.4　子曰："道之不行也，我知之矣，知者过之，愚者不及也；道之不明也，我知之矣，贤者过之，不肖者不及也。人莫不饮食也，鲜能知味也。"

解：再说中庸之难。有知识的人和无知的人，贤明的人和不肖的人，都发不中节。尽管中庸的大道像味道一样普遍而绝对地存在于食物之中，却很少有人能知其味道。

1.1.1.1.4.1　子曰："道其不行矣夫！"

解：感叹中庸之道的实现之难，感叹知行合一之难，尽管从本性讲此道是绝对的、不可须臾离的。儒家哲学对道有着极高的要求，世间并不是随随便便什么东西就可称为道。是道的东西，首先其在本质上是绝对的、普遍的；其次，从价值上看，只要是做正确的事，那么道也是绝对的、普遍的、不可离的。满足这两个条件，才有资格称为道。中庸之道，是一种本质上必然的人的本性，又作为一种应然的人不能离开的价值，却鲜有人在自己的行为中如此体现，说明人是经常脱离其本质而不自知的，人常常成为假人、非人，这是人类特有的现象。

1.1.1.1.5　子曰："舜其大知也欤！舜好问而好察迩言，隐恶而扬善，执其两端，用其中于民，其斯以为舜乎！"

解：说"中"的大用。舜的大智慧就是把"中"的本性发用广大，用"中"的方法表现为好问、好察迩言、隐恶扬善，把掌握的资料执其两端，辩证综合地用于工作、生活之中。能把"中"贯彻到方方面面，才是舜之谓舜。用今天的观点看，舜的所作所为，就是辩证唯物主义两点论、重点论、调查研究、群众路线、民主集中制的萌芽。

1.1.1.1.6　子曰："人皆曰予知，驱而纳诸罟擭陷阱之中，而莫之知辟也。人皆曰予知，择乎中庸而不能期月守也。"

解：引孔子的话，再次说人之发扬自己的"中"的本性之难。人自以为聪明，其实失去本性，做了外物的奴隶而不自知；人自以为很有智慧，其实作为自己本性的中庸大智慧，却不能坚持一个月。

1.1.1.1.6.1　子曰："回之为人也，择乎中庸，得一善，则拳拳服膺而弗失之矣。"

解： 上面说了通常人们做不到发扬“中”的本性而用“中”，此节接上节而来，引孔子的话以颜回为例子，讲颜回之所以得到孔子的肯定，是因为颜回能始终恪守中庸之道。这也是后世对颜回推崇有加的根本原因。这从另一个角度说明了中庸之价值和做到中庸之难。

1.1.1.1.7　子曰：“天下国家可均也，爵禄可辞也，白刃可蹈也，中庸不可能也。”

解： 引孔子之言，反复说明守“中”、用“中”之难，天下国家可以治理好，高官厚禄可以不要，生死可以置之度外，但守“中”、用“中”不一定能做到，后世王阳明讲“破山中贼易，破心中贼难”，说的也是这个道理。人了解自己的辩证本性，过一种适合自己人性本质的生活，是一个非常难以达到的目标。今天讲唯物辩证法，讲唯物辩证法是自然界、人类社会和思维的根本规律。也就是说，对唯物辩证法来讲，本体论、价值观和方法论是统一的，这与《中庸》中讲的“中”的概念是一致的，“中”既是本体论又是价值观也是方法论。正如辩证法作为一种绝对的、普遍的方法和规律，人在自由自主的行动中却经常违背辩证法、不按辩证法的规律办事一样，人也经常违背自己“中”的本性，不坚守“中”的方法去做人、做事。

1.1.1.1.8　子路问强。子曰：“南方之强与？北方之强与？抑而强与？宽柔以教，不报无道，南方之强也，君子居之。衽金革，死而不厌，北方之强也，而强者居之。故君子和而不流，强哉矫！中立而不依，强哉矫！国有道，不变塞焉，强哉矫！国无道，至死不变，强哉矫！”

解：从个人性格刚强的角度看性之所发而皆中节的表现，和而不流，中立不依，都是一种辩证的统一。正是因为其是辩证的统一，而不是单一的片面，所以才是真正的强。“国有道，不变塞焉”；“国无道，至死不变”，也可以看出真正的中庸之道，并不是后世曲解的庸俗哲学、滑头哲学、无原则哲学。一个体悟到“中也者，天下之大本也；和也者，天下之达道也”的人，是坚持原则、无所畏惧的人，这也就是今人所说的真正的唯物主义者是无所畏惧的。钱学森先生在《智慧与马克思主义哲学》一文中说：一个有智慧的人，是懂得大道理的人，是有社会主义和共产主义理想的人，因而也是一个有道德的人。也因为他懂得大道理，“事理看破胆气壮”，他也一定勇于改革创新，不怕艰难挫折，他不会去贪图安逸，更不会去同流合污；他懂得“平楚日和憎健翮，小山香满蔽高岑”。这是一个现代强者的形象。

1.1.1.1.9　子曰：“索隐行怪，后世有述焉，吾弗为之矣。君子遵道而行，半途而废，吾弗能已矣。君子依乎中庸，遁世不见知而不悔，唯圣者能之。”

解：从日常行为的角度，再次强调本性之中、性发中节。

不符合天命之性，行为怪异极端，可能留下名声，但君子不做这样的事。依乎中庸之道，而又经不起诱惑，半途而废，君子也不能这样。中庸本身具有崇高的价值，而且其价值是自足的、自我肯定的，不再需要外界的任何东西的证明与肯定，所以能够这样认识到中庸的价值，在人生中时时处处都遵循中庸之道，即使在世界上不为人知、默默无闻、没有取得世俗的功名利禄，也感到幸福而不后悔，这样的君子就到了圣者的境界。圣者应安于中庸的快乐和幸福而别无他求，这也就是周茂叔让二程兄弟去寻找的“孔颜乐处”，一种安于人的本质的生活状态，而不是汲汲于外、心为物役的生活状态。这也就是良知光辉显现的人生，正如王阳明临终所言：“此心光明，亦复何言?”

1.1.2　君子之道费而隐。

解：1.1.1 及其各分章，皆是从体与用的角度来认识道、理解道，基本上是从个人的内外来认识。从此节开始，与讲君子体道、行道的戒慎恐惧、慎独并列，讲君子体道、行道的费而隐，对道的理解又加了很多视角，如大小、显隐等角度。道不光是体现在个人身上，而且推而广之由夫妇开始延伸到国家天下。

1.1.2.1　夫妇之愚，可以与知焉，及其至也，虽圣人亦有所不知焉；夫妇之不肖，可以能行焉，及其至也，虽圣人亦有所不能焉。天地之大也，人犹有所憾。

解：说明道的范围之大，从小处、庸常处看，愚夫、愚妇皆能知、能行，夫妇之间皆有道。但从大处、高明处看，就是圣人也有不能知、不能行的地方。举天地全体而言，圣人亦有所不能尽的地方。

1.1.2.1.1　故君子语大，天下莫能载焉；语小，天下莫能破焉。

解：递进一步，再从大小的角度认识道，道至大无外，至小无内。

1.1.2.2　诗云："鸢飞戾天，鱼跃于渊。"言其上下察也。君子之道，造端乎夫妇；及其至也，察乎天地。

解：这是一片"致中和，天地位焉，万物育焉"的生动景象。天地万物，上上下下，一派生机盎然，其背后的原因就是中和之道。此道开端于夫妇之间，及其广大则在于天地之间。

子思之言，盖以申明首章道不可离之意也。其下八章，杂引孔子之言以明之。

解："君子之道费而隐"以下，到"及其至也，察乎天地"，乃子思子所言，强调道在于天下万物，不可须臾离。下面的八章，引述孔子的言论来不断加以证明。道因有其不可离之必然性，天下万物都不自觉地体现道。动物是盲目的，只以动物的方式体现道的机械性。人因有其自由意志，这一宇宙中最具“灵明”的生物，反而有时在行为上会背离道，这是人的特点。不过人一旦认识到了这一点，便会自觉努力地去与不可离的道合一，从而主动地摆脱自己的动物性，提高自己的境界，这就是由必然王国进入了自由王国。在自由王国里，人会有不可遏制的自由与快乐。就个人来讲，自由王国就是先儒讲的“孔颜乐处”。社会整体达到自由王国的境界，需要一定的物质阶段，个人用功夫，则可以单独达到自由王国的境界，此求仁斯仁至矣。

1.1.2.3　子曰：“道不远人，人之为道而远人，不可以为道。诗云：‘伐柯伐柯，其则不远。’执柯以伐柯，睨而视之，犹以为远。故君子以人治人，改而止。忠恕违道不远，施诸己而不愿，亦勿施于人。君子之道四，丘未能一焉：所求乎子，以事父未能也；所求乎臣，以事君未能也；所求乎弟，以事兄未能也；所求乎朋友，先施之未能也。庸德之行，庸言之谨。（行）有所不足，不敢不勉；（言）有余，不敢尽。言顾行，行顾言，君子胡不慥慥尔！”

解：从人的角度看道，则道有着必然性、应然性；从道的角度看道，则道与人有着贴近性、可践行性。如果没有这样的特征，道也不可称之为道。因此，天命之性、中的本体其发用，也是从最贴近人的地方开始的。执柯伐柯犹分为二，所以最切近的就是以其人之道还治其人之身。人己的回还，这是辩证之道，此辩证之道从自己身上发用出去就是忠恕之道。忠恕之道就是人己回还，己所不欲，勿施于人。要通过对自己的体察，从自己的感受出发去对待别人，以爱己之心爱人，以责人之心责己，自己不愿意的事情不要强迫别人，这也是《大学》中讲的絜矩之道：所恶于上，毋以使下；所恶于下，毋以事上；所恶于前，毋以先后；所恶于后，毋以从前；所恶于右，毋以交于左；所恶于左，毋以交于右。这与此章中讲的“君子之道四，丘未能一焉：所求乎子，以事父未能也；所求乎臣，以事君未能也；所求乎弟，以事兄未能也；所求乎朋友，先施之未能也”，是一样的心理辩证逻辑。以此道而观己，会对自己的言语、行为十分谨慎，怕有违人己辩证法，怕自己的行为不好，不敢不努力，怕自己的话说得太满，不敢不尽力。说时考虑到做的，做时考虑到说的，言行一致，这样的人无时不体现出笃实的样子。

1.1.2.4　君子素其位而行，不愿乎其外。素富贵，行乎富贵；素贫贱，行乎贫贱；素夷狄，行乎夷狄；素患难，行乎患难；君子无入而不自得焉。在上位不陵下，在下位不援上，正己而不求于人则无怨。上不怨天，下不尤人。

解：讲的是性体无动于中，发而中节，所举的例子都是从自己身边的处境出发，道由近及远，由小及大。

1.1.2.4.1　故君子居易以俟命，小人行险以徼幸。子曰：

"射有似乎君子，失诸正鹄，反求诸其身。"

解：从君子的无动于中、发而中节的道中，引申出君子的生命状态，即君子坦荡荡。如果发不中节，君子是不会怪罪外力的，而是要返回自身，更加明澈地体悟自己的性体，加强自身修养。这性体就是后世王阳明讲的良知，因为王阳明对此的体悟、把捉已达到了精粹的境界，所以临终才说："此心光明，亦复何言?"这是一句彻上彻下的见道之语，证实了"正己而不求于人则无怨"。

1.1.2.5　君子之道，辟如行远必自迩，辟如登高必自卑。诗曰："妻子好合，如鼓瑟琴；兄弟既翕，和乐且耽；宜尔室家，乐尔妻孥。"子曰："父母其顺矣乎!"

解：君子之道即率性之道，此道必从近处、低处、小处开始、体现。引用《诗经》中的句子，说明其中和之道在家庭中实现的美好。

1.1.2.6　子曰："鬼神之为德，其盛矣乎！视之而弗见，听之而弗闻，体物而不可遗。使天下之人齐明盛服，以承祭祀。洋洋乎！如在其上，如在其左右。《诗》曰：'神之格思，不可度思！矧之射思!'夫微之显，诚不可掩如此夫。"

解：赞叹中庸之道如同神明，来而无征，不可思议，微而显。

1.1.2.7　子曰："舜其大孝也与！德为圣人，尊为天子，富有四海之内。宗庙飨之，子孙保之。故大德必得其位，必得其禄，必得其名，必得其寿。故天之生物，必因其材而笃焉。故栽者培之，倾者覆之。《诗》曰：'嘉乐君子，宪宪令德！'宜民宜人，受禄于天；保佑命之，自天申之。故大德者必受命。"

解： 以舜为例子，继续申说天命之性、率性之道的大用。此性在舜无动于中，此性之发于四海而皆中节，所以才有舜之为舜。

1.1.2.8　子曰："无忧者其惟文王乎！以王季为父，以武王为子，父作之，子述之。武王缵大王、王季、文王之绪。壹戎衣而有天下，身不失天下之显名。尊为天子，富有四海之内。宗庙飨之，子孙保之。武王末受命，周公成文、武之德，追王大王、王季，上祀先公以天子之礼。斯礼也，达乎诸侯大夫，及士庶人。父为大夫，子为士；葬以大夫，祭以士。父为士，子为大夫；葬以士，祭以大夫。期之丧达乎大夫，三年之丧达乎天子，父母之丧无贵贱一也。"

解： 不偏不倚的中之道，无动于中发之于四海、历史、礼俗，而有大用。儒家认为礼也是由道而来，是道在社会规范上的体现。

1.1.2.9　子曰："武王、周公，其达孝矣乎！夫孝者，善继人之志，善述人之事者也。春秋修其祖庙，陈其宗器，设其裳衣，荐其时食。宗庙之礼，所以序昭穆也；序爵，所以辨贵贱也；序事，所以辨贤也；旅酬下为上，所以逮贱也；燕毛，所以序齿也。践其位，行其礼，奏其乐，敬其所尊，爱其所亲，事死如事生，事亡如事存，孝之至也。郊社之礼，所以事上帝也；宗庙之礼，所以祀乎其先也。

解：无动于中，发乎礼仪而皆中节。

1.1.2.9.1　“明乎郊社之礼、禘尝之义，治国其如示诸掌乎。”

解：说明中庸之道发用之大。

1.1.2.10　哀公问政。子曰：“文、武之政，布在方策。其人存，则其政举；其人亡，则其政息。人道敏政，地道敏树。夫政也者，蒲卢也。故为政在人，取人以身，修身以道，修道以仁。仁者人也，亲亲为大；义者宜也，尊贤为大；亲亲之杀，尊贤之等，礼所生也。在下位不获乎上，民不可得而治矣！故君子不可以不修身；思修身，不可以不事亲；思事亲，不可以不知人；思知人，不可以不知天。”

解：由政到人，是中庸之道由费到隐；由人之修身到事亲、知人、知天，则是中庸之道由隐到费。知天就是知性。

1.1.2.10.1　天下之达道五，所以行之者三：曰君臣也，父子也，夫妇也，昆弟也，朋友之交也：五者天下之达道也。智、仁、勇三者，天下之达德也，所以行之者一也。或生而知之，或学而知之，或困而知之，及其知之一也；或安而行之，或利而行之，或勉强而行之，及其成功一也。子曰："好学近乎知，力行近乎仁，知耻近乎勇。知斯三者，则知所以修身；知所以修身，则知所以治人；知所以治人，则知所以治天下国家矣。"

解：深入解释知天。天之表现即性之表现。性之表现在人群中有五方面，君臣、父子、夫妇、兄弟、朋友，处理好这五者，也是用中，即发而皆中节。这五者发而皆中节就是天下之达道。对此达道有三种行为方式：知这五者近乎智，行这五者近乎仁，不知不行是耻，知耻近乎勇。这三种通行天下的美德，行之者都贵在专一，专一于中庸，发而皆中节。不管是中人以上还是中人以下，只要有智、仁、勇，其结果都是一样的。所以孔子讲，好学（以中庸待五伦）近乎知，力行（以中庸行五伦）近乎仁，知道而不知不行中庸是耻。知道了这三者，就能知修身，由隐到费，推而广之，可以治人、治天下国家。而知此三者的关键，在于人的天命之性，在于未发之中，有此性才发而皆中节，没有发而中节，智、仁、勇都谈不上。

1.1.2.10.2　凡为天下国家有九经，曰：修身也，尊贤也，亲亲也，敬大臣也，体群臣也，子庶民也，来百工也，柔远人也，怀诸侯也。

解：道之费，在天下国家表现为九个根本方面。

1.1.2.10.2.1　修身则道立，尊贤则不惑，亲亲则诸父昆弟不怨，敬大臣则不眩，体群臣则士之报礼重，子庶民则百姓劝，来百工则财用足，柔远人则四方归之，怀诸侯则天下畏之。

解：进一步说明以此为九经的原因。

1.1.2.10.2.1.1　齐明盛服，非礼不动，所以修身也；去谗远色，贱货而贵德，所以劝贤也；尊其位，重其禄，同其好恶，所以劝亲亲也；官盛任使，所以劝大臣也；忠信重禄，所以劝士也；时使薄敛，所以劝百姓也；日省月试，既禀称事，所以劝百工也；送往迎来，嘉善而矜不能，所以柔远人也；继绝世，举废国，治乱持危，朝聘以时，厚往而薄来，所以怀诸侯也。

解：以中庸之道发而皆中节，才能真正地做好九经，达到治天下国家的目标。九经的次序，在于从近及远、由己及人，真诚地体悟未发之中，才有发而皆中节。

1.1.2.10.2.1.1.1　凡为天下国家有九经，所以行之者一也。凡事豫则立，不豫则废。言前定则不跲，事前定则不困，行前定则不疚，道前定则不穷。在下位不获乎上，民不可得而治矣；获乎上有道：不信乎朋友，不获乎上矣；信乎朋友有道：不顺乎亲，不信乎朋友矣；顺乎亲有道：凡诸身不诚，不顺乎亲矣；诚身有道：不明乎善，不诚乎身矣。

解： 统前，未发之性发向自己、五伦、国家、历史、天下，皆发而中节，就是所谓的“天地位，万物育”。此节由外向内，由费向隐，归于一，此一就是中，就是性。中、性是普遍性、必然性。凡事预先用中则能成立，不预先用中就会废弃。获乎上、信乎朋友、顺乎亲、诚身，最终要归于性。不偏不倚的性即善。明性即明善。让善生发出来就是诚。由此节推出了《中庸》在性、道之外的第三个重要概念：诚。诚就是性、道在自然、社会和人身上真实无妄的体现、专一不二的体现。

前面自 1.1 开始，可以说是《中庸》结构中的第一部分，是以“性”“道”为主要概念，对“天命之谓性，率性之谓道，修道之谓教”这一纲领进行了反复论述。从下面开始，《中庸》结构的第二部分，主要是以“诚”为概念，对“天命之谓性，率性之谓道，修道之谓教”进一步论述。

1.2 诚者，天之道也；诚之者，人之道也。

解：诚者就是性，就是中；诚之者，就是自觉主动地让性呈现出来。天始终在无妄地表现“中”，也就是后世称的辩证法，人真诚地践行“中”，就是人之道、君子之道。辩证法是自然界、人类社会和思维的根本规律，自然界直接表现出来，人则要克服引蔽（戴东原的说法就是欲和蔽），自觉主动地践行之。人是自由的，能超越必然性，此是人的特点，故而人对于规律也需要主动选择。动物界无自我意识，不能克服种种引蔽，更不见道、不行道，纯粹随波逐流，无诚者可言。

1.2.1 诚者不勉而中，不思而得，从容中道，圣人也。诚之者，择善而固执之者也。

解：士希贤，贤希圣，圣希天。圣人如天，如日月之运行、四时之更替。本身就是诚者，一举手一投足，都能发而皆中节，做到从容中道。普通人（诚之者）则要认识自己的本性、天命之性，不断提撕自己，严格地按自己的本性办事。善就是最合宜的秩序，也就是不偏不倚，择善而固执之，即毛主席所言严格按辩证法办事的道理。

1.2.1.1 博学之，审问之，慎思之，明辨之，笃行之。

有弗学，学之弗能弗措也；有弗问，问之弗知弗措也；有弗思，思之弗得弗措也；有弗辨，辨之弗明弗措也；有弗行，行之弗笃弗措也；人一能之己百之，人十能之己千之。果能此道矣，虽愚必明，虽柔必强。

解：详细解说诚之者之“之”，也就是讲怎样严格按辩证法办事，此“之”也就是人的天命之性，是根本的本体、方法和价值（中、明德、良知、道、辩证法、至善，皆是也），对此要博学、审问、慎思、明辨、笃行，并通过博学、审问、慎思、明辨、笃行而进一步丰富此、深化此，搞通搞透，知行合一。如果能做到这一步，虽愚必明，虽柔必强。后世去掉“之”，只讲博学、审问、慎思、明辨、笃行，不知学、问、思、辨、行个什么东西，失去头脑，漫无头绪。顾炎武“博学于文，行己有耻”，意与此节合。钱学森关于现代科学技术体系中辩证唯物主义哲学与各门科学及其工程技术的关系，可有助于此节之理解。此是事上磨炼之渐教，非一悟本体就是功夫之顿教，是阳明学钱绪山之传，非阳明学王畿之传。

从1.1.2.10到1.2.1.1是中庸的枢纽章，总结了性、道，又推出了重要概念“诚”。

1.2.2　自诚明，谓之性；自明诚，谓之教。诚则明矣，明则诚矣。

解：真实无妄地呈现出来，就是自诚明，这是性；明白了那种真实无妄的东西，就是教。真实无妄了，便自能呈现；明白了性的道理，便自能真实无妄。顿悟和渐修，最终的结果都是诚，都是将性真实无妄地呈现，真实无妄地发用。自诚明乃诚者，自明诚乃诚之者，对应 1. 2. 1。

(1. 2. 2. 1 诚者至诚)

解：诚就是至诚，缺一则不诚，没有七成诚、八成诚，诚就是十分诚。加此一句，逻辑上过渡到至诚。

1. 2. 2. 1. 1　唯天下至诚，为能尽其性；能尽其性，则能尽人之性；能尽人之性，则能尽物之性；能尽物之性，则可以赞天地之化育；可以赞天地之化育，则可以与天地参矣。

解：讲诚的三个特点中的第一个特点：诚者至诚，至诚尽物。存在者是靠此在加以澄明的。人掌握了牛顿定律，则车奔舟行、飞机航空、卫星航天。人掌握了基因遗传定律，则可以生产出新的物种来，这就是尽物性之后的“可以赞天地之化育”。但欲尽物性，需要学习实践把人的潜能发挥出来，即尽人性。做到此，就需要掌握现代科学技术体系的知识，而此体系中最高层次即哲学层次，是辩证唯物主义，也就是中庸讲的“中”。这一节，是讲至诚尽物的第一方面表现：赞天地之化育。只要真诚无妄地体悟中，（在辩证唯物主义的指导下，掌握现代科学技术体系的知识，）并且真实无妄地发而皆中节，（一切从实际出发，综合运用知识改造世界，）就会产生莫大的力量。此时，人就可以与天地并立而为三。至诚尽物，如同海德格尔的去蔽真理观，去掉了遮蔽，达到了真实无妄的境地，真理会呈现出来。

1.2.2.1.2　其次致曲，曲能有诚，诚则形，形则著，著则明，明则动，动则变，变则化，唯天下至诚为能化。

解： 继续讲诚的第一个特点至诚尽物，此节是第二方面表现：致曲。可以改变偏僻。不偏不倚的本性发而皆中节，故能化。

1.2.2.1.3　至诚之道，可以前知。国家将兴，必有祯祥；国家将亡，必有妖孽；见乎蓍龟，动乎四体。祸福将至：善，必先知之；不善，必先知之。故至诚如神。

解： 尽物的第三方面表现：前知，也就是预测。至诚尽物，不但能让种子生长，让缺陷化掉，而且对未来之物也能尽之。保持天命之性，将此性面向未来，发而皆中节，就能预测未来，不但在卜筮上能够表现出来，在自己的四体感应上也能表现出来。今天，这就表现为现代科学技术体系中的未来学。历史唯物主义史观近之，尽物，掌握了规律就能预测。

1.2.2.2　诚者自成也，而道自道也。诚者物之终始，不诚无物。是故君子诚之为贵。诚者非自成己而已也，所以成物也。成己，仁也；成物，知也。性之德也，合外内之道也，故时措之宜也。

解：诚的第二个特点：诚者自成。天地万物都是由自己的本性，真实无妄地成就自己。但因为人有自由意志，可以进行选择，所以君子应以真诚无妄地表现自己的本性为贵，自己的本性就是喜怒哀乐未发之中，就是不偏不倚之中，此性体悟透彻，不但可以成就自己，也可以成就外物。成就自己就是体悟到万物一体之仁，成就外物就是认识和改造外物。性即中的功能，就是用同一的道将内外合在一起，体用合在一起，体是内，用是外，体是不偏不倚，用是发而皆中节。因此，对于“中”，应该时时提撕，这样在所有场合就能都恰如其分。朱子为学多讲“恰好”，就是此意。

1.2.2.3　故至诚无息。不息则久，久则征，征则悠远，悠远则博厚，博厚则高明。博厚，所以载物也；高明，所以覆物也；悠久，所以成物也。博厚配地，高明配天，悠久无疆。如此者，不见而章，不动而变，无为而成。

解：诚的第三个特点：诚动不息。正因为有这始终如一、一以贯之的“中”之道，因此可以由内向外生发自己，使自己像天一样高明、像地一样博厚、像历史一样悠久。

1.2.2.3.1　天地之道，可一言而尽也：其为物不贰，则其生物不测。天地之道：博也，厚也，高也，明也，悠也，久也。今夫天，斯昭昭之多，及其无穷也，日月星辰系焉，万物覆焉。今夫地，一撮土之多，及其广厚，载华岳而不重，振河海而不泄，万物载焉。今夫山，一卷石之多，及其广大，草木生之，禽兽居之，宝藏兴焉。今夫水，一勺之多，及其不测，鼋鼍、蛟龙、鱼鳖生焉，货财殖焉。《诗》云："维天之命，於穆不已！"盖曰天之所以为天也。"於乎不显！文王之德之纯！"盖曰文王之所以为文也，纯亦不已。

解：从天地之道看诚动不息的功用。诚动不息在天地之道上体现为：为物不贰，生物不息，所以成就了博、厚、高、明、悠、久。天、地、山、水的从小至大，正是这种力量的证明。引《诗》也是证明：深远不已，纯亦不已，盈科而进，放乎四海，即诚动不息，终显无穷力量。

1.2.2.3.2　大哉圣人之道！洋洋乎！发育万物，峻极于天。优优大哉！礼仪三百，威仪三千。待其人而后行。故曰苟不至德，至道不凝焉。

解：从圣人之道看诚动不息的功用。圣人之高峻几近于天。圣人都是至德之人，将至德在时时处处真诚地发挥出来，因此至道才凝聚、生成。

1.2.2.3.2.1　故君子尊德性而道问学，致广大而尽精微，极高明而道中庸，温故而知新，敦厚以崇礼。是故居上不骄，为下不倍，国有道其言足以兴，国无道其默足以容。《诗》曰"既明且哲，以保其身"，其此之谓与！

解：至德就是诚中，君子养成"诚中"的方法，既有对心的操存，又有对学问的研究，古今、中西、内外皆打通。引《诗》“明哲保身”之说，正说明诚是要真实无妄地把不偏不倚的“中”发挥出来，是诚“中”而不是诚别的什么东西。尊德性而道问学，致广大而尽精微，极高明而道中庸，温故而知新，敦厚以崇礼，是君子得“诚中”之方法。居上不骄，为下不倍，乃至“既明且哲，以保其身”，是“诚中”之表现。此表现乃性之发而皆中节。

1.2.2.3.2.1.1　子曰：“愚而好自用，贱而好自专，生乎今之世，反古之道。如此者，灾及其身者也。”非天子，不议礼，不制度，不考文。今天下车同轨，书同文，行同伦。虽有其位，苟无其德，不敢作礼乐焉；虽有其德，苟无其位，亦不敢作礼乐焉。子曰：“吾说夏礼，杞不足征也；吾学殷礼，有宋存焉；吾学周礼，今用之，吾从周。”

解：强调因时用中。从反面讲诚而不中的危害，以及时中的具体做法。

1.2.2.3.2.1.2　王天下有三重焉，其寡过矣乎！上焉者虽善无征，无征不信，不信民弗从；下焉者虽善不尊，不尊不信，不信民弗从。故君子之道：本诸身，征诸庶民，考诸三王而不缪，建诸天地而不悖，质诸鬼神而无疑，百世以俟圣人而不惑。质诸鬼神而无疑，知天也；百世以俟圣人而不惑，知人也。是故君子动而世为天下道，行而世为天下法，言而世为天下则。远之则有望，近之则不厌。《诗》曰："在彼无恶，在此无射；庶几夙夜，以永终誉！"君子未有不如此而蚤有誉于天下者也。

解：此段朱子讲先王、时王、在下圣人，似不妥，仍应以辩证法的概念来加以认识。王天下有三重境界，上是过，下是寡。上者虽善但离民太远，下者虽善但混同于民，因此都得不到百姓的信任。只有用中才是君子之道，从自身开始，诚实无妄，才能推致出去，发而皆中节，知天，知人。正是因为时时处处都可以真实无妄地保持中的状态，把辩证法的大道发用于事事物物上，所以君子动、行、言皆成为天下人学习的榜样。君子获得天下认可，就是因为他们日日夜夜都诚实无妄地保持中的状态，这也就是极高明而道中庸。

1.3 仲尼祖述尧、舜，宪章文、武；上律天时，下袭水土。辟如天地之无不持载，无不覆帱，辟如四时之错行，如日月之代明。万物并育而不相害，道并行而不相悖，小德川流，大德敦化，此天地之所以为大也。

解：此下为《中庸》一分三结构中的第三部分，此部分在道、诚二概念外，推出的不是一个概念，而是一个人，伟大的人，孔子。因此，从《中庸》的结构逻辑上讲，孔子与道、诚是并列的。这就是通常意义上的“道成肉身”。孔子就是道的化身，孔子就是诚的化身，孔子是道、诚的存在与功用在人世间活生生的榜样。此下就以孔子这个模范为例子说明天命之“性”、率性之“道”、修道之“教”的内涵。由概念到具体，此在孔子身上完整体现出来。孔子之所以为大，正如天地之所以为大。孔子心容万物，致中和，天地位，万物育，无不持载，无不覆帱，四时错行，日月代明，万物并育而不相害，道并行而不相悖，小德川流，大德敦化。因与道、诚合一，孔子体现出一种大成主义精神，这种精神在中华民族历史上绵延不绝，是中华文化的优秀传统之一。孔子之表现即“未发之中”与“发而皆中节”之表现的大成气象。孔子因有此气象与修养，所以表现为至圣与至诚。深一些讲，至圣是因为至诚。

1.3.1 唯天下至圣，为能聪明睿知，足以有临也；宽裕温柔，足以有容也；发强刚毅，足以有执也；齐庄中正，足以有敬也；文理密察，足以有别也。溥博渊泉，而时出之。溥博如天，渊泉如渊。见而民莫不敬，言而民莫不信，行而民莫不说。是以声名洋溢乎中国，施及蛮、貊；舟车所至，人力所通；天之所覆，地之所载，日月所照，霜露所坠；凡有血气者，莫不尊亲，故曰配天。

解：描述孔子至圣之表现，这都是孔子中体中节之发用的结果，所以能够做到有临、有容、有执、有敬、有别，像广博深远的泉水那样根据情况而流出，民敬之、信之、说（悦）之。因此，孔子的声名洋溢乎中国，施及蛮、貘；在舟车所能到达，人迹所能至的地方；在天之所覆，地之所载，日月所照，霜露所坠的地方；凡是人都莫不尊亲他（孔子），所以说，孔子足以配天。儒家修养次第曰：士希贤，贤希圣，圣希天。道理就在这里：配天是一种极高的境界。

1.3.2 唯天下至诚，为能经纶天下之大经，立天下之大本，知天地之化育。夫焉有所倚？肫肫其仁！渊渊其渊！浩浩其天！苟不固聪明圣知达天德者，其孰能知之？

解：描述孔子至诚之表现。至圣是因为至诚，至诚是因为真实无妄地知道了天命之性。为政以德，辟若北辰，居其所而众星拱之，这是至诚在为政方面的体现；君子躬自厚而薄责于人，这是至诚在修身方面的表现。

1.3.3　《诗》曰“衣锦尚絅”，恶其文之著也。故君子之道，暗然而日章；小人之道，的然而日亡。君子之道：淡而不厌，简而文，温而理，知远之近，知风之自，知微之显，可与入德矣。《诗》云：“潜虽伏矣，亦孔之昭。”

解：上述至圣、至诚，都是从自己的天命之性，从自己的内心开始，一点一点由内及外、由近及远而生发成的，由微明到充实而光辉。这是讲至圣、至诚的根本实现方式。就像《诗经》所讲，即使鱼潜伏在水底，仍然明白可见。

1.3.3.1　故君子内省不疚，无恶于志。君子之所不可及者，其唯人之所不见乎。《诗》云：“相在尔室，尚不愧于屋漏。”

解：进一步说正心而发。心处在所有光辉灿烂的外界事物的源头。心应时刻保持中正状态。即使在别人看不见的地方，就像《诗经》所讲，你独处于自己房中，也应当问心无愧。

1.3.3.2　故君子不动而敬，不言而信。《诗》曰：“奏假无言，时靡有争。”

解：继续说心。心正不须言语。就像《诗经》所讲，在祭祀时只要诚心祷告、默默无声，就会时无争斗、天下太平。

1.3.3.3　是故君子不赏而民劝，不怒而民威于𫓧钺。《诗》曰：“不显惟德！百辟其刑之。”

解：继续说心。心中之道德真实无妄地弘扬开来，不需要赏，不需要怒，老百姓都会效仿。就像《诗经》所讲，大力显扬美好德行，四方的诸侯会都效法。

1.3.3.4　是故君子笃恭而天下平。《诗》云："予怀明德，不大声以色。"子曰："声色之于以化民，末也。"《诗》曰"德輶如毛"，毛犹有伦。"上天之载，无声无臭"，至矣！

解：进一步说心。只要笃实恭敬地把自己的心、自己的天命之性表现出来，由微至显，润物无声，最后就能天下平。引《诗》云、子曰、《诗》曰，次第说明天命之性（明德、心、良知）只需以诚敬存之，不需要作秀表演、大声以色。越不作秀表演，其功用越大。当真诚发用、知行合一时，其功用就能达到极致。这就是务本之学、为己之学、合内外之学，不务本而专注于外，"声色之于以化民，末也"。《诗经》讲，我怀美德在心中，就不需用严词厉色。孔子讲，如果用严词厉色去教化百姓，这是没有抓住根本。就像《诗经》讲，美德总是轻柔地感染人，如羽毛一样。羽毛虽然轻微，但还是有形迹的。《诗经》还讲，上天化育万物，春去秋来，那都是无声无息的。这才是恭笃而天下平，是德化的最高境界。

（上1.3.3以下，第三十三章，子思因前章极至之言，反求其本，复自下学为己谨独之事，推而言之，以驯致乎笃恭而天下平之盛。又赞其妙，至于无声无臭而后已焉。盖举一篇之要而约言之，其反复叮咛之意，至深切矣。学者其可不尽心乎！）

（2014年9月24日下午5:30结构毕；2015年2月28日下午3:55猜想毕；2016年4月30日上午10:00录入毕，时日济南风大气爽，乃五一假第一天；2016年8月28日星期日上午11:52修订毕；2017年9月10日星期日教师节晚21:48又订。）

大学功夫论

——《大学》猜想，以朱子《四书章句集注》为文本

题解：

大学之意义，乃“大人”之学，用功夫使自己成为“大人”之学。孟子说：“大人者，不失其赤子之心者也。”陆象山说：即使不识一个字，也须堂堂正正做个人。王阳明说：大人者，以天地万物为一体者也，其视天下犹一家、中国犹一人焉，若夫间形骸、分尔我者，小人矣。讲的都是大人之所以为大。

西方哲学家柏拉图认为，理念是最完善的，世间万物的存在都是对理念的模仿，但是永远达不到理念的程度。“大人”之学，是使人大之学，使人能够不断充实、扩大，最后实现人之所以为人的理念。人生就是一种不断努力、不断实现人之为人的本质的过程。“大人”就是体现了人之为人理念的人。如何成为“大人”？成为名副其实的人？《大学》提供了一套行之有效的模式，是一套修养功夫的“架子”，套入这个“架

子”，则人生就有了定位、有了方向、有了意义。就个人言，存在先于本质，套入了大学这个“架子”，就为个人的存在选择了本质。就《大学》之培养治国平天下的大人而言，其论域与柏拉图的《理想国》相同。在《理想国》中，柏拉图论述了如何培养城邦护卫者乃至哲学王。

但《大学》与《理想国》不同，《大学》不讲过高之理，讲的都是实实在在的修养功夫。《中庸》讲的是“基础理论”，《大学》讲的是“工程技术”。《中庸》《大学》通贯起来读，更能促进理解。一个人成为大人，不仅是精神境界，而且包括物质世界；不仅是心理要求，还有生理要求。《大学》讲的修养功夫包括了养生、养形、养德、养人，从健康、人伦、义利、公私、忠孝、理欲、礼仪、名节等方面，都离不开修养、离不开功夫。让道德高尚、行为规范需要功夫修养；让心理正常、心态阳光需要功夫修养；让身体健康、形貌标准亦需要功夫修养。道德高尚、行为规范、心态阳光是一个人有修养的表现，身体健康、形貌标准亦是一个人有修养的表现。林肯讲：一个人过了四十岁，应该对自己的容颜负责。此语深得《大学》功夫之味，正所谓动容貌、正颜色、出辞气也。人之为人的本质，本即含有物质和精神两方面，两方面的统一才是合理的，这就是辩证唯物主义的性命双修。进一步细化则是身、心、神三修，命、性、境三养，人是一个分为身、心、神三层的系统存在，是一个一元两面三层的立体存在，身体、心理、精神境界，生命、心性、境界三层的修养不可偏废。

《大学》一书是典型的经传体结构，其中经文一章205字，传文十章1546字，如《中庸》一样，文字之间环环相扣，组成一个严密的思想系统。此结构庄重、典雅，义理清晰，语势通贯，让人读之而顿生敬意。西哲海德格尔讲：语言是存在的家。不同的存在有不同的语言之家，科技存在语言统一、四海为家，但哲学、文学、艺术等存在，都是以母语为家。汉语历经三千多年的发展，能够产生像《中庸》《大学》这样的文字，产生过优美的诗词歌赋，产生过书法，正足以证明汉语的伟大。汉语在过去能有这么多伟大的存在，在将来也一定能贡献许多伟大的存在。这也是中华民族伟大复兴的应有之义。“周虽旧邦，其命维新”。任重而道远。

《大学》朱序解

大学之书，古之大学所以教人之法也。盖自天降生民，则既莫不与之以仁义礼智之性矣，然其气质之禀或不能齐，是以不能皆有以知其性之所有而全之也。一有聪明睿智能尽其性者出于其间，则天必命之以为亿兆之君师，使之治而教之，以复其性。此伏羲、神农、黄帝、尧、舜所以继天立极，而司徒之职、典乐之官所由设也。

三代之隆，其法浸备，然后王宫、国都以及闾巷，莫不有学。人生八岁，则自王公以下，至于庶人之子弟，皆入小学，而教之以洒扫、应对、进退之节，礼乐、射御、书数之文；及其十有五年，则自天子之元子、众子，以至公、卿、大夫、元士之适子，与凡民之俊秀，皆入大学，而教之以穷理、正心、修己、治人之道。此又学校之教、大小之节所以分也。

夫以学校之设，其广如此，教之之术，其次第节目之详又如此，而其所以为教，则又皆本之人君躬行心得之余，不待求之民生日用彝伦之外，是以当世之人无不学。其学焉者，无不有以知其性分之所固有，职分之所当为，而各俛焉以尽其力。此古昔盛时所以治隆于上，俗美于下，而非后世之所能及也！

解：朱子在此总结了儒家教育的一种理想模式，这一模式由两阶段构成，小学阶段从八岁到十五岁，学习内容包括洒扫、应对、进退之节，礼乐、射御、书数之文；大学阶段在十五岁之后，学习内容包括穷理、正心、修己、治人之道。小学阶段多为外在技术，重在中规中矩，大学阶段多为内在哲理，重在融会贯通。这是一个由外向内渗的过程，到最后则达到得心应手、随心所欲而不逾矩的境界，也就是大人境界。与现代知识教育不同，这是一种德性教育。从现代教育心理学的角度看，这一德性教育的模式是非常科学的，一个人德性的可塑性最好的时间是七八岁到十几岁，这时候，他从家庭和学校里实际上而不是形式上接受了什么样的教育，基本上就决定了他一生的品行，此后他生活得有境界或无境界、境界有多大，基本上就在这一阶段打下了基础。这一阶段的德性教育，可以使人养成习惯，其效果远比其成年后学习许多伦理学理论强得多。因此，西哲亚里士多德强调，德性是一个人在小的时候养成的一种品质。中国人说一个成年人“没教养”“没家教”，从反面证实了这一阶段德性教育的重要性。现在我们的教育恰恰在这一阶段过于重视知识的传授，而忽视德性的潜移默化。人们在批评社会风气不好的同时，也应对教育的模式有所反思，特别是七八岁到十几岁这一阶段的教育。

德性教育除了培养有完善人格的人，还包括合格的国家管理者。修己之外，还有治人。这方面的内容是实实在在的，是躬行之心得，都在民生日用彝伦之中。也就是说，以儒家的理想教育模式培养的官员都是在百姓生活之中的。同样是培养国家管理者，柏拉图在其《理想国》中就提出了不同方案，他认为应把十岁以上的人清除出城邦送到乡下去，十岁以下的孩子全部由国家来教育、培养，让他们摆脱家庭的影响和社会陈规陋习的塑造，而且在其成为管理者后，不允许拥有私有财产，也不准用金银，不从事生产，亦不准有家庭。这与儒家从家庭出发不离伦常日用的培养方法，形成了鲜明对照。把《大学》和《理想国》贯通起来阅读，对于中西方对管理者的定位会有不一样的认识，这也许体现在今日中西治理模式的不同中。中国文化确实有中国文化的特点。

及周之衰，贤圣之君不作，学校之政不修，教化陵夷，风俗颓败，时则有若孔子之圣，而不得君师之位以行其政教，于是独取先王之法，诵而传之以诏后世。若《曲礼》《少仪》《内则》《弟子职》诸篇，固小学之支流余裔，而此篇者，则因小学之成功，以著大学之明法，外有以极其规模之大，而内有以尽其节目之详者也。三千之徒，盖莫不闻其说，而曾氏之传独得其宗，于是作为传义，以发其意。及孟子没而其传泯焉，则其书虽存，而知者鲜矣！

自是以来，俗儒记诵词章之习，其功倍于小学而无用；异端虚无寂灭之教，其高过于大学而无实。其他权谋术数，一切以就功名之说，与夫百家众技之流，所以惑世诬民、充塞仁义者，又纷然杂出乎其间。使其君子不幸而不得闻大道之要，其小人不幸而不得蒙至治之泽，晦盲否塞，反覆沉痼，以及五季之衰，而坏乱极矣！

天运循环，无往不复。宋德隆盛，治教休明。于是河南程氏两夫子出，而有以接乎孟氏之传。实始尊信此篇而表章之，既又为之次其简编，发其归趣，然后古者大学教人之法、圣经贤传之指，粲然复明于世。虽以熹之不敏，亦幸私淑而与有闻焉。顾其为书犹颇放失，是以忘其固陋，采而辑之，间亦窃附己意，补其阙略，以俟后之君子。极知僭逾，无所逃罪，然于国家化民成俗之意、学者修己治人之方，则未必无小补云。

淳熙己酉二月甲子

新安朱熹序

解：朱子在此讲了程颢、程颐两夫子在大学之道的道统上的重要作用。自孔子到孟子，孟子之后大学之道就泯灭无所闻了。大学之道代表的是一种价值观。一个社会的价值观概括起来，可以分为三大类，宗教价值观、哲学价值观和俗常价值观。宗教价值观多是由某种宗教信仰所支持的价值观；哲学价值观则是人类超出个人的局限性而对某种崇高境界的追求；俗常价值观乃是人从自身局部利益出发，对功名利禄、权谋术数等所做的追求。俗常价值观在社会中有着重大影响。大学之道可以看作一种哲学价值观。

在朱子看来，大学之道不行于世的原因，是由于另外两种价值观过于强势，“异端虚无寂灭之教，其高过于大学而无实”，俗常价值观“记诵词章之习”，“其他权谋术数，一切以就功名之说，与夫百家众技之流”，惑世诬民，充塞“仁义”。这种价值观对生态的破坏，造成了社会的惑乱。一个社会要获得有效治理，总需有人自觉去传承哲学价值观，而不是人人成为奉行俗常价值观的“理性人”“经济人”。可以说，中国漫长历史的许多智慧就足以证伪许多西方现代理论对道德修养的轻视，如距朱子时代不远的五代十国的混乱，导致人人自私自利，不讲道德，到最后不会发展出一种理想社会，而只能出现祸乱频仍的局面。中国历史悠久，对此有历史经验。中华文明自有文字可考的历史起，就强调道德的重要性，这是其成为世界上唯一的一种绵延至今的古文明的重要原因。因此，宋代程颢、程颐兄弟把《大学》表彰出来，在道统史上有着重大意义。

子程子曰："《大学》，孔氏之遗书，而初学入德之门也。"于今可见古人为学次第者，独赖此篇之存，而《论》《孟》次之。学者必由是而学焉，则庶乎其不差矣。

解：程子对《大学》的重要评价，说明《大学》是入德之门和为学次第。"为学次第"四字十分重要。"为学次第"不是"为学逻辑"，把握住这一点，才能在下面很好地理解《大学》的经文。

经文解

1．大学之道，在明明德，在亲（新）民，在止于至善。

解：一上来就讲“大人”之学的宗旨，直接回答了人应该成为什么样的人。人生有三大目的，或者讲人生有三大纲领，即明德、新民、止于至善。完善了这三大纲领，人就符合了人的理念，成为一个充实光辉的“大人”、真正的人，从而也就确认了人活着的意义，确认了人活着应该怎样活的问题。

这里的“大人”是指人之为人的理念，是一个普遍性的概念。普遍性寓于特殊性之中。“大人”寓于一个个具体的人当中。一个人在生活中可以是一名工人、农民、学生、商人、士兵，可以是一位记者、医生、作家、公务员等，但他都可以按照这三纲领的要求，而使自己成为一名“大人”，具有真正的“大人”之性。孔子首先是一名教师，然后才成了圣贤。王阳明首先是一名官员，然后才成了“大人”。“大人之学”并非离了日用伦常的生活而存在。因此，任何一个人在任何一个位置上，都应该而且能够践行大学之道。“大人”是一个普通的人，而非特殊的人。

明明德是内圣之学，要将自己光辉的德性显扬出来。对于明德的理解，儒家主流基本上肯定其为先天之善性，如王阳明认为明德就是良知。不过，如果以历史唯物主义的观点看，明德还是有一个历史的发展过程的，原始人的明德与现代人的明德，其内容并不完全相同。人之有不同于其他动物的灵明，或曰大脑机能，这是明德产生的前提。如果这样理解是“性本善”的话，应该没有什么问题。但是明德的内容是不断变化丰富的，法国哲学家帕斯卡尔讲：“天性不过是第一习惯，正如习惯是第二天性一样。”随着社会的发展，有些所谓天性被抛弃了，而有些东西又被人看成了天性，孔子有孔子的明德，朱子有朱子的明德，王阳明有王阳明的明德。在今日之时代，在今日之中国，明德也有了新的内容，社会主义核心价值观应当沉淀于明德之中。

新民是外王之道。新民即让人振作起来，有与人为善之意，也即“己欲立而立人，己欲达而达人”。杜甫有诗曰：“致君尧舜上，再使风俗淳。”为官一任，不仅要在物质生产方面造福一方，还有着使一个地方的民风向善的责任，这就是一名官员的“新民”。“新民”也不仅是一名官员的责任，就是一位普通的人，也有此责任，一个人在将自己的良知显扬出来的同时，也应尽最大的可能带动周围的人这样做。一个人做最好的自己，也要尽己所能影响周围的人做最好的自己；一个人让自己幸福，也要尽己所能让周围的人幸福，如此幸福才更幸福。

止于至善就是达到最合理、最恰当的状态。这是真正处理好了明明德和新民、内和外的辩证关系。至善就是时中，是把中庸的原则、辩证法的原则具体地运用到每一件事上，于事中求得最高的恰当性、至当不移的道理。

明明德、新民、止于至善，作为三纲领，从横的面上看，组成了一个闭合的系统，一分为三，合三为一，你中有我，我中有你，如此去用功夫才是活泼泼的，而不会偏执于一端，才是合内外之道，而不会内外偏倚。从纵的方向上看，又体现了用功夫的次第。明明德是对自己的一种肯定，新民是对自己的超越，也可看作是一种否定，止于至善，则是对否定的又一次否定，防止务外而遗内。肯定、否定、否定之否定，循环无尽，螺旋上升，在这一辩证的运动过程中，人生境界日渐提高。

1.1　知止而后有定，定而后能静，静而后能安，安而后能虑，虑而后能得。

1.2　物有本末，事有终始，知所先后，则近道矣。

解：在提出《大学》的三纲领之后，承接着“止于至善”，又提出了《大学》的两大原则：知止的原则，知本的原则。走得再远也要有个落脚的地方，事情再繁杂，也要有个根本。

知止就是知道所要达到的状态。就人生的大目标而言，这种状态应是至当不移的；就生活的小目标而言，这种状态应与自己有着辩证的关系，是适宜于自己的特点的。知道这种状态，就有了定向、有了定力，内心才不会有困扰，而是每逢大事有静气，内心静了，外在才不会慌里慌张，而是安如磐石，泰山崩于前而色不变，麋鹿兴于左而目不瞬，如此才能考虑周详，得到成功。这一切都是从知止中来的。

知止，含有于事中求理、欲中求道、动中求静、有中求无的要求。世事繁杂，知道了事中所隐含的理，就不会为世事所左右，而是会止栖于事理之中。见理透彻，就自能看庭前花开花落、云卷云舒。人生多欲，纵欲伤生败德，禁欲害生违天，知悉了欲中所隐含的大道，会止栖于此大道之中，以道御欲，从而养生进德，其乐无极。人生世事变动不居，生生不息，掌握了运动的规律，就能以不变应万变，以静制动，动中求静，止栖于此规律之中，就可虽酬酢万变皆静也。事事物物、这这那那，全都是实在，全都是有。人如逐于事事物物、这这那那，就会心为物役，没有止息。知止，就要于这有中看到无，不是逐于有，而是止于无，这样就可知其雄守其雌，物物而不物于物，在烟火人间中获得心灵的自由。知止就要处理好事与理、欲与道、动与静、有与无的辩证关系，处理好了，就可以说人生达到了一种中道，尽善矣，尽美矣。这是人生的大原则，也是人生的大功夫，更是人生的大智慧。

人生许多悲剧在于不知止，浮浮沉沉，随波逐流。有些人永远是风派，永远是弄潮儿，飘来荡去，八面玲珑，终是大梦一场，白云苍狗。

知本就是要知道事物的根本和枝节、结果和开始、主和次、先和后、轻和重、缓和急等。知本是做人和做事的大原则、大功夫、大手段。不知本，眉毛胡子一把抓，疲于应付，到头来却事倍功半。知本就能举重若轻，不知本则会举轻若重。在延安时期，陈云同志总结其工作的经验，是这样一句话：多干就是少干，少干就是多干。这是重要领导人知本的经验之谈，里面蕴含着辩证法的深刻道理。

知本原则可以说是辩证法在做人做事方面的体现。古人不懂辩证唯物主义，朦朦胧胧地提出了“物有本末，事有终始，知所先后，则近道矣”。今人懂得了辩证唯物主义之道，则可以对知本原则有着高度的自觉。这种自觉尤其表现于毛泽东的《矛盾论》之中，在这篇经典著作中，毛泽东系统地论述了如何抓住主要矛盾、抓住矛盾的主要方面、抓住矛盾过程的主要阶段等思想，一句话，就是要在两点之中抓住重点，在本末、先后、轻重中抓住根本。熟读《矛盾论》可以让我们更深刻地理解《大学》的知本原则。

在点出了三纲领、二原则之后，《大学》展开所谓的八条目。八条目是对三纲领的进一步展开和细化，在内圣和外王两个方向上都有所开掘，而对于八条目之间的关系，则要用知止、知本二原则加以处理。从这里也可以看出，《大学》的经文尽管文字简约，却是一个非常严密的系统。此正所谓“易简功夫终久大”。一段《大学》经文，中国人的历史感、责任感、使命感，其安身立命、修身养性的功夫就都在里面了。

2. 古之欲明明德于天下者，先治其国；欲治其国者，先齐其家；欲齐其家者，先修其身；欲修其身者，先正其心；欲正其心者，先诚其意；欲诚其意者，先致其知；致知在格物。

物格而后知至，知至而后意诚，意诚而后心正，心正而后身修，身修而后家齐，家齐而后国治，国治而后天下平。

解：古时想要使天下之人都能明其明德的人，先要治理好自己的国家；想要治理好自己的国家，先要整顿好自己的家庭；想要整顿好自己的家庭，先要修养自己的身体和品德；想要修养好自己的身体和品德，先要端正好自己的内心；想要端正好自己的内心，先要自己的意念诚实；想要自己意念诚实，先要获得丰富的知识；而要获得丰富的知识，则在于度量事物的本末先后、轻重缓急。事物的本末先后、轻重缓急穷究明白，才会拥有丰富的知识；拥有了丰富的知识，才会意念诚实；意念诚实，才会内心端正；内心端正，才能身体健康、品德高尚；身体健康、品德高尚，家庭才会整顿好；家庭整顿好了，才能治理好国家；国家治理好了，才能使天下太平。

此八条目指明了修养的次第，而非逻辑顺序。有人从逻辑角度批评这一段落，认为齐家不是治国的必要条件，格物、致知、诚意、正心、修身、齐家、治国、平天下，如此由外向内、由内向外地推，是毫无逻辑的表现。说毫无逻辑是对的，因为这段内容本就不是逻辑的演绎，而是修养的次第。拿逻辑来批评，可谓驴唇不对马嘴。

同时，此八条目作为修养的次第，严格地说，也并没有时间的先后，只是用功夫的一个下手处，并不是前前后后就分得很清，往往是一有全有，如不是说讲齐家时就孤零零地在齐家，而是格物、致知、诚意、正心、修身的功夫都有，治国、平天下的意思也在，有次第但不可把自己框死了，需要活着，才有功夫。

总之，此八条目不是一种线性关系，而是从内到外、从外到内的一个浑圆系统，系统里面又纵横交错，结构复杂。其修养次第只是人生在世长功夫的一个大致过程，一旦功夫纯熟，却又是浑圆一个。

历史上儒家发展到宋明分为以程颐、朱熹为代表的理学，以陆象山、王阳明为代表的心学，以张载、王夫之为代表的气学。不同的学派，乃至同一学派中不同的人对此八条目的核心概念有不同的理解。例如对致知，朱子的意思是获得关于事物的知识，而阳明子的意思是致良知于事事物物；对格物，朱子的意思是即物穷理，穷究事物的道理，而阳明子的意思以良知正物；同是陆王学派，阳明子对修身的理解偏于道德修养一面，阳明子的弟子王心斋却将身首先理解为个人活生生有生命的身体，修身的基本意为身与道一、明哲保身，有了有生命的身体这个根本，此后的一切才能谈得到。经典多是含义丰富的，现代人对此应持宽容的态度，可以结合自己的人生境况，确定一种为自己的人生有所受用的理解，而不必拘泥于一家一派的说法，否则便把经典读浅了、读小了、读薄了。

此解中格物之格，取为度量之义，这也是格的古义。格物就是度量事物的本末、终始、厚薄，从而取得一种正确对待事物的知识。这样就可以与前面讲的知本原则、知止原则呼应起来。对于修身之身，一元两面，既取其身体之意，又取其道德之意。身心皆健康之人，才能更好地齐家、治国、平天下。一个现代中国人应是一名性命双修的辩证唯物主义者，以辩证唯物主义之道对待自己的身体，又以辩证唯物主义之道对待自己的精神。这样才能身体健康、品德高尚，才能更有益于家庭，有益于社会。具体讲，就是要通过这修养功夫，做到身体健康、心理健康、精神健康。

八条目是与政治相关的心性修养功夫，从个人外推到国家、天下。但是如果作为一种政治哲学，其有很大缺陷。因为八条目缺乏对公共领域的研究，而只有把公共领域作为客观对象加以研究，才会推理出平等、公正、自由、民主、法治、权利等现代政治概念，而这也是儒家政治哲学的盲区。今人修习大学格致诚正、修齐治平的功夫，对此也不能不有一种清醒认识。

3. 自天子以至于庶人，壹是皆以修身为本。其本乱而末治者否矣。其所厚者薄，而其所薄者厚，未之有也！

解：从天子到平民百姓，一律都要以提高自己的身心健康、道德修养为根本。身心修养这个根本问题乱了，家齐、国治、天下平是不可能的。正像把应该重视的大事忽略了，本来次要的小事却能做好，这是不会有的。

此节以知本原则分析八条目，明确提出以修身为本，其他齐家、治国、平天下等外在的事物都是末。此节中的关键词是修身，但是关于修身的含义在儒家思想史上则是众说纷纭。一般的意见认为修身的含义就是人的道德品行的提高，但是也有人认为修身的含义包括生理、心理和精神境界三者的提高，是身、心、神三修，其中最有名的要算明代哲学家、王阳明的弟子王艮，他对修身有独特的理解，从而可以启发人们对经典的阅读。

王艮，字心斋，明代大哲学家王阳明的弟子。王艮，可以说是中国思想史上的奇人，名副其实的平民哲学家。他出生在一个以制盐为业的手工业者家庭，世代都是贫苦的灶户，以煮盐为生。他 7 岁入塾，11 岁辍学，只受了四年童蒙教育。在这四年中，他从塾师受《大学章句》，辍学后以煮盐、贩盐为生，到 39 岁慨然有任道之志，开始自学儒家经典，并在当地讲学，后随王阳明学习，48 岁自立门户创立新学派，58 岁去世。他的学派史称泰州学派。梁漱溟先生自谓其受心斋影响最大。

由于王艮的生活经验不同于书斋里养尊处优的文人士大夫的经验，因此他的思想更多了些平民的生活气息及讲求实际的唯物主义色彩。故而他对于修身，首先从生理上、从人的生命存在立论，提出了尊身立本、身道合一的观点，认为道尊、身尊才是至善，知安身而不知行道、知行道而不知安身，俱失一偏。他进而倡导明哲保身的思想，他认为，不知安身，便去干天下国家之事，是之谓失本也，身不能保又何以保天下国家哉？当遵道与尊身发生冲突时，他主张要善于保全自己，待机再起，并批评了历史上那些以身殉道的贤人，认为他们放弃了对自己、对别人的责任。

王艮对修身的理解，对今天的我们很有启发。人是一个特殊复杂的巨系统，一元两面三层多维，既有生理的世界，又有心理的世界，还有道德精神世界，如同科学哲学家波普尔的世界1、世界2、世界3，精神哲学家弗洛伊德的本我、自我、超我，这三个世界相互之间又存在着对立统一的辩证关系。修身应该正确处理好这三个世界及其之间的相互关系，使之保持和谐。仅强调一个方面，是片面的，不正确的。例如强调对道德精神世界的修养，历史上有以禁欲、伤生等极端方式追求自己道德净化的人，结果身体垮了，既不能齐家，又不能治国。毛泽东同志青年时代在长沙求学期间，既刻苦读书学习，又提倡风浴、雨浴、日浴，科学锻炼身体，可谓对修身加以全面理解的典范，因此理想高远，学识渊博，道德高尚，身体强健，为其以后的革命活动、治国平天下打下了很好的基础。

人的生理世界、心理世界、道德精神世界的修养，机械地偏于一端就会互相伤害，辩证地相互作用就会相互促进。例如对生理的世界，生理上做欲望的奴隶，纵欲过度，不但导致心理无聊还会道德堕落，最终也伤身体。不循欲伤生，而是节制欲望、严格要求、科学锻炼，则不但对身体健康有好处，而且对心理健康、对道德精神境界的提高有好处；反之，道德精神世界的境界高了，则人的心理就会宁静、宽容，不会扰扰攘攘，而人的生理方面就自然不会被过多的欲望所驱遣，不会肆欲害生，而会生活科学、血压平稳、身体健康。很好的精神境界，对于一个人的心理平衡、生理健康有着举足轻重的作用。一个人，在这三方面实现了和谐，用大科学家、大哲学家钱学森的话来概括，就成为一个性命双修的辩证唯物主义者，也就是说他能以辩证唯物主义哲学对待身、对待心、对待身心之关系。此之谓真正的“修身”，以此为本，方能济世。

传文解

1. 释明明德

《康诰》曰："克明德。"《大甲》曰："顾諟天之明命。"《帝典》曰："克明峻德。"皆自明也。

解：《康诰》篇中说："能够发扬彰明美德。"《大甲》篇中说："想着这天之所赋的明德。"《帝典》篇中说："要能发扬大德。"都是说要发扬自己固有的明德，即明明德。

明德乃光明的德性之意，但在儒家思想史上对此光明的德性理解并不相同。孟子认为明德即为先天的性本善。荀子则认为明德是后天习得。后来在宋明理学的话语体系中，朱子认为明德就是心具的众理；王阳明认为明德即孟子讲的本心，他自己则名之为良知；阳明后学王龙溪称明德为"现成良知"，而罗近溪称明德为"赤子之心"；明代著名思想家李卓吾则认为明德就是"童心"。众说纷纭，不一而足。

有一段时间我很认同王阳明的良知说，以为良知就是先天的良知良能。但在我去参观位于章丘的城子崖遗址时，却在认识方面有了一个大转折。城子崖遗址大概是公元前 2500 年到公元前 1900 年，新石器时代的人类生活遗址，先人们在此艰苦地生活，创造了简单的文明。如果人具有先天之良知的话，他们又何至于生活得如此简陋？因此，对于明德的认识，还是要用辩证唯物主义、历史唯物主义加以分析。应该看到，明德的内涵是有一个历史的发展过程的，即明末哲学家王夫之所讲的“性日生而日成”。

明德不是先天的，但能够产生明德的能力则是先天的。这可以说是王阳明讲的“一点灵明”，这“一点灵明”就是人的大脑的功能。人的大脑作为大自然进化的产物，要比一般的动物的大脑具有更加复杂的结构，从而具有了不同于一般动物大脑的机能。正是这一机能才使人类逐步地创造积累起一个文化世界，也就是哲学家波普尔所称的“世界3”。“世界3”又进一步刺激强化人脑的机能。从辩证唯物主义的观点看，随着人类脑科学的不断发展，人脑运行及其与“世界3”互动的大量规律将会逐步清晰，甚至对于在今天看来非理性的事情，人们也能发现其运行的规律，那时，今天的非理性也变成理性了。因此，对于“明德”的概念，完全不必看作人的先天的神秘主义的本性。

同时，明德的内容也不是固定不变的，它随着文化的不同而不同，也随着社会的发展而发展。尧舜时的“克明德”之内容，一定与《康诰》讲的“克明德”有差异。所以在今日践行《大学》“明明德”的功夫时，一定要对明德的内容进行历史唯物主义的分析，没有这一分析，而只是讲“明明德”，不过是文字游戏而已。

有了上述认识，每个人对于明德的形成就可以有清醒的自我意识，一方面要从优秀传统文化中吸取其精华，另一方面要从时代生活中吸取其先进内容。明德不是天生的，有赖于我们的自我学习、自我教育、自我反思、自我选择、自我建构。在自己的人生中明德也不会是一成不变的，但一定要有其稳固性，要有底线思维，要知止、知本。在此基础上知行合一，将明德贯彻于自己的生活、工作之中。这样的“明明德”功夫才是实实在在的，与生活世界浑然一体，如此“明明德”在今日才有受用。如果读《大学》、讲明明德，却又毫无时代的内容，与时代发展和社会生活毫不搭界，读书是读书，到事上就完全不是那回事。

2. 释亲（新）民

汤之盘铭曰：“苟日新，日日新，又日新。”《康诰》曰：“作新民。”《诗》曰：“周虽旧邦，其命惟新。”是故君子无所不用其极。

解： 汤在铜盘上镂刻铭文：“如果一天能够自新，就要天天自新，永远自新。”《康诰》篇中说：“使民振作自新。”《诗经》说：“周虽然是一个古老的国家，但能够秉承天命，除旧布新。”所以，君子要用尽一切办法求得自新。

毛泽东在年轻的时候，发起成立了一个团体，叫作“新民学会”，其中的“新民”，就来自《大学》。毛泽东一生都注重做思想政治工作，可以说《大学》“新民”的理念已经沉淀于他的深层思维结构之中。他组织教育农民，让农民认识到自己的利益，他做士兵的工作，让他们知道为什么打仗，总之就是要“使民振作自新”。

内因是变化的根据，外因是变化的条件。教育只是新民的条件，关键还在于激发每个人的自觉性、主动性，使其能够自新。新是事物的发展规律，新陈代谢、除旧布新乃是宇宙的普遍法则，此正是“苟日新，日日新，又日新”，“生生之谓易”。后来马克思对此有了很好的论述，“辩证法在对现存事物的肯定的理解中同时包含对现存事物的否定的理解，即对现存事物的必然灭亡的理解；辩证法对每一种既成的形式都是从不断的运动中，因而也是从它的暂时性方面去理解；辩证法不崇拜任何东西，按其本质来说，它是批判的和革命的。”恩格斯也讲：“自然界不是存在着，而是生成着并消逝着。”不断随着客观事物的发展，而求新、求变，才是人的存在发展之道。

一个人在自新上用功夫，就要做到与时俱进。与时俱进的意思，是说要与时代、与社会的发展规律相一致，循着时代的需要、社会的需要而改变自己，从而为时代、为社会做出自己的一份贡献。与时俱进不是随波逐流，社会上有一种所谓的“成功人士”，他们完全是一些风派人物，社会上刮什么风，他们就是什么人，当社会以自由主义为时尚的时候，他们是自由主义者，过了几年，自由主义不吃香了，社会上多讲儒家思想，他们就又以儒家的面目示人。这样的自新不是与时俱进，而是随波逐流，其区别就在于风派人物的各种取舍，不是以社会发展的规律为标准，而是以自己的个人好处为标准，能够出风头、捞好处，怎么变都可以，内心毫无定见，毫无定力。一所著名高校的一位所谓国学大师，在中华人民共和国刚成立时，马克思主义吃香，他“革命”得很，到了改革开放时，自由主义吃香了，他又“右”得很，晚年出了一本书，痛苦反思，完全否定了其前半生。其实他是永在“风口”，毫无所信，不诚无物，人格破产。西方后现代主义哲学就是这样的随波逐流，一切都没有了标准、没有了是非、没有了规则、没有了中心，传统、逻辑、语言都在被抛弃之列，只要讲出的话能够耸人听闻、哗众取宠，在学术市场上能够引起人的关注即可。从翻译的角度讲，讲“后现代”太有文化味儿了，译成“后时髦主义”，或者干脆音译为“后摩登主义”更符合这种“自新”的意味。今日的网络世界，已部分地呈现出这种“后摩登主义”的特点，“网上时有文章出，各领风骚三两天”。在现代社会，处理好与时俱进与随波逐流，从而有一个安身立命之地，已十分重要。

自新的最高境界是创新。创新表现为敢为天下先，敢第一个吃螃蟹。创新不是出风头，而是引领趋势，要比与时俱进更超前一步，表现了“天行健，君子以自强不息”的精神。要创新就要有自信，没有自信，看不起自己，跪在别人面前永远不会有创新。一个人是这样，一个国家、一个民族也是这样。“周虽旧邦，其命维新”，中华民族之所以历经挫折屹立不倒，成为世界上唯一的一种文化绵延5000年而不断的文明，就在于其能够自信、自强、自我创新。

3. 释止于至善

《诗》云：“邦畿千里，惟民所止。”《诗》云：“缗蛮黄鸟，止于丘隅。”子曰：“于止，知其所止，可以人而不如鸟乎！”

《诗》云：“穆穆文王，于缉熙敬止！”为人君，止于仁；为人臣，止于敬；为人子，止于孝；为人父，止于慈；与国人交，止于信。

《诗》云：“瞻彼淇澳，菉竹猗猗。有斐君子，如切如磋，如琢如磨。瑟兮僩兮，赫兮喧兮。有斐君子，终不可喧兮！”如切如磋者，道学也；如琢如磨者，自修也；瑟兮僩兮者，恂栗也；赫兮喧兮者，威仪也；有斐君子，终不可喧兮者，道盛德至善，民之不能忘也。

《诗》云：“於戏前王不忘！”君子贤其贤而亲其亲，小人乐其乐而利其利，此以没世不忘也。

解：《诗经》中说：“方圆千里的京畿，许多百姓止息于此。”《诗经》说：“鸣叫着的黄雀，栖息在山丘多树的地方。”孔子读了这两句诗不由感慨说：“唉！知道选择止息在何处，难道人反而不如鸟吗？”《诗经》说：“端庄美好的周文王，他光明的德行，人们无不崇敬。”人们要学习他，为人君，止于仁；为人臣，止于敬；为人子，止于孝；为人父，止于慈；与国人交，止于信。《诗经》说：“眺望弯曲的淇水河畔，翠竹茂盛！在那里，文采斐然的卫武公，修身治学就像切削骨器那样专心致志、琢磨玉器那样精细认真。他神态庄重、仪表威严，光明磊落、品德高尚。这样文采斐然的人，人们永远不能忘记。”《诗》中“如切如磋”是说治学态度严谨；“如琢如磨”是说省察自己认真仔细；“瑟兮僩兮”是指谦恭谨慎；“赫兮喧兮”是指仪表威严；“有斐君子，终不可喧兮”意思是卫武公已是止于至善，所以老百姓都不会忘记他。《诗经》中说：“啊！前代贤王止于至善永远不会被忘记。”后代的王对于前代贤王，贤其贤而亲其亲，后代的老百姓依然受惠于前王留下的好处，乐其乐而利其利，所以前代贤王永远不会被后人忘记，因立德、立功、立言而不朽。

以具体形象的事例反复申说“知止原则”，强调人生要有一个止息处，要有一个立脚的地方。特别是在道德修养方面，要根据自己的地位，止息在一个至善的地方，这就是：为人君，止于仁；为人臣，止于敬；为人子，止于孝；为人父，止于慈；与国人交，止于信。在君臣、父子、人己关系的处理上，充满了辩证唯物主义的智慧，完全不是后世有人提出的“天下无不是君父”这样形而上学的奴才哲学。

知止的原则，不止于道德修养。文中提到的“如切如磋”“如琢如磨”的卫武公，不但品德高尚，在身体方面也表现为仪态威严。道德的修养，有一个落脚的地方，身体的修养也有一个落脚的地方，正所谓性命双修。

由人的身心修养而外推，凡人生所面临的一切问题都要贯彻知止的原则。

许多学生在做研究生选择专业时，往往这个方向、那个方向，游移不定，徒增苦恼，皆是因为不知止。

许多学者做学问求道，但一生下来，随波逐流，无所信持，所学纯成文字游戏，无法安身立命，正所谓：学者求道，如客在途，不知所止，安有所归？悲夫。

毛泽东领导红军、领导八路军和新四军、领导人民解放军进行艰苦卓绝的军事斗争，有一条重要的原则就是一定要建立红色革命根据地。在井冈山时期，他还针对红军中存在的只愿打仗不愿下功夫建立根据地的流寇思想，反复地、苦口婆心地做说服教育工作，从而保证了中国革命的胜利。建根据地，就是知止。

孔子站在川流不息的河边而发感慨："逝者如斯夫，不舍昼夜！"读《诗经》，"缗蛮黄鸟，止于丘隅"处，而长叹："于止，知其所止，可以人而不如鸟乎！"一动一静，合起来，体现了辩证法的精神。从今日辩证唯物主义哲学来看，知止原则，正是很好地处理了动与静的辩证关系，只动而无静，事物一刻也不能存在。任一客观物体都是一堆电子、质子、中子的无序运动，中间有着我们肉眼观察不到的巨大虚空，但是在微观的无序运动中，却又形成了分子与分子之间的固定结构，固定结构又包含着电子、质子、中子等的运动，正是基于这种固定结构的存在，世间才会有一粒钻石、一张纸、一个茶杯、一匹马、一个人等万物。止之道，大矣哉！今日谈知止，有了辩证唯物主义的指导，就有了自觉性。

知止乃是以天道贯通人道，使我们在纷乱的人间万事中找到了一个稳定的结构，一个站定脚跟、安身立命的地方，从而使我们的人生在川流不息之中，不再是一种随波逐流的无意义的存在。

4. 释本末

子曰："听讼，吾犹人也，必也使无讼乎！"无情者不得尽其辞。大畏民志，此谓知本。

解：孔子说："审理争讼，我和别人一样，能断清是非曲直，但我和他们不一样的地方是，能够让诉讼的事情根本不会发生！"孔子的意思是，他能使那些虚辞矫饰而无实情的人不敢把不实的话说出来，让人对德行敬服，不起争讼，这就叫知道根本。

能把官司的是非曲直判断清楚，是末不是本，让人不起官司才是本。关于孔子这一法律方面的思想，明朝一位叫罗汝芳的哲学家曾经真正实践。罗汝芳，号近溪，是明代阳明心学史上的一位重要人物，他以《中庸》《大学》作为其为学的根本，以孝、悌、慈作为其实践的功夫，一生讲学不辍，在当时社会上有很大的影响。他在太湖任县令时，一天来了两兄弟因争财产而打官司，近溪先生听完他们的叙说，看了看哥哥，又看了看弟弟，没有说话，便哭了起来，而且哭得一把鼻涕一把泪。兄弟俩没有见过这样的县官啊，官司不判，却只是哭，而且哭起来又不停。兄弟二人实在忍不住了，就问罗大人为何如此。这下罗大人一边哭着一边打开了话匣子，告诉二人：在这天地之间大化流行，你们因为时间刚好、机缘巧合，而成了兄弟，这是多么难得的事情，向前亿万年，向后亿万年，从无极而太极，都不会再有你们这样的兄弟，你们却为了几个破钱，而兄不再是兄，弟不再是弟，让父母丢人，让儿孙笑话，等等，都是诸如此类的讲法。当时人评价“近溪舌胜笔”，那是一等一的好口才。罗近溪这样讲下来，不一会工夫，不但罗大人在哭，刚才为争产斗鸡似的兄弟俩慢慢也哭了起来，弟弟想起了哥哥的许多好处，哥哥也想起了弟弟的许多好处，弟弟抱着哥哥哭，哥哥抱着弟弟哭，最后说：罗大人您别哭了，我们兄弟俩回去好好过日子，不再打官司争财产了。近溪子真所谓“必也使无讼乎！”

知本原则，不仅在处理法律事务方面是如此，而且在处理世间的万事万物方面皆是如此。凡认识问题、处理问题都要善抓根本。毛泽东从年轻时就认识到知本原则的重要性，因此提倡要抓“大本大源”，1917 年，他正在湖南省立第一师范学校读书，这一年他在致友人的一封信中说：“欲动天下者，当动天下之心，而不徒在显见之迹。动其心者，当具有大本大源。今日变法，俱从枝节入手，如议会、宪法、总统、内阁、军事、实业、教育，一切皆枝节也。枝节亦不可少，惟此等枝节，必有本源。……夫本源者，宇宙之真理。”

《大学》对根本的重视，是儒家思想的一种优秀传统，自尧、舜、禹、周公，一直到孔子、孟子、朱子等，无不体现出对这一原则的强调。但是接着这一原则讲，并对这一原则的丰富内涵做出深化和发展的，当属毛泽东于 1937 年 8 月在延安写出的《矛盾论》。

在《矛盾论》中，毛泽东根据辩证唯物主义的科学道理，解释了万事万物何以会有根本的道理，主张从事物的内部，从一事物对他事物的关系去研究事物的发展，即把事物的发展看作事物内部必然的自己的运动，而每一事物的运动都和它的周围其他事物互相联系着和互相影响着。事物发展的根本原因，不是在事物的外部而是在事物的内部，在于事物内部的矛盾性。任何事物内部都有这种矛盾性，因此引起了事物的运动和发展。

而引起事物运动和发展的内部矛盾又有很多，这就提示人们，欲了解事物的运动或发展，或干预事物的运动或发展，就必得抓住事物内部诸矛盾中的主要矛盾，还要抓住事物主要矛盾对立的双方的主要方面。这就是知本原则，知道根本，抓住根本。由于有了唯物辩证法的指导，在贯彻知本原则时，就可以避免主观性、片面性和表面性，防止出现本末不分、主次颠倒、本质现象不清的情况，从而使知本原则有了更多可操作性。

总之，《矛盾论》无论从原理方面还是从操作技术方面，都是对《大学》知本原则的深化和发展，可以说，《矛盾论》在这个方面是对中国优秀传统思想的新发展，为中国优秀传统思想的创造性转化和创新性发展做出了突出贡献，是与《大学》《中庸》一样的经典之作。

5. 释格物、致知

此谓知本，此谓知之至也。

上传之五章，盖释格物、致知之义，而今亡矣。闲尝窃取程子之意以补之曰："所谓致知在格物者，言欲致吾之知，在即物而穷其理也。盖人心之灵莫不有知，而天下之物莫不有理，惟于理有未穷，故其知有不尽也。是以《大学》始教，必使学者即凡天下之物，莫不因其已知之理而益穷之，以求至乎其极。至于用力之久，而一旦豁然贯通焉，则众物之表里精粗无不到，而吾心之全体大用无不明矣。此谓物格，此谓知之至也。"

解：此节在儒家思想史上争议很大。在儒家内部理学一派的程颐、朱熹等人看来，这一节中"此谓知本"是上一节的衍文，而"此谓知之至也"以上，大段文字解释"格物致知"都佚失了，故而朱子以其理解补写了此节。但在儒家内部心学一派的王阳明、王艮等人看来，格物之"格"可以解释为"正""度量"等义，致知可以解释为"致良知"，则原文并无所佚失，朱子补文纯属曲解原文、多此一举。

放下理学、心学的争论不谈，但就朱子的立场来看，其补文还是有一定道理的。因为就《大学》各节传文的结构、文脉来看，朱子的判断是有其内在一致性的。就今日认识论的观点说，朱子此节补文基本上解释了认识发生、发展的原因及其规律，有着丰富的内涵。

朱子此节补文共有四层意思。“所谓致知在格物者，言欲致吾之知，在即物而穷其理也。”致知就是认识事物的道理，其方法就是到事物上去研究，讲认识的目的和方法；“盖人心之灵莫不有知，而天下之物莫不有理，惟于理有未穷，故其知有不尽也。”事物是可知的，而人是能知的，主客之间并没有不可逾越的鸿沟；“是以《大学》始教，必使学者即凡天下之物，莫不因其已知之理而益穷之，以求至乎其极。”讲人对事物的认识是有一个历史发展过程的，在已有的经验、理论之上，对事物的认识会越来越充分；“至于用力之久，而一旦豁然贯通焉，则众物之表里精粗无不到，而吾心之全体大用无不明矣。”讲人最终能认识客观世界，并在认识客观世界的同时也认识自己，性与天道一起呈现。

尽管朱子文字简约，没有展开论述，但现代认识论的诸多思想都可以从中找到萌芽。这节文字里面，承认真理存在，真理就是人从客观事物中探究出来的道理，是对客观实在的反映，而且一定要与客观实在相符合，并且在发现真理的成熟阶段，真理一定是成体系的，其内部是贯通的、一致的。发现真理的方式是“即物”“格物”，朱子讲得很笼统，但大方向是对的，在“格物”的过程中，现代认识论产生了两个主要流派——逻辑实证主义和理性批判主义。逻辑实证主义重视归纳，在研究事物的过程中，通过归纳产生理论，然后发现事实以对理论加以证实，先是事中求理，后是理中求事，如果求得的事得到事实的证明，则理论正确；理性批判主义重视问题，在研究事物的过程中，面对出现的问题，通过推测产生理论，并夸大了真理的相对性，认为这理论无法证实其正确，因而关键不在于证实，而在于想方设法去证伪，只要其通过了证伪的检验，就可暂定其为合用的理论而加以认识事物，直到被证伪为止，新的问题再有新的猜测。这两个流派，互相批判，妄想将自己定于一尊，其实都是一种独断论的想法，实际上两者各自体现了人类认识的部分真理，合起来统观才更符合人类认识的实际。例如，牛顿定律的发现就主要得益于逻辑实证主义的认识方法，而爱因斯坦相对论的发现则主要得益于理性批判主义的认识方法。两者合起来的实践才能更好地实现朱子讲的“格物致知”。

当然，此节朱子只是从个人的角度讲认识的积累和贯通，这是有极大局限性的，“众物之表里精粗无不到，而吾心之全体大用无不明”，只能是人类历史的一个整体的发展过程，而且根据相对真理、绝对真理的原理，“无不到”“无不明”的境界只能相对地达到，不能绝对地达到。正如毛泽东在《实践论》中所言：“在绝对的总的宇宙发展过程中，各个具体过程的发展都是相对的，因而在绝对真理的长河中，人们对于在各个一定发展阶段上的具体过程的认识只具有相对真理性。无数相对的真理之总和，就是绝对的真理。”“通过实践而发现真理，又通过实践而证实真理和发展真理。从感性认识而能动地发展到理性认识，又从理性认识而能动地指导革命实践，改造主观世界和客观世界。实践、认识、再实践、再认识，这种形式，循环往复以至无穷，而实践和认识之每一循环的内容，都比较地进到了高一级的程度。这就是辩证唯物论的全部认识论，这就是辩证唯物论的知行统一观。”认识世界无穷尽，认识人类无穷尽；天道无穷尽，性亦无穷尽；世界有希望，人类有希望。

6. 释诚意

所谓诚其意者，毋自欺也，如恶恶臭，如好好色，此之谓自谦，故君子必慎其独也！小人闲居为不善，无所不至，见君子而后厌然，掩其不善，而著其善。人之视己，如见其肺肝然，则何益矣。此谓诚于中，形于外，故君子必慎其独也。曾子曰：“十目所视，十手所指，其严乎！”富润屋，德润身，心广体胖，故君子必诚其意。

解：所谓要使自己的意念诚实，是指不要欺骗自己。就如同厌恶臭味那样厌恶邪恶，就如同喜爱美色那样喜爱美德，这样才能自我满足。所以君子必须注意自己一个人的时候，人前人后一个样。那些没有道德修养的人，就做不到诚意，人前人后不一样，言行不一，知行不一，内外不一，在无人注意时，什么坏事都可能做，无所忌惮；可当他们见到君子，就会掩饰劣行，装出善良的样子。人们早就看透了他们，如同看见了他们的肺肝一样：这样伪装又有什么好处呢！这就叫内心里实有什么，在外面一定会显露什么。所以君子一定要注意一个人独处时的道德修养。曾子说：即使在独处时，也有许多眼睛注视着你，有许多手在指点你，这是一种严厉的监督！有了财富可以修饰居室，有了道德可以滋润身体，心胸宽广可以使人安舒，所以有道德修养的君子必定使自己的意念诚实，任何时候都一个样。这样才心安理得，无不舒适。

意念诚实就是动机纯正。儒家对动机看得很重要，所以注重在动机的萌芽处用功夫，一念发动，有善处就加以涵养，有不善处就加以克制。宋明时，民间流行一种叫作功过格的簿书，对于自己每天的行为打分，善行就在功一格中记分，不善处就在过一格中记分，睡前盘点自己一日所为，看功多还是过多。一些读书人，进而用功过格对自己的意念进行省察，有善念就在功格中记一笔，有不善之念就在过格中记一笔。例如，明朝哲学家罗汝芳就有几纸功过格流传下来，让人读毕肃然起敬。曾子讲："士不可以不弘毅，任重道远，仁以为己任，不亦重乎？死而后已，不亦远乎？"一个人活在世上，每时每刻都在省察自己，著其善念而去其不善，这里面自有其伟大的精神存在。中国主流文化中固然没有人格神之类的宗教概念存在，但中国主流文化中一点也不缺乏超越情感，这种在日常生活中一点一点的"诚其意"的功夫，体现出来的就是一种深沉的超越情感。

王阳明提倡"知行合一"，其对意念的发动处还是有不同对待的。大体讲来，如果是善的意念、好的动机，必须见之于行动，否则"知而不行，只是未知"；如果是不善的意念、不好的动机，只要稍稍萌芽就算是行动了，必须严加克制，如猫捕鼠，不留一点念头。尽管中国历史上代代都有假道学、伪君子，这种“慎其独”“诚其意”的修养功夫却也是不绝如缕的，正因为如此，中国文化的真精神才不会灭亡。如果因为有假道学、伪君子的存在，连带着也把王阳明式的“狠斗私字一闪念”一起解构了，甚至怀疑现实中是否有王阳明式的人物，这就是“狗眼看人低式”的学术研究，也是一种历史虚无主义。在狗眼里看来，所有的人都和它一样。

一个人精神境界高远、意念真诚、动机纯正，自会仰不愧于天，俯不怍于地。这样的人，用朱子的话讲，就会“广大宽平，体常舒泰”。《大学》此章，将养德与养生的辩证关系进行了很好的阐释，养生并不仅表现为节欲减肥、吃药运动甚而至于访道问佛等，养生的关键在于养德，有德之人从内心里生发出一种真诚的意念，“不戚戚于贫贱，不汲汲于富贵”，心理一直是健康的，精神一直是稳定的，从而让身体的机能一直处在最佳状态，人就不容易生病。现代医学研究表明，随着科学的发达，生物病因的比重在逐渐下降，而心理、社会病因在逐渐上升，医学模式正由生物模式向生物—社会—心理模式过渡。在这种背景下，《大学》本章提出的“富润屋，德润身，心广体胖”的理念，对现代人的养生还是很有启发意义的，这已经有了在辩证唯物主义思想指导下性命双修的萌芽。

“诚意”功夫对现代人道德修养亦不可缺。不做“两面人”，即诚其意。毛泽东同志在《纪念白求恩》中说：“我们大家要学习他毫无自私自利之心的精神。从这点出发，就可以变为大有利于人民的人。一个人能力有大小，但只要有这点精神，就是一个高尚的人，一个纯粹的人，一个有道德的人，一个脱离了低级趣味的人，一个有益于人民的人。”诚意之用，大矣哉！

7. 释正心修身

所谓修身在正其心者，身有所忿懥，则不得其正；有所恐惧，则不得其正；有所好乐，则不得其正；有所忧患，则不得其正。心不在焉，视而不见，听而不闻，食而不知其味。此谓修身在正其心。

解：朱子讲修身，仅取其养成道德而论，正如王艮等人看作养生的理解。这并不全面。从修身之“身”而言，可以有四义：生命主体、认知主体、行动主体、道德主体。这四方面的修身都与正心有着辩证关系，由诚意而正心，从意到心，理解有了很大的扩展，意只是心之萌芽，是心之初发，有那么一点想法，发展到心，则已包含着整个心理活动了，有思维、有情感、有意志，并不仅仅是动机在起作用。

将修身之“身”作肉体生命来看，则人的生理状态与心理活动有着很大的关系。正如此传文所言，心有所愤怒，则身体状态就不正常；心有所恐惧，则身体状态就不正常；心有所好乐，则身体状态就不正常；心有所忧患，则身体状态就不正常。如果心思不在这儿，那么物体的反光射到眼睛里，眼睛也看不见，声波传到耳朵里，耳朵也听不见，嘴里尽管在咀嚼食物，却完全没有品出一点味道来。总之，心不在焉，身体的功能都不正常了。可见，要修身，使身体好，生理方面的锻炼、营养方面的均衡等固然重要，正心，使心理活动正常也很重要。联合国教科文组织对于影响人体健康的因素有调查统计，其中医疗占 8%，遗传占 15%，气候占 7%，社会环境占 10%，而生活方式、心理状态占到了 60%，真所谓“修身在正其心者”。中医对此亦有丰富的经验认识，因为不正的心理状态，如过度的喜怒哀乐等，都会对人的身体有很大的伤害。

同样，作为认知主体、行动主体、道德主体，要修身，获得正确的认知、合理的行为、美好的道德，也都离不开正心，使思维、情感、意志有和谐的统一。心不正，做人做事会失去应有的底线，历史与现实中这样的例子比比皆是。

如何正心？古人提出了很多有用的方法。孔子的办法是毋意、毋必、毋固、毋我，不主观臆测，不绝对肯定，不拘泥固执，不自以为是。孟子坚持“吾善养吾浩然之气”，“持其志，勿暴其气”，养成一种浩大的精神境界，坚定志向，不被身体的情欲所改变，这样就可以“不动心”，心不为一切内外因素所动，自然就可以保持正心了。荀子则讲“虚一而静”，能虚心、专一，就能安静，这样心就达到了“大清明”状态，达到了“大清明”状态，心即可“解蔽”，去掉了对心的各种遮蔽，剩下的便是正心了。西方现代哲学家海德格尔讲心“去蔽”后，而进入“澄明”之境，与荀子之心“解蔽”后而达

"大清明"的正心状态颇为相似。《中庸》强调"喜怒哀乐未发谓之中，发而皆中节谓之和"，心处在"中和"状态，就是正心了。道家老、庄的正心则是"以道观之"，"坐忘"，"心斋"，就是要使心摆脱那些一得之见、琐琐碎碎的影响。宋代哲学家张载讲"大其心"也是这种意思，"大其心能体天下之物"，心摆脱了小家子气，"上下与天地同流"，不固执于一偏，就能保持一种正心状态了。

古人讲得这么多，以今天的辩证唯物主义哲学看来，所谓正心，就是要客观冷静地看待事事物物，客观冷静地看待别人和自己，克服主观片面性和主观盲目性，克服经验主义和教条主义，解决好公私利益纠葛，甚至要达到无私无我的纯粹经验。正心，就是心与辩证唯物主义之道合二为一。

修身在正其心，今日人们在身体健康、认知全面、行为规范、道德评价等方面有许多矛盾和困扰，重要的原因就在于没有"正其心"。如果能"正其心"，很多问题就根本不是问题。关于"正其心"的方法，古人多有论述，辩证唯物主义哲学则对此来了一次集大成。道俱在，人们却没能在修身上有所受用，是因为心与道分裂为二。修身在正心，正心功夫就是要努力做到知行合一、心道合一。正心即修道。

8. 释修身齐家

所谓齐其家在修其身者：人之其所亲爱而辟焉，之其所贱恶而辟焉，之其所畏敬而辟焉，之其所哀矜而辟焉，之其所敖惰而辟焉。故好而知其恶，恶而知其美者，天下鲜矣！故谚有之曰："人莫知其子之恶，莫知其苗之硕。"此谓身不修不可以齐其家。

解：一个人，其身作为生命主体、认识主体、行为主体、道德主体等，如果其作为主体在某些方面修养不够、素质不高，在家中对不同的成员产生诸如亲爱、贱恶、畏敬、哀矜、傲惰等不同的情感、认识、评价等表现，他就不能中正平和地对待此人，而会产生各种偏向。如此一来，家庭成员就会闹出各种各样的矛盾，齐家自然成了一句空话。对一个人好时，要清醒地知道此人有哪些毛病；对一个人不好时，同样要清醒地知道此人有哪些美好的地方。古人在此已有辩证唯物主义思想的萌芽，但是真能将其见之于个人的实践，却是很少人能够做到的，所以古代还有句谚语：人偏爱自己的孩子，很少知道自己孩子的缺点；人贪求更多的收获，很少知道自己田里的庄稼已经长得够好了。

上面主要是从品行修养的角度，讲修身与齐家的关系。修身的内涵不止于此，则修身与齐家的关系亦不止于此。作为生命主体、认识主体、行为主体、道德主体，修身在每一个维度上做好，对于齐家都有着重要的意义。

修身以使自己身体健康，是齐家的基础保障。此段《大学》传文对此意讲得甚少，所以，自古至今对此注意不够。但家庭的主要成员如果身体不好，正所谓顶梁柱垮了，整个家庭都会处在凄惨状态，因此有一个好的身体是齐家的重要保证。

这不仅对于家庭主要成员是如此，对于家中的每一个人都是如此。有许多家庭，有一个成员得了大病，造成了整个家庭“因病返贫”，就说明了此问题。如果一个人到医院的病房中待一段时间，或者在急诊室内待一个晚上，看病人的痛苦、家人的着急劳累，就会对此问题有深切的体验。一个人严谨科学地生活，让自己的身体健康，不仅仅是其对个人应尽的责任，而且也是对其亲人应尽的责任。健康决不仅是个人的事，而是与自己的每一名亲人息息相关。一个有责任心的人，有义务加强锻炼、合理饮食、劳逸适度，让自己保持健康。身不修不可以齐家，健康是修身的最基础义，身体是革命的本钱，没有了本钱，一切皆是空谈。修身的这一基础义，之所以谈得少，是因为身体健康对于做任何事都不可或缺，正如空气、水一样，其重要而普通，因其普通，时间一久，人们便忘掉了其重要性，而一旦其出了状况，才痛苦万分，悔之不及。

对作为生命主体的身体加强修养就是修身，同样对作为认知主体、道德主体、行为主体的“我”加强修养亦是修身。无论在哪一方面，如果修养不够，都会造成各种各样的问题，从而影响家庭的和谐、幸福。修养的根本之道，在于懂得辩证唯物主义，自觉用辩证唯物主义分析对待，“好而知其恶，恶而知其美”，如此修养可以少走许多弯路。

古代社会不像现代社会有各种各样的组织、单位、机关、企业等，但家庭亦是一单位，因此修身齐家的原则对于现代组织同样是适用的。例如，一个单位的领导如果不能辩证地看待自己和员工，分不清优秀员工与非优秀员工，认知上有种种偏差，做不到识人之明、奖勤罚懒，在个人道德方面不能公私分明、先公后私，不能公平待人，不能克制自己的喜怒好乐，做不到秉公办事、一碗水端平，在行为方面不能严格要求自己、身先士卒，不能做员工的榜样，做不到要求别人做的自己先做好，那么这个单位最终是不会搞好的，这与“身不修不可以齐其家”是同样的道理。

大学功夫进至“修身齐家”，便由内转向了外，由内圣而外王，展开了新的境界，而其中始终是贯通的，内外合一，知行合一，内不遗外，外不遗内，知不忘行，行不忘知，功夫完整。

9. 释齐家治国

所谓治国必先齐其家者，其家不可教而能教人者，无之。故君子不出家而成教于国：孝者，所以事君也；悌者，所以事长也；慈者，所以使众也。《康诰》曰“如保赤子”，心诚求之，虽不中不远矣。未有学养子而后嫁者也！一家仁，一国兴仁；一家让，一国兴让；一人贪戾，一国作乱：其机如此。此谓一言偾事，一人定国。尧、舜帅天下以仁，而民从之；桀、纣帅天下以暴，而民从之；其所令反其所好，而民不从。是故君子有诸己而后求诸人，无诸己而后非诸人。所藏乎身不恕，而能喻诸人者，未之有也。故治国在齐其家。《诗》云：“桃之夭夭，其叶蓁蓁；之子于归，宜其家人。”宜其家人，而后可以教国人。《诗》云：“宜兄宜弟。”宜兄宜弟，而后可以教国人。《诗》云：“其仪不忒，正是四国。”其为父子兄弟足法，而后民法之也。此谓治国在齐其家。

解：家作为国的一个“细胞”，有着国的全息。特别是国君，如果连自己的家人都教育不好而想教育好一国的民众，那是从来没有的。反之，国君只要能教育好自己的家人，他不出家门也能成为对全国民众开展教育的模范。因为孝顺父母的道理就是事奉君主的道理；尊敬兄长的道理，就是服事长官的道理；慈爱子女的道理，就是领导民众的道理。《康诰》中说像保护初生婴儿那样保护老百姓，如果治国者能够真诚追求，虽然达不到这个标准，但也不会很远了。慈爱子女，人人皆会，谁也没有见过女子要先学会如何慈养孩子然后才出嫁的。如果国君一家仁爱，一国会兴起仁爱之风；如果国君一家谦让，一国会兴起谦让之风；如果国君贪婪暴虐，整个国家会混乱。国君一个人的作用就是这么重要。这就是说，国君一句话可以败坏整个事业，一个人可以安定整个国家。尧、舜以仁率天下，民众就跟着讲仁；桀、纣以暴率天下，民众就跟着学暴。国君的命令与其喜好的行为相反，民众就不听从。所以，有道德的君子首先从自身做起，自己有了善才要求别人为善，自己身上没有恶习而后才会去批评别人的恶。如果自己对人不讲恕道，却让别人对你讲恕道，那是不可能的。所以治国的重要原则在于齐家。《诗经》载桃花娇笑，枝叶碧青，姑娘出嫁，全家欢喜。只有使一家人相亲相爱，才能教化国人；《诗经》中还说兄弟互相友爱，兄弟友爱，然后才能教化国人；《诗经》中又说他的仪容没有差错，才能让各国效法，国君使自己家人的行为符合父子兄弟之道，然后老百姓才会去效法。这都是说明治国的重要原则在于齐家。

《大学》时代的社会，还没有今日的组织分化，那时国就是诸侯的封地，家则是大家族聚族而居，家、国具有相同的结构，这是齐家治国可以相通的根本原因。人们在家中生活，以孝、悌、慈为原则处理各种各样的人伦关系，这实际上是在家中完成人的社会化。一个人在家中成长、成熟起来，出了家门即可以成为国家的有用之才。这种家国同构的传统到今天仍然有着强烈的影响，使人不自觉地以之为处理家庭人伦的思路，处理国家事务，使治理中充满着浓浓的人情，但也可能影响法治精神的贯彻。

这一段里提出了一条重要原则：要重视关键少数。一个诸侯国，国家风气好不好，关键在于国君的家风好不好。推广开去，一个国家的风气好不好，主要看治理国家的那些关键少数做得好不好，是不是知行合一、言行一致。这对于当今社会也有启发意义，当社会风气不好时，提倡加强对全体公民的道德教育，这固然重要，但更重要的是对政府官员特别是高级官员加强道德教育，因为就对社会风气的影响而言，关键少数起着决定性的、主要的作用，他们负有不可推卸的、更大的责任。他们做得好，社会风气会不断向好；他们知行不一、言行不一、做得不好，社会风气会不断恶化。

10. 释治国平天下

10.1 所谓平天下在治其国者：上老老而民兴孝，上长长而民兴弟，上恤孤而民不倍，是以君子有絜矩之道也。

所恶于上，毋以使下；所恶于下，毋以事上；所恶于前，毋以先后；所恶于后，毋以从前；所恶于右，毋以交于左；所恶于左，毋以交于右：此之谓絜矩之道。

《诗》云："乐只君子，民之父母。"民之所好好之，民之所恶恶之，此之谓民之父母。

《诗》云："节彼南山，维石岩岩。赫赫师尹，民具尔瞻。"有国者不可以不慎，辟则为天下僇矣。

《诗》云："殷之未丧师，克配上帝；仪鉴于殷，峻命不易。"道得众则得国，失众则失国。

解：在一对一的人际交往中，有所谓的人际交往金律、银律、铜律、铁律（此处用铁字，是指与金、银、铜相比，价值递减）。这是两个人之间关系的不同处理方式。

人际交往金律：己所欲，施于人。通俗讲就是，你想让别人怎样对待你，你首先要怎样去对待别人。这是人己关系的一种积极的方式、肯定的方式，是人与人之间的一种直接关系，不是人通过物而与人建立的间接关系，也就是说，人己直接相对，我想让别人尊重我，我首先去尊重别人，而不是说我想吃肉，首先要让你吃到肉，不是这样一种以物为中介的间接关系，如果以物为中介，萝卜青菜各有所爱，就免不了以己所好强加于人。《论语》里讲“己欲立而立人，己欲达而达人”，《圣经》中说“你要别人怎样对待你，你就怎样对待别人”。按照上述人与人关系的直接性来加以理解，这些讲的都可归为人际交往的金律。这是一种主动的、积极的人际交往原则，具有最高的道德价值。

人际交往银律：己所不欲，勿施于人。这同样是一种人己之间的直接关系，而不是人己之间通过物的间接关系。自己不希望别人那样对待你，那么先不要那样对待别人，而不是自己不想吃肉（以物为中介），也不想让别人吃肉。这是一种被动的、消极的人际交往原则，与金律相比，是从否定的方面入手的一种行为，因此是次一等级的道德价值，故而称为人际交往的银律。

人际交往铜律：人施于己，反施于人。别人怎么样对你，你就怎么样对待别人。《论语》中讲“以直报怨，以德报德”，朱子讲“即以其人之道，还治其人之身”，讲的都可归为铜律。这是一种对等算计的人际交往原则，具有非道德价值。

人际交往铁律：己所不欲，先施于人。怕别人对自己不利，没等别人下手，先把别人解决了。《三国演义》中，曹操杀了吕伯奢全家，所说的“宁使我负天下人，不使天下人负我”，就是人际交往铁律的典型表现。蒋介石发动“四一二”反革命政变，大肆捕杀中国共产党人，讲宁可错杀一千、不可放走一个，也是人际交往铁律的典型表现。英国近代哲学家霍布斯讲“人对人是狼”，法国当代哲学家萨特讲“他人即地狱”，中国古代哲学家韩非子讲“圣人之治国也，固有使人不得不爱我之道，而不恃人之以爱为我也”，民间俗话讲“先下手为强，后下手遭殃”，讲的都可归为人际交往的铁律，这是一种以自我为中心的自私自利的人际交往原则，具有反道德的价值。

人际交往的金律和银律，合在一起，就是所谓的“忠恕之道”。《大学》本节所讲的“絜矩之道”，是对“忠恕之道”的进一步扩充。人际交往的金律和银律是人己之间关系的道德处理，“絜矩之道”则由人己之间扩展到了第三者，扩展到了群体，行为之主体也有了清晰的反思意识，有着从人到己、从己到人的回还推广。在上位的人对老年人好，老百姓才能兴孝，才能最终对在上位的人忠心。同样，在上位的人尊敬长上、爱护孤独无依的人，最终才能赢得全体民众的忠心，这是金律的推广。上下、左右、前后的人让自己厌恶，反思一下，自己以同理心就不要再以这种让自己厌恶的方式对待自己的下上、右左、后前，这是反思人己关系之后，对第三者所实施的一种道德行为，是人际交往银律的一种推广。曾经认识一位朋友，他在做副职时，其顶头上司有诸多不合理的做法，为此他感慨道：“有一天自己干了正职，可千万不要对下属如此不讲道理。”果然，他干了正职后就把以前不合情理的地方都改掉了，这就是絜矩之道。总之，把两人之间人际交往的金律、银律推广到人群中，就是絜矩之道。这是一种更大范围的推己及人。

《诗经》中歌吟了过去的历史，那些遵从了絜矩之道的统治者，被称为民之父母；而那些违背了絜矩之道的统治者，则被民众推翻；商殷推行絜矩之道，民众就拥护，违反了絜矩之道，最后就失去了政权。

按照儒家的理想，一个国家的君主能够在国内推行絜矩之道，最后就能国治而天下平，得到天下归心的局面。这也就是孟子讲的仁政、王道、仁者无敌于天下的道理。但是仁与力是辩证统一的，只讲仁，不讲力，难免成为主观空谈。絜矩之道在简单的人群系统中会起作用，但到了国与国之间这样复杂的巨系统之中，就不再这么简单，因此，在人类有文字可考的历史中，从未有靠絜矩之道平天下的例子。国家之间行的多是铜律及铁律。人类仍幼稚。

10.2　是故君子先慎乎德。有德此有人，有人此有土，有土此有财，有财此有用。

德者本也，财者末也。外本内末，争民施夺。是故财聚则民散，财散则民聚。是故言悖而出者，亦悖而入；货悖而入者，亦悖而出。

《康诰》曰："惟命不于常！"道善则得之，不善则失之矣。

《楚书》曰："楚国无以为宝，惟善以为宝。"舅犯曰："亡人无以为宝，仁亲以为宝。"

《秦誓》曰："若有一个臣，断断兮无他技，其心休休焉，其如有容焉。人之有技，若己有之，人之彦圣，其心好之，不啻若自其口出，实能容之，以能保我子孙黎民，尚亦有利哉。人之有技，娼嫉以恶之，人之彦圣，而违之俾不通，实不能容，以不能保我子孙黎民，亦曰殆哉。"唯仁人放流之，迸诸四夷，不与同中国。此谓唯仁人为能爱人，能恶人。见贤而不能举，举而不能先，命也；见不善而不能退，退而不能远，过也。好人之所恶，恶人之所好，是谓拂人之性，灾必逮夫身。是故君子有大道，必忠信以得之，骄泰以失之。

解：此节讲了德与财、德与才的关系。在德与财、德与才的选择面前，更看重德，这也是儒家一贯的思想，是一种优秀的文化传统。君子首先要谨守自己的道德。

在德与财的关系方面，德为本，财为末。根据知本原则，一定要把德抓在手上，“有德此有人，有人此有土，有土此有财，有财此有用”。如果违背了知本原则，本末颠倒，会与老百姓争夺利益，最终也会遭到老百姓抛弃，就此得出了一条基本的历史经验：“财聚则民散，财散则民聚。”在漫长的中国历史上，产生了许多争夺天下的英雄豪杰，凡是能得到天下的人都为这条历史经验做了很好的注脚。秦末刘邦和项羽争雄，刘邦一开始处于不利地位，但他基本上每一次胜利，都将果实给予追随者、给予民众，因此越来越得民心，越来越受到拥护，反观项羽，尽管太多方面的素质和条件都比刘邦强，却把财富看得很重，封个下属，大印都把玩不已，舍不得给，最终就落了个霸王别姬的下场。自汉始，隋、唐、宋、元、明、清，历朝历代，凡是开创基业的君主，都很好地贯彻了“财聚则民散，财散则民聚”这一经验。一些伟大的农民起义，由于没有处理好这一问题，最终都走向了失败，如李自成起义，前期每攻下一城，皆开仓放粮、救民于水火，因此所到之处受到老百姓的衷心拥护，但进入北京之后，李自成的领导团队骄傲自满、迅速腐败，只管自己敛财，没有对普通兵士、百姓利益的切实规划，因此很快便失败了。太平天国运动也是如此。中国共产党从诞生之日起就自觉做中国各族人民利益的忠实代表，把全心全意为人民服务当作自己的唯一宗旨，“打土豪，分田地”，这是升华版的“财聚则民散，财散则民聚”，从井冈山到延安、从延安到中华人民共和国成立时期，中国共产党都切实解决工人、农民的利益诉求，党的各级干部都能吃苦在前、享受在后，有困难自己担起来，有利益先让给群众，因此党能保持勃勃生机，深得人民群众拥护。

在德与才的关系上，强调德才兼备、以德为先。对此也有重要的历史事例。在汉末天下大乱之时，曹操在德才关系方面，提出了与此节不同的原则，高举“唯才是举”的大旗，一时之间，曹操似乎也取得了成功，但由于其统治集团中集聚了太多的有才无德之人，因此在他死后不久，曹家势力便被杀戮殆尽，被取而代之。一家一姓的更替还是次要的，关键是“唯才是举”的策略，打开了一个潘多拉盒子，开启了一个道德沦丧的时代，使中国历史经历了混乱、黑暗、漫长的三百多年，多少老百姓为此流离失所、丧失生命、家庭破碎。曹操一时的成功，带来了中华民族的巨大损失，“不能保我子孙黎民”。这一历史教训，要经过长时段历史才能总结出来。

大道至简，大道相通。此节在德与财、德与才等方面提出的原则，适用于治国平天下，亦适用于治理一家企业、管好一个单位。古来万事如流水，但河岸总有着一定之规。

10.3　生财有大道，生之者众，食之者寡，为之者疾，用之者舒，则财恒足矣。仁者以财发身，不仁者以身发财。未有上好仁而下不好义者也，未有好义其事不终者也，未有府库财非其财者也。孟献子曰："畜马乘不察于鸡豚，伐冰之家不畜牛羊，百乘之家不畜聚敛之臣，与其有聚敛之臣，宁有盗臣。"此谓国不以利为利，以义为利也。长国家而务财用者，必自小人矣。彼为善之，小人之使为国家，灾害并至。虽有善者，亦无如之何矣！此谓国不以利为利，以义为利也。

解：生产财富有大道，创造财富的人多，寄生的人少，生产财富的人积极工作，消耗财富的人舒缓节制，国家的财富会永远丰裕。即使创造财富的人再多，也赶不上寄生的人多，从事实体经济的人比不上从事衍生经济的人多，到头来终归是一个大泡沫，如古代社会生产财富的人再积极，如果使用者好大喜功、不计成本、挥霍民脂民膏而不顾，到头来终会民穷国弊。在唐玄宗当政的早年，励精图治，勤俭节约，人民生活富裕，国家强盛，杜甫有诗赞叹："忆昔开元全盛日，小邑犹藏万家室。稻米流脂粟米白，公私仓廪俱丰实。九州道路无豺虎，远行不劳吉日出。齐纨鲁缟车班班，男耕女桑不相失。"这差不多是开元年间的描述，时间大约在公元 713 年到 741 年，同是这个唐玄宗于公元 742 年改年号为天宝，心态上发生了很大改变，追求享乐，穷奢极欲，怠政懒政，食之者众，用之者疾，结果到了天宝十四年，即公元 755 年，诗人杜甫的所见已是“朱门酒肉臭，路有冻死骨”，到公元 759 年，已是“暮投石壕村，有吏夜捉人”了，国弊民穷，以至于此。盛世之下，不再戒慎恐惧、初心永在，转眼就灰飞烟灭。

生财还不是关键，关键是要处理好自己与财富的关系。仁者运用财富来完善自身、美化德行、创造文明，不仁者牺牲自己的健康、品行、人性去得到财富。儒家在此进而表达了自己的道德理想主义：没有听说过在上者爱好仁德，而下面的民众不爱好道义的；没有听说过在下的民众爱好道义，而不能帮助在上者完成其事业的；在下的民众爱好道义，没有不把国家财富当成自家财富那样保护的。鲁国大夫孟献子说：养四匹马拉车的大夫，就不应当去跟小户人家计较鸡豚那些小利；能够凿冰丧祭的卿大夫，就不应去养牛羊与小民争利；拥有百辆兵车的卿大夫，就不应当任用那些热衷于聚敛财富的家臣，与其有这样的聚敛之臣，还不如有那种盗窃库府之财的家臣。这就是说，治理国家的在中在上者不能形成利益集团，不能以自己的私利为目标，而应该以仁义为利益。管理国家而专门致力于聚敛财富，必定会从重用奸佞小人开始。重用小人治理国家，天灾人祸可能同时到来。到那时，即使有善人贤才出来挽救，也是无可奈何了。治理国家不应当以聚敛财富为利，而应当以追求仁义为利。在这里，所谓的仁义就是民众的功利、社会的核心价值。齐家、治国、平天下最终要以义为利。国与天下的同构性要比家与国的同构性更强。

尽管《大学》的这最后几句话有强烈的理想主义色彩，但看看前面讲到的唐玄宗，他晚年重用李林辅、杨国忠等奸佞小人，巧取豪夺，作威作福，“小人之使为国家，灾害并至。虽有善者，亦无如之何矣”，对比一下历史，却也是若合符契的。

那么，从天子以至于庶人，如何面对财富做修养工夫呢？《大学》此节给出的重要结论，就是“仁者以财发身，不仁者以身发财”。这已有后世马克思“异化”思想的萌芽，在马克思看来，金钱、商品本是人类实现自我的手段，却变成了目的，从而产生了“商品拜物教”“金钱拜物教”，人们为了追求财富，使自己的“肉体受折磨，精神遭摧残”，这就是异化。作为历史发展的异化阶段，人类整体上无法避免，无法从必然王国一蹴而就地到达自由王国；但在一定条件下作为个人的修养，每个人都可以摆脱财富、权力等的异化，而获得心灵上的自由。具体说到财富，就是要把财富作为手段，使财富能够帮助自己康健体魄、为善进德、提升境界，而不可把财富作为目的，不可为了追求财富而使“肉体受折磨，精神遭摧残”；同时要能驾驭财富，而不可为财富所驾驭。能驾驭财富，财富就是一种建设性的力量；为财富所驾驭，对普通人而言就可能伤身败德，对治理国家的在上者而言，就可能与民争利、脑满肠肥、身心俱伤、天下大乱。一句话，不可做财富的奴隶。这从小处看对个人有益，从大处看对国家有益，齐家、治国、平天下都不可少，这也是修身的重要内容。说到底，还是《大学》中的这句话：自天子以至于庶人，壹是皆以修身为本。

总论大学功夫与人生态度

如果把人己关系分为利人、损人、利己、损己四种情况，并以此分别作为横坐标和纵坐标，那么两两组合可以构成一个人己关系的简单表格，去掉逻辑上不可能的情况，基本上可以归结为如下六类：(1) 利己（不损人），(2) 损己利人，(3) 利人（不损己），(4) 损人利己，(5) 利人利己，(6) 人己两损。

从人己关系方面看，古今中外的基本的人生态度都涵盖在这里面了。其中，人己两损尽管逻辑上有可能，但很少有人会以此态度而生活，除非这人是一个疯子或是心理变态而缺乏基本的理性判断，日常生活中有人偶尔会有如此的行为。人己两损或损人不利己，那多数情况是判断失误，少数情况是心理阴暗，但都不会是一种常态。再有利人不损己这种情况，是一种消极的利人主义，实际上有很多人如此做，但并不把利人作为一种强烈的追求，如同买了一个馒头本吃不了，随手分了一半儿给要饭的，故而从理论上并没有形成系统论述。剩下的四种态度，历史上都有着理论的表述，甚至形成了学说，可以分别看一看。

首先是利己（不损人）的态度。采取这种态度的人，大都是洁身自好，对自己很在意，贵己为我，尊重个人，但也绝不占别人的便宜。历史上，“杨朱取为我，拔一毛而利天下，不为也”，但他们也不会为了一己之利而损害天下一丝一毫。老庄众人基本上就持这种人生态度，他们隐逸林下，逍遥田园，不问世事，问道求仙，追求个性，钻研艺术，躲进小楼成一统，一心只做自己的事。尽管他们不关心他人的冷暖疾苦，不问世道苍生，但在一个浊世里，与世俗的那些蝇营狗苟、扰攘争夺相比，此种人生态度却是一股清流，干净高洁，保真全生，抒发性灵，创造艺术，不失为一种高尚的人格。

其次是损己利人的态度。这是一种强烈的、积极的利他主义。采取这种态度的人，一切以利他为目的，损害自己、牺牲生命都在所不惜。历史上，“墨子兼爱，摩顶放踵利天下，为之”，一切真正有超越感情的人，伟大的超越者，大多数都持这种人生态度，都有这种为了别人“我不下地狱，谁下地狱”的精神。

再次就是损人利己的态度。这是一种强烈的、积极的利己主义。采取这种态度的人，一切以利己为目的，就是俗称的自私自利，为了自己的利益，虚伪应世、巧取豪夺、口蜜腹剑、设局下套，一切手段都使得出来，把别人都当作自己利用的工具和占便宜的对象。这是一种强烈的反道德的人生态度，因此尽管实际上不少人有此现象，但在理论上、学术上古今中外对此都是持批评态度的，没有一种理论、学术是公开提倡此种观念的。英国近代哲学家霍布斯讲“人对人是狼”，法国现代哲学家萨特讲“他人即地狱”，自由主义经济学的“经济人”假设，都可看作是对此种人生态度的形象表达。

最后就是利人利己的态度。这是一种辩证地对待人己关系的态度。采取这种态度的人，有时也可以先人后己、大公无私，甚至为了别人牺牲自己的生命。但在作为一种常态方面，作为一种可长期运作的机制方面，他们更强调利人利己、人己两利，取一种中和人己的态度。而这正是《大学》中所提倡的人生态度。通过大学功夫的修养，一个人可以合人己、合内外，通过提高自己而服务于众人，通过服务于众人，又让自己安身立命，在利人的过程中利己，在服务众人的过程中获得自己的利益，实现自己的价值。可以说，世界上一切严肃的政治和一切正派的商业，都存在利人利己的机制，强调利人，但不排除利己，以利人为旨归，但兼有利己。这是一种在不离伦常日用的平常生活中而完成的人生修炼，既摆脱了杨朱无君（不要社会）的狭隘性，摆脱了墨子无父（不要家庭、个人利益）的片面性，又摆脱了冷酷的自私自利的局限性，可谓世事洞明、人情练达。这种人生态度，正是《中庸》中所讲的：尊德性而道问学，致广大而尽精微，极高明而道中庸。

2018 年 5 月 28 日夜

村学集

治家

来自乡村的文化传承

刘秀平◎编

齊魯書社

目　录

我眼中的家风家教

刘玉堂

习近平总书记于2016年12月12日会见第一届全国文明家庭代表时的讲话多么好呀！典雅而通俗，深入又浅出，特别接地气，也特别地到家、到位。像“家庭不只是人们身体的住处，更是人们心灵的归宿”啦，“家风好，就能家道兴盛、和顺美满；家风差，难免殃及子孙、贻害社会”啦，“广大家庭都要重言传、重身教，教知识、育品德，帮助孩子扣好人生的第一粒扣子，迈好人生的第一个台阶”啦，都是咱老百姓自己的语言，很亲切、很实在。学习讲话，自然也想起了自己家的有关家教和家风的许多事情。

什么是家教？简而言之就是家庭教育，或者家庭内部家长对子女的言传身教。人至老年，现在我依然还保持或保留着的好习惯，差不多都是小时候所受家教的结果与影响。

作为一个农村出身的人，简略地归纳一下，我所受到和理解的家教主要有如下的内容：

勤俭持家，特别那个“勤”字，是我从小就耳熟能详并一直践行着的家风。我父母早逝，让我有此观念的是我大姐。我现在依然记得，48 年前，我参军离家的时候，已经出嫁了的大姐回来送我，又给我说了一遍：你说一个家的家长和单位上的领导，都喜欢什么人？我觉得是喜欢勤快人，你再聪明，再有学问，可你懒，没人喜欢；多干点活能吃什么亏？人都是气死的，没有累死的——这当然是她当劳模的感受，却让我受益终生。多年之后，我儿子大学毕业参加工作的时候，我也是这么嘱咐他的。

“俭”的方面，我更自觉。“锄禾日当午，汗滴禾下土。谁知盘中餐，粒粒皆辛苦。”我从小学一年级就会背。“文革”初期，我至北京串联，见所有接待站的墙上都贴着周恩来总理“喝涮盘水”的传单，即周总理每次吃完菜，倒开水少许至空盘中，先涮一涮，将其喝掉，尔后再将盘子清洗干净。那时生活困难，油水甚少，涮了喝掉是不让沾在盘子上的油星浪费了。想一国总理尚且如此，更何况咱乎？打那之后及在部队的 14 年间，我一直保留这个习惯。

我幼年凄苦，故而特别希望我的孩子有一个幸福的童年。在生活上，我从没要求他们像我一样节俭。可我儿子整个上小学期间，从来没向家里要过零花钱，给他也不要。不要零花钱，不吃零食，是老师教他们的吗？现在我 9 岁的孙女也照样学样地知道节俭了。有一次她妈给她钱，让她去买一种她最喜欢吃的小点心，可她出去转了一圈儿，空着手回来了，说那么一点东西就要 14 块钱，太贵了！一样的东西，大人买了她吃，让她自己买，她不舍得了。这应该也是老师教育的结果吧？

有礼有貌有教养。我的认识里面，家教和受教育的程度关系不大，家教的重点在于道德、礼节方面。对人有礼有貌、有情有义；人前有模有样、有板有眼，也是我从小就被告知，并努力实践着的。这里的“有模有样”，是指站有站相、坐有坐相，衣服的布料可以不好，但一定要整洁、利落，不能少眼无扣、邋里邋遢。“有板有眼”则指说话办事儿，不能没大没小，也不能吹牛扒蛋。待我成年之后，我将连队内务条令中的有关规定也作为待人接物方面的参考，比方见了领导和女士不要主动握手，在厕所和澡堂这类地方，看见领导不要敬礼或请安，领导个子可能不高，但在公众场合不能拍其肩、揽其脖等。

家教还包括许多生活知识和安全上的注意事项。比方“小心灯火”，过去农村点煤油灯，窗户大都是纸糊的，灯火的事情特别重要，所以要时时小心。小孩也不能玩火柴，说“小孩白天玩火柴，晚上会尿炕”。

还有，去人家串门儿不要站门口、倚门框。这件事是我幼时听我父亲说的，也是我对父亲为数不多的记忆中印象最深的一件。大概我 6 岁的那年冬天，我生疹子，家里没有任何取暖设备，只能躺在锅屋的炕上。那天下雪，我父亲坐在炕上用棉袄揣着我取暖。农村人每逢下雨下雪，就喜欢串门儿，有一个外号叫“二大牙”的我本家的哥哥来了，他来就倚着门框站在那里听屋里的人说话。我爹让他进来把门关上。他就说：“甭价，在这里站站就行！”雪很大，风直刮，我爹怕我受凉再出问题，遂对“二大牙”哥哥说：“你进来就进来，出去就出去。你倚着个门框不进不出的算干嘛的?”“二大牙”就在那里胡啰啰，说：“大叔你锅底下生着火，可要注意防火防盗啊!”我爹就骂了一句，让他滚出去。坐在屋里来串门的人也说“二大牙”没家教。我也就记住了去人家串门“不站门口、不倚门框”的规矩。

还有一些家教带有封建迷信的色彩，比方婚姻问题上的父母之命、媒妁之言，“鼻血不能沾到扫帚或炊具上”什么的，随着社会的进步，也就逐渐淘汰或消失了。家教也是与时俱进的，小心灯火现在没必要再提了，但不妨提提节约安全用电、安全用煤气。好的家教就是传统美德与现代文明相结合。

家风呢?简单地讲，就是一个家庭或家族的传统风尚和德行传承，有什么样的家教，就有什么样的家风。但农村里面一般提家教的多，说家风的少。我也感觉家教可能侧重于家庭，而家风则侧重于家族或大户人家，还有家规、家训、家法什么的，诸如“败坏门风，家法伺候”等。

我每次回老家看我的老姐姐，庄上的老人往往会夸奖我几句，说是从小看苗、三岁看老，小时候看着有出息，大了果然不离把!出去这么多年，回来说话也不撇腔，见了大人小孩的都问好，一看就是守本分、有教养的人!我听了心里就美美的，真的是比领导表扬一番还令我高兴的!

（2016年12月26日）

眼睛是懒蛋，双手是好汉

臧龙海

父亲当了一辈子农民，没有读过书。但父亲的记忆力很好，听人讲故事，看驴皮影，听大鼓书，赶集时所见所闻，甚至听广播，听收音机，都能记住个大概。爱动脑筋的父亲，在教育我们的过程中，时常说些在我看来很“经典”的句子。

“站得直，走得正，不怕小鬼瞎哼哼。”意思是说为人正道，不怕别人胡说八道。年轻的我接受了父亲的理论。在市场经济的今天，我依然坚守正直，疾恶如仇。这也算是“位卑未敢忘忧国”吧。

“老实窝囊我不欺，耍滑藏奸我不怕。”这话意思很直白。村子里有几个木讷、智力有问题的人，父亲总是爱帮助他们，对于一些欺负他们傻、在劳动中偷奸取巧的人，父亲总会严厉批评，甚至有时会骂人。

“说媳妇看妈妈，找姑爷看爸爸。”这是父亲的婚姻观。父亲在村子里德高望重，乡亲们给儿女张罗婚事时，总会找到父亲商量，父亲就会用这个标准发表意见。

“夜校识俩字，强于睁眼瞎。”这是父亲对自己的总结。小时，我放学回家做作业时，父亲要是有时间了，也会在一旁和我学习生字。到后来，我当生产队会计时，我开的票据，父亲居然能看懂了。再后来，过年时，我给乡亲们写春联，父亲帮着压对子纸，能读出其中多数的字来。那时候家里用旧报纸糊墙，没事的时候父亲就读墙上的字，不认识的就问我。

“豆腐养人，大豆赛金。”故乡黑土地肥沃，是有名的大豆产区，多年出口给俄罗斯等国家。大豆不仅收益可观，还是乡亲们餐桌上不可缺的食物，各种豆制品，好吃又养人。有一年，在给生产队写的春联里我编了这样一副对联“金黄大豆豆豆金，肥胖绵羊羊羊肥”，受到表扬。

“千香万香，咸盐最香。”我读小学三年级的一个周五，老师布置家庭作业，让写出你认为最香的食品。我回到家里，左思右想也没头绪。父亲说：你就写咸盐最香，什么菜没有盐都不会香的。我照写了。周一上学时，同学们有的写豆油最香、有的写猪肉最香、有的写香油最香、有的写香肠最香等。只有我们三名同学回答的盐最香，受到了老师的表扬。

“眼睛是懒蛋，双手是好汉。”此话的意思是眼睛看到有多少活，会产生任务多、劳动量大的感觉，而最终还是要靠双手来做完这些农活的。父亲的话富有哲理。

“老农苦，别忘了土豆救命福。”这是说三年自然灾害时，生产粮食的农民每口人口粮才100多斤，大量的粮食被调拨支配。粮食不够吃，家家吃土豆，多种多样的吃法，挨饿之时土豆救了命，乡亲们渡过了难关，活下来就是幸福。父亲对此感受深刻。

时常想起父亲在世时说的这些话，来警醒和鞭策自己。我给父亲的话起了个名字叫“格言”，算我给父亲又当了回“秘书”。

（2017年1月23日）

琅琊王氏：千年家训一盏灯

王伟勋

临沂市兰山区白沙埠镇孝友村琅琊王氏家族，分住东孝友、西孝友两村，人口3800多。这里是临沂琅琊王氏和“孝悌文化”的发源地。现有孝友祠、王祥卧冰求鲤处等市级重点文物保护单位。古琅琊八景之一“孝河凝冰”就在这里。传说明嘉靖皇帝朱厚熜曾路过此地，听说王祥、王览“孝、悌”故事深受感动，遂赐御匾一块，上书“孝友格天”。明万历年间为了纪念王祥、王览兄弟二人“孝、友”德行，更名为孝友村。

王祥（185—269），字休徵，东汉末年琅琊临沂人。《晋书·王祥传》亦记其“风雨守柰”“黄雀入幕”等孝行。元代郭居敬将王祥列为“二十四孝”之一。王祥的遗言：“夫言行可覆，信之至也；推美引过，德之至也；扬名显亲，孝之至也；兄弟怡怡，宗族欣欣，悌之至也；临财莫过乎让。此五者，立身之本。”被王氏后人作为家风家训流传，意思是，说和做能一致且经得住时间的考验，是诚信的最高境界；把荣誉让给他人，把责任留给自己，是德行的最高境界；自己修德、立业、扬名，使自己的父母名扬尊显，是孝的最高境界；兄弟相处融洽，家族和睦兴旺是悌的最高境界；面对财物最好的态度是能够谦让。信、德、孝、悌、让，这五个方面，是人立身处世的根本。

千百年来，这家训就像一盏高悬在王氏子孙头上的长明灯，照耀着族人做人处事一言一行。

在古代琅琊王氏由于拥有政治、社会、文化、经济及军事许多方面的优势，加之世系悠久，因而形成了自己独特的门风、家风和族风。王祥、王览作为王氏家族荣达显贵的始祖，以“孝、悌”德行奠定了琅琊王氏的根基，千百年来，为世人所敬仰。

如今的孝友村民风纯朴，村里人都特别孝顺，出了很多现代“王祥”。逢年过节，村民都会到祠堂去拜祭，有的带着孩子来接受教育，孝行、友爱影响着一代代人。

家训笔记

“夫言行可覆，信之至也；推美引过，德之至也；扬名显亲，孝之至也；兄弟怡怡，宗族欣欣，悌之至也；临财莫过乎让。此五者，立身之本。”

——来自临沂市兰山区白沙埠镇孝友村琅琊王氏家族

立训人：王祥

【释义】

说和做能一致且经得住时间的考验，是诚信的最高境界；把荣誉让给他人，把责任留给自己，是德行的最高境界；自己修德、立业、扬名，使自己的父母名扬尊显，是孝的最高境界；兄弟相处融洽，家族和睦兴旺是悌的最高境界；面对财物最好的态度是能够谦让。信、德、孝、悌、让，这五个方面，是人立身处世的根本。

——王伟勋　释义

（2017 年 2 月 6 日）

廉如秋水，惠若春风

何恒涛

何世璂（1666—1729），字澹庵，又字坦园，号铁山。五岁日诵千言，邑宿儒王士缇字宛西见而奇之曰：此国器也！是有圣童之誉。七岁即工制艺，经史过目成诵。由廪膳生中康熙甲子第四名经魁。安贫力学。常慕范文正公先忧后乐之言，慨然以经济（经世济民）为己任。授莒州学正，训士以通经砥行，莒人皆知向学。

1709年（清康熙四十八年）中进士，授翰林院庶吉士。省亲时有誓墓文曰：一不欺天地；二不欺鬼神；三不欺君亲；四不欺同僚朋友。康熙五十一年，散馆授翰林院检讨，充《大清一统志》纂修官。康熙五十二年，授儒林郎，翰林院检讨加一级。康熙五十九年，出任山西乡试副主考官。在主考江西乡试时，阅卷公正，得皇帝赐“公明廉至”四字。后升贵州巡抚，在贵州推行“改土归流”政策，数年间，贵州安定下来。尔后，招抚农牧，奖励生产，提倡改造土地。贵州人烟逐渐稠密，湖南、广西、云南等地商民往来频繁。在贵州三年，事无巨细皆与西林鄂公秉公商榷，力持大纲而不涉繁琐，务培元气而不流矜张。以故吏畏其威，民怀其惠，奏请甚多。此时雍正皇帝接到秘密诽谤信，便召何先生入都。何先生问心无愧，深知雍正皇帝是一位贤明皇帝，定会明察秋毫，所以不置辩。皇帝知何先生老成谨慎，端方廉洁，有古大臣风。皇帝说：何世瑾乃读书明理人也！诏入京任刑部额外侍郎，又转吏部右侍郎，兼管刑部事务。

雍正六年五月，旨命何世瑾署直隶总督。何先生以老病俱不胜任恳辞。雍正皇帝说："尔云不胜斯任，谁胜斯任?"何先生推举张广泗。雍正皇帝不允。何先生又推举张坦麟。雍正皇帝仍不允，务令勉赴新任。何先生感激雍正皇帝知遇，奏言："臣有一分心力尽一分，有十分心力尽十分，至万无心力可尽……"何先生廉洁勤政，事无巨细必躬亲，自旦至昏不歇暇，政绩卓著，成为朝廷倚重的封疆大吏，使当时直隶政务名列各省之冠。雍正帝传谕："……夙著勤劳，今年已高，恐用心太过，宜节养精神，以规远大，毋亲细事。"然而为报效国家，何先生鞠躬尽瘁，积劳成疾。雍正七年皇帝审阅奏章后知其病重，速派太医诊治。但何先生已病入膏肓，医治无效，于雍正七年正月二十六日卒于保定官署，享年六十四岁。雍正帝闻报恸悼，特下诏褒扬他的政绩："……何世瑾老成持重，端方廉洁，实心供职，畿辅重地，正值料理，忽闻溘世，朕心深为悯恻。……"随即派官前往祭奠，并追赠其为礼部尚书、祖父何国鼎礼部尚书、父亲何毓光礼部尚书，赐帑千金归葬，并谥号“端简”，入直隶、江南、浙江等省名宦祠及新城县乡贤祠。乾隆元年何先生得追赠光禄大夫，夫人徐氏晋封一品夫人。

何世璂一生喜爱诗词，曾得王渔洋口授。何先生诗淳古淡泊，著有《澹志堂文集》《澹志堂诗集》《然灯记闻》《渔洋诗法》等。道光年间，汇为《何端简公集》12卷。清代著名学者俞正燮敬慕公的品行，为其撰写《何端简公年谱》。后人念其品德为其建祠，祠堂门联“廉如秋水，惠若春风”。

2011年，何氏续修族谱，何世璂嫡系后人、原中国人民解放军海军副司令员何林忠中将欣然题词“古用后人、世基近支”。

家训笔记

耕读忠厚。

孝悌力田，忠厚节俭。

廉如秋水、惠若春风。

——来自邹平县孙镇曹王村何氏家族敬修堂

（2017年2月13日）

沾化吴氏：以诚为训，耕读传家

吴文峰

沾化吴氏，始迁祖吴宣，明朝成化（1465—1488）年间，“因避无妄祸”从山东平度州蓼兰社（今蓼兰镇幸福村）徙来，入赘到沾化县烽台李村，“生三子，俱姓李”。因感念李氏恩德，虽平度老家数次来信叫他回去，他始终没有行动。去世前留下话语：“吾生为平度州人，极不忘情。传语后世子孙，千百载勿迷故乡也。”

据《沾化吴氏族谱》记载，吴宣祖居江南吴中，元朝至正（1341—1369）年间才迁居平度。“上世有军功，自明永乐初世袭武职。始迁祖应继袭，以当时重文轻武让世职于弟去之。”一个“让”字，体现了天下吴氏一贯风格。吴氏始祖泰伯，传说为周太王古公亶夫的长子，下有仲雍、季历二弟。看出亶夫欲传位给季历的儿子姬昌（周文王）的意图，泰伯带领仲雍奔往“荆蛮”之地，自号句吴，以后建立吴国。其做法得到孔子的称赞：“泰伯，其可谓至德也已矣，三以天下让，民无得而称焉。”

从第三代开始，沾化吴氏重视教育。吴宣把孙子应元送入县学学习，从此叩开文化殿堂之门。至五世茂华遴选为岁贡，其长子汝为、次子汝亮双双中举后，汝为又高中顺治己丑（1649）进士，钦定为陕西麟游县知县。在上任之前，汝为奏请皇帝“朝复吴姓”，从此修家谱、定家训，科第连连，人才辈出，列于明清之季沾化名门望族。吴茂华耄耋之时曾作《自序并家诫》，其中写道：“今八十余岁矣，既非永诀之日，然恐诸子远仕他乡，有欲言而无及者，嘱之曰：尔父德薄，不足为范，然累世传家，以忠厚为基。秀才虽贫，必令子孙读书；乡宦虽富，必务亲理农业。奴仆辈庄以莅之庄则不敢慢，慈以蓄之慈则无所怨。勿养戏剧，勿招娼淫。一日居官，斯民皆吾赤子，有冤必为之申雪，有难必为之解救。勿妄取人之财，勿任一己之意。遇绅士以礼，待百姓以惠。居官居家，勉强为善。赵清献白日所为，夜必焚香告帝，是乃祖乃父之志也。切切记之，勿忘。”这些“家诫”，作为沾化吴氏“家训”，谆谆教诲，代代相传。吴汝为在麟游任知县六年，颇有政声。“邑在万山中，数经草寇蹂躏，编户仅存八百五十八人，额赋如故。汝为泣请大吏再疏题豁荒粮盐课，民困始苏。招附流亡，督耕教织，决冤狱，驱虎患，复窑场，于山谷要害置守堡十二所以防盗贼，修学校，辑邑志，多方风劝，邑称大治。”

为了补缴盐税，他卖了上任时从山东骑去的一匹马。母亲去世，吴汝为回来守孝，麟游人送出数百里，随后在县城兴国寺建祠树碑。吴汝亮授江南江宁知县，查冤情，拒贿赂，惩恶扬善，55岁便“以瘁致疾，卒于官”，被称为清官廉吏。吴茂华三子吴汝桢，白天劳作，夜晚读书，以后继承父志，矢志从教，造就后学，不但不收学费，还免费提供学生食宿，其学生先后登科者40余人。吴汝桢的玄孙吴湘，清乾隆癸酉举人、丁丑进士，授翰林院庶吉士、检讨，并任过御史，刚正不阿，敢于直谏，秉公办事，光明磊落，曾因奏劾查处一桩科考舞弊案，而“一时直声震远近”，“人人快之，无不知有吴御史者，称说如出一口”。家谱记载：“幼聪慧，五岁父手携口授《毛诗》，二十七日全部成诵。及长，好吟诗，尝挑灯读《桃花扇传奇》，即挥笔作题词五十首，柝声才一转也。生平无暗行，古居乡居官已无获于夤缘人，已无干于暮夜者，识与不识皆信之。奏牍侃侃持大礼……不私己亦不弋名累遇。”

民国版《沾化县志》“科名佳话”篇中记：“邑中吴姓自明季至清中叶，科第尤盛，教子弟严而有法。章丘焦太史毂宜尝客于吴家，见之，叹曰：夙称沾邑为济北诗书之薮，虽未到丁、李、范等家，今睹吴氏家风，良非虚言……”

家训笔记

“今八十余岁矣，既非永诀之日，然恐诸子远仕他乡，有欲言而无及者，嘱之曰：尔父德薄，不足为范，然累世传家，以忠厚为基。秀才虽贫，必令子孙读书；乡宦虽富，必务亲理农业。奴仆辈庄以莅之庄则不敢慢，慈以蓄之慈则无所怨。勿养戏剧，勿招娼淫。一日居官，斯民皆吾赤子，有冤必为之申雪，有难必为之解救，勿妄取人之财，勿任一己之意。遇绅士以礼，待百姓以惠。居官居家，勉强为善。赵清献白日所为，夜必焚香告帝，是乃祖乃父之志也。切切记之，勿忘。”

——选自吴茂华耄耋所作《自序并家诫》

【释义】

我今年已经八十多岁了，虽然还没有到永别的日子，但是我担心几位孩子远在他乡做官，想对他们说几句心里话，却没办法办到，所以嘱咐他们说：你们的父亲品德浅薄，不足以效仿，但是我们家族世世代代传承，忠诚厚道是根基。读书人家尽管贫寒，一定让子孙们读书；做过官又回到家乡的人虽然富裕，一定亲自从事农业生产。在奴仆们面前，举止要庄重，庄重了他们就不敢怠慢，平时对待他们要慈善，慈善了他们就不会怨恨。不要养戏班，也别招娼妓。做官一天，那些老百姓都像是你的孩子，他们有什么冤屈，一定要为他们申冤昭雪；他们遇到困难，一定要想法帮助他们解决。不要随便拿取别人的财物，不要任性。遇到地方有名望的人，要以礼相待；对待当地的百姓，要给予他们恩惠。无论是做官还是在家，都要勤勉，以善为本。北宋的赵清献，白天做的事，在晚上一定点上香告诉上天（说明自己敢为敢当）。

这也是你们的祖先和父亲的志向。一定要记住，千万不要忘记。

——吴文峰 释义

(2017年2月20日)

家训就是掏心窝儿的话

万木（厉彦林）

对于家训家风，我们每一个中国人都不陌生。谁家的长辈没有几句管教子女或晚辈的警言训诫？长辈教育叮嘱晚辈这是必然的，虽然讲不出多少大道理，可那句句掏心窝儿的话，其实就是每个家庭代代传承的家训和家风。

我国古代是宗法式农业社会，传统文化浸润沉淀着生长家训的丰厚土壤。多数家庭都是老、中、青三结合的梯次年龄结构，这就像一根长长的链条，一辈就是一个链环，一辈一辈地传宗接代、繁衍生息。由于血缘亲情的维系，老者、长者、尊者自然具有潜在的威严，他们坎坷的人生阅历和丰富的实践经验，经历风雨后的大彻大悟，往往以血泪为代价凝聚成深刻的警言，然后用舐犊之情教育、告诫子女，这便是非常自然的事了。怪不得翻翻《四书》《五经》，到处是人生的警句哲言。到元明清时代，还诞生了许多家训著作。作者既有名君贤相、官僚仕宦，也有文人大儒和寻常百姓；既有家训、家规、家范、家教的长篇宏论，也有家书、诗词、箴言、碑铭等训示。家风指一个家庭的风气、风格与风尚，内容大都是爱国敬业、夫妻和睦、孝老爱亲、勤俭节约、邻里互助等，倡树的是修身、齐家、治国、平天下这一理想的人格图式。

我的老家在沂蒙山区莒南县最东北部的一个以泉命名的小山村。从我记事起，我们家就住在村的东岭上，据老人说是为了给东家看护树林子。祖祖辈辈面朝黄土背朝天，以种地看林为生，斗大的字也不识一筐，所以长辈劝导晚辈的话，也都是些质朴无华的大实话。俗话说，隔辈疼。我奶奶因病去世得早，我生来没见过奶奶，也就无福享受奶奶的爱抚了。从小，爷爷对我疼爱有加，我也最早从他那里接受了家训。现在算起来，有勉励上学的，有敬老尊长的，有谦恭谨言的，也有勤俭节约的，最触及我灵魂的是这几句话："人一辈子不容易，但无论如何要活得正，站得直，人活就是活得一口气。咱家里祖祖辈辈没有识文解字的，你在外边，要好好给公家干活；见了公家的东西，千万别眼热，人家的稻草咱一根也不要拿；娶了媳妇好好过日子，别这山望着那山高。这后两条，可最坏人的名声啦。"我爷爷的这几句话实在、精辟，既是人生经验的凝结，更是对我真诚的叮嘱。

爷爷的童年是艰辛和不幸的。他没上过一天学，七岁就被迫到外村给人家放牛。中华人民共和国成立后，家里分到了地，有了饭吃，也有了草房住。我爷爷对党和政府非常感激，全身好像有使不完的劲。无论是给大队里当保管，还是参加整山治岭、修水库，他干什么都有板有眼，让别人服气。记得那年我接到莒南师范的录取通知书时，一家人高兴得就如过年。爷爷手捧录取通知书，咧嘴笑了：“好，咱祖祖辈辈两腿插在地墒沟里，没出过识文解字的，没有一个吃‘皇粮’的，你给咱老祖宗争了光。好！”爷爷平常很少喝酒，那天却和父亲喝了一盅又一盅。他那花白的胡须上抖动着说不尽的满足和得意，那道道皱纹掖藏不住内心的兴奋和甜蜜。

岁月沧桑，人老地荒。随着年龄和阅历的增长，我才逐渐品味出家训的内涵，慢慢理解长辈的一片苦心。记得那还是我爷爷当大队保管的时候，那年秋天队里的场里晒满花生，我披着月光给他送晚饭时，顺手抓了一把就想吃。谁知爷爷给我抓了一把木耙沙下来的瘪秕的小花生，“把你拿的送回去。来，这个好吃，甜着哪。”然后他一边吃饭一边劝导我，“这是咱大队里的花生，每家每户都一份，咱不能让叔伯大爷戳脊梁骨。人生在世创个好名声不容易呀。”我当时虽然按爷爷的要求做了，但心里也怨我爷爷是个死心眼，还记恨了一段时间。

长辈的训导和爱是融合的。一个人从小吃点苦，经受艰苦环境的磨炼，对于走好人生路大有益处。中华人民共和国成立初期，我们家咬着牙，让我父亲上学。因为我奶奶去世得早，我的叔叔和姑姑又小，我爸爸只好含泪辍学，成了我爷爷的帮手。父亲把辍学的痛苦变成了勒紧腰带，也要供应我多上几年学的强烈愿望，我虚岁刚七岁，他就给我买了一个当时最时兴的黄帆布书包，把我背下岭送进村里一个老师教所有班级的学堂。记得我上高中时，正赶上白卷先生吃香，学校开门办学，考试是开卷的，且考例题次次都是100分，其实根本学不到东西。父亲很着急，郑重地告诉我："读书如种庄稼，装进脑袋里才是自己的，别糊弄自己。"当时家家穷得叮当响，"忙时吃干，闲时半干半稀"，农民无论忙闲都填不饱肚皮，但我每周有一捆煎饼和一坛自家腌制的咸菜。每顿能吃上瓜干煎饼，已经很"资产阶级"了。我按照父亲的叮嘱，刻苦学习，把知识当作应当精心收获的庄稼。晚上、节假日，也挤时间坐在煤油灯下读书、做作业、预习功课。母亲是一位普通的农村妇女，讲不出高深玄妙的大道理，多是说"吃亏是福""家和万事兴"。她善良宽容，从容面对生活中的苦难，记得她曾教育我："家门口来了要饭的，也要好好待人家。没有难处，谁也不愿拖个要饭棍呀！"

这些年伴随改革开放的春风，经济发展了，人民生活富裕了，这个社会也显得越来越浮躁和世俗。涵养好家风，才能滋育好民风。有好家风，有一句告诫后代做人、做事的哲言警句，这是儿女的福分，也是社会文明进步的象征。我为人父之后，才更加体会到长辈的良苦用心，更知正言端行对于人生旅途的分量。曹瑞曰："修身岂止一身休，要为儿孙后代留；但有活人心地在，何须更向鬼神求。"望子成龙、望女成凤是天下父母共同的愿望；望子成人，是"成龙""成凤"的根基。长辈教导我的话，是岁月沉淀下来的家庭精神，就是祖传的持家做人的家风。随着时光的流逝，我的爷爷和父母都离我而去，可那些掏心窝儿的话，时刻回响在我的耳畔，深深刻在我的心间，温暖和滋养我的人生。

“中国梦·我的梦”，既靠国家繁荣昌盛，又要靠好家风！

家训笔记

“人一辈子不容易，但无论如何要活得正，站得直，人活就是活得一口气。咱家里祖祖辈辈没有识文解字的，你在外边，要好好给公家干活；见了公家的东西，千万别眼热，人家的稻草咱一根也不要拿；娶了媳妇好好过日子，别这山望着那山高。这后两条，可最坏人的名声啦。”

“读书如同种庄稼，装进脑袋里才是自己的，别糊弄自己。”

——来自沂蒙山区莒南县最东北以泉命名的山里人家

（2017年3月13日）

西万张氏：以“忍”处世，弘扬孝道

刘敬胜

西万张氏文化大院坐落于山东省微山县昭阳街道西万六村，占地6亩，原是张氏宗族的祠堂，从明朝万历年间到2012年，曾遭遇洪水、火灾，先后经过12次修建才形成如今的规模。大院以“百忍堂”大殿为主体，修建五间高平台井干式歇山建筑，配以孝道等内容为主的儒家文化文字图画，为现代生活注入了传统文化的清流。

来到“百忍堂”大殿里，就能看到张氏家族的曾经：唐朝张公艺一家九世同居，团结和睦，历受朝廷旌表。传说唐高宗李治祭祀泰山，途中访贤问能：何以能九世同居，安然相处？张公艺连书一百个“忍”字作答。其后的礼让、谦恭、和气、立志、笃学等内容，徜徉其间，仿佛把人带进了一个传统文化的世界，让我们在熟悉张氏的前世和来历的同时，在心中清晰地记下古人的道德行为规范。

忠孝传家远。“孝道”是家庭生活中最基本的要求。张氏文化大院把孝道文化融合在宗族文化中，“忠孝殿”、楹联“亿万家风惟孝悌”、碑刻“德敬天地孝通神明”、二十四孝，以图片配文字的方式令人感受浓浓的“孝”文化。

“西万张氏，唯道是从；百忍处世，忠孝传家。心怀祖国，志存高远；学习修炼，见贤思齐。康体正品，唯变所适；克己复礼，慎独始终。依法持业，自强不息；诚信双赢，厚德载物。立足本职，兼采众长；尊重科学，创新攀登。和睦相邻，广交友朋；友爱谦让，忠义以恒。遏恶扬善，禁戒非为；训诫子弟，存厚率真。有子无教，易起事端；严教有爱，多成贤才。尊师重教，业精于勤；志之所向，金石为开。凡吾族人，汲取百忍；今定家训，日省其身。任重道远，同心合力；前程似锦，永驻辉煌。”清明节，张氏宗族祭祀大典期间，在族长张成新的带领下，所有人集体诵读张氏家训，声音几乎响彻整个村子。

张氏宗族历来重视教育，一直把张氏宗祠作为家塾，让喜欢学习的族人来上学。20 世纪 60 年代，张氏宗祠曾被改造成“西万联校”，设小学部和中学部，为社会培养出许多优秀的人才。在最后一次修订时，张氏家族结合当前的时代要求和经济社会发展特点，在不改变“遵先贤格物、致知、诚意、正心”等老家训的教诲下，重新对张氏家训进行了修订，补充“心怀祖国”“依法持业”“诚信双赢”等符合社会主义核心价值观和时代潮流的文字，并在文化大院最中心处的一块石碑上镌刻下来，供张氏家族和当地的群众观看，让老年人在教育孩子时有规可依。

张氏家族在春节、清明节期间等祭祀活动中，集体诵读家训，让群众在学习和诵读中，把“忠厚传家”“和睦乡邻”“尊师重教”等优良家风广为传播，让家风丰富民风，让民风促进整个社会的良好风尚。

家训笔记

西万张氏，唯道是从；
百忍处世，忠孝传家。

心怀祖国，志存高远；
学习修炼，见贤思齐。

康体正品，唯变所适；
克己复礼，慎独始终。

依法持业，自强不息；
诚信双赢，厚德载物。

立足本职，兼采众长；
尊重科学，创新攀登。

和睦相邻，广交友朋；

友爱谦让，忠义以恒。

遏恶扬善，禁戒非为；
训诫子弟，存厚率真。

有子无教，易起事端；
严教有爱，多成贤才。

尊师重教，业精于勤；
志之所向，金石为开。

凡吾族人，汲取百忍；
今定家训，日省其身。

任重道远，同心合力；
前程似锦，永驻辉煌。

——来自微山县昭阳街道西万六村张氏家族

（2017年3月20日）

家风是对信仰的坚守

孙成凤

从孔孟的仁爱、读书明理，到老子的“上善若水”；从《易经》的“厚德载物”，到曾国藩的“耕读持家”，始终都贯穿着一种不变的信仰：忠厚传家远，诗书继世长。说到底，良好的家风其实就是对信仰不变的坚守，并代代薪火相传。

勿以善小而不为，勿以恶小而为之。这是积小善为大善，对恶的防微杜渐。《了凡四训》经数百年而犹存，至今被人们奉为传世经典，其核心亦是“众善奉行”。对一般人而言，修桥办学的大善难为，但张口不出恶言之类的小善可行。老家有一位田姓邻居，墙上有一副治家格言，写的是孟子的一句话：“老吾老以及人之老，幼吾幼以及人之幼。”田家在村上虽是单门独户，但对待邻里和善，喜欢周济贫弱，不管谁家的红白事，都是不请自到，忙到吃饭的时间，却不声不响回到自己家用餐。当时村里有人不理解，以为他们家势单力薄，怕人欺负，用这个办法与村里人套近乎。然而，到了田家的大儿子当了村干部，二儿子当了当地的供电局长，孙子在部队当了军官，老人还是不改过去的做法，甚至更加低调谦卑，他家的后辈也是如此。如此，焉有不“传家远”之理？

被人称为修身宝典的《小窗幽记》，其中一句话说道：“天薄我福，吾厚吾德以迎之；天劳我形，吾逸吾心以补之；天厄我遇，吾亨吾道以通之。”意思是，命运让我的福分浅薄，我靠增加自己的德行来面对它；命运让我的筋骨劳累，我便放松自己的心情来弥补；命运让我的际遇窘迫，我便加强自己的德行来让它通达。以德润身，这不仅是智者排艰克厄的聪明选择，更是符合事物发展规律的顺势而为。当我们坚信“上帝关上一扇窗，一定会打开一扇门”的时候，“人给明亏吃，天在暗处补”的道理就已经昭彰了。古人说：“天地有春秋，人间有乘除。”这是历经沧桑者对事物发展的深刻总结。优秀的家风正是那些先贤名士立足于此，在这样一种基础上建立起来的。有一副对联深入人心：“德积百年元气厚，书读三代圣人多。”

当然，再好的家风也需要人坚守，否则，仅停留在口头上，不从实践方面落实，最终也不能发挥“修身、齐家、治国、平天下”的作用。坚守就需要箪食瓢饮而不悔，富贵不能淫，威武不能屈，做到《菜根谭》上所言：“宠利毋居人前，德业毋落人后；受享毋逾分外，修为毋减分中。”意谓追逐功名利禄不要抢在他人之前，进德修业不要落在他人之后，享受物质生活不要超过允许的范围，修养品德要达到自己分内应达到的标准。我们看到，有些靠偶然的机遇暴发起来的人，由于欠缺良好的家风，待人寡情薄恩，自己挥霍无度，却拔一毛利天下而不为，又总是担心别人超过自己。这种人虽然暂为富贵之家，可是他的行径已经走向贫贱之路。有的人聪明伶俐，本应谦虚有礼，不露锋芒，可反而夸耀本领，炫技弄强，如此，怎么不受挫失败呢？法国女哲学家薇依《在期待之中》一书中说过："只有那些心怀至高无上爱的人，在陷入无边的深渊当中，才能时时听到爱的颤音。"自古乃善者天助。"人穷不改旧家风"。如果一个人、一个家庭，长期沐浴在以善为上的家风中，即便暂处贫寒，离通达还会远吗？试看，凡做生意的百年老字号，哪一个靠的不是"童叟无欺""货真价实"？

家风不仅是一个家族的坚守、一个家庭的坚守，更需要每一个人的坚守。这样才会影响到一代代人，使其最终融入民族的血液，成为民族基因的重要部分。

家训笔记

"天薄我福，吾厚吾德以迎之；天劳我形，吾逸吾心以补之；天厄我遇，吾亨吾道以通之。"

——摘自《小窗幽记》

【释义】

命运让我的福分浅薄，我靠增加自己的德行来面对它；命运让我的筋骨劳累，我便放松自己的心情来弥补；命运让我的际遇窘迫，我便加强自己的德行来让它通达。

（2017 年 3 月 27 日）

端碗给长辈送饺子

苗文金

端碗给长辈送饺子，这是从我家老辈子留传下来的家风。对这种既特殊又简单的家风，我家口口相授，代代相传，辈辈延续至今，让我家成为孝悌家族。

家风是在一定时期形成的。爷爷在世时说，送饺子的家风在他的太爷爷那年代便已存在。他的太爷爷给他讲述过家风的来历。据说很久以前，家中贫穷，人多粮少，加上连年干旱，颗粒无收，依靠树皮、树叶、蔬菜和草根充饥。村里好几位年迈的老人离世而去，族长建议家家分摊出少有的粮食，优先照顾老人。这样，体衰多病的老人性命得以保全，渡过难关，由此雏形家风形成。演变至今，成为现在端碗送饺子的家风。

一碗饺子，看似无足轻重，其实蕴藏着大学问、大哲理。知识渊博的三叔曾说，以前少吃无穿，家中要改善生活，顶好吃顿饺子。端碗送饺子，端的是孝心，送的是孝道。日子红火了，更应忆苦思甜，秉承家训，从家风中体会老辈人的良苦用心，做个孝子贤孙。

我家是一个大家族，从老到幼，从男至女，人人端过碗送过饺子。承袭家风从小做起很关键。记得懂事的时候，每逢包饺子，“行孝”的差事都会落在我的肩上。有时我就提意见说：“怎么总是我去，哥姐咋不轮流换班？”母亲笑着说：“她们小时轮番送，哪个也不比你少去，现在该你了。”我听后无话可说。送饺子前，家人总会叮嘱我先净手，洗不干净是对老人大大不敬。我洗完手，母亲已盛好热气腾腾的饺子。

孩子天性馋嘴，我端着碗，闻着香喷喷的饺子，垂涎三尺，瞅瞅四处无人，顺手从碗中拿一个扔到嘴里。饺子滚烫，我不得不乱嚼胡咬咽了下去，如同囫囵吞枣，不知其味。我却不敢再多吃，我知道“东窗事发”，屁股要受疼。爷爷家在村西，晌午时分，好多邻居端着饭碗在街上。那年景，家家户户过着穷日子，没台电视、电脑，一天三顿饭都在大街墙根蹲着吃，山南海北地侃聊，饭吃没了，也聊够了。我端着饺子“招摇过街”，眼馋、羡慕的目光随之投来。谁见谁问：啥馅饺子？若说是韭菜鸡蛋，有人肯定会说：要送就送肉馅的，谁还送韭菜馅的。我知道这人寻开心，默不作声，脚下生风向前走去。若说肉馅的，会有人说：哟，这不过节不过年的，怎么舍得割肉吃饺子啦？老爷子真有口福，四个儿子都是孝子，过的真是好时光！我一声不吭，大步向前。为什么？我害怕他们吃。有一次，我端着肉馅的饺子，有人逗我说尝一个，我同意了。没想到，他还真吃了一个，连夸好吃，在旁的也有人尝，结果一下吃了半碗。我一看不干了，咧着大嘴哭了起来。号啕声引来母亲，她一听原委，哭笑不得，领着我重返家又盛了一碗。

最热闹的是逢年过节，那时我和堂兄堂弟堂妹，一起闪亮登场，并肩而行，双手捧着大碗，像古代的钦差大臣送圣旨似的，威风八面。我们人小脚不慢，一会儿便到爷爷家。“奶奶，我们送饺子来啦！”“爷爷吃饺子啦！”稚嫩叫声此起彼伏，回荡在爷爷家小院上空。爷爷闻声快步来到门口，笑呵呵迎着我们进了屋，说：“烫！先放堂屋桌前，顺便供奉牌位！”爷爷堂屋正中悬挂着族谱，我们四个小心地把碗放到上面。然后，爷爷便有一搭没一搭和我们说着话，两三分钟后，他开口道：“祖先们吃好啦，该咱们吃了。”这时，奶奶拿来笸箩，一股脑儿把我们的饺子倒出来。我们欲要拿着空碗走，爷爷拦着说：“爷爷这饺子堆成山啦，帮着解决困难，尝尝爷爷的饺子。”我们四个就顺从围桌而坐，捉箸而餐。爷爷奶奶笑眯眯在旁看着，一会儿指指这个，一会儿看看那个，品评着高矮胖瘦，乐此不疲。至今回忆起，仿佛爷爷爽朗的笑声响在耳边，奶奶慈祥的面庞闪现在眼前，幸福温暖随之涌动在心尖。

眼下，日子越过越红火，有人说，端碗送饺子不合时宜，该淘汰了，父亲与三叔坚决不允许。三叔说：“家风是家族宝贵财富，是家族精神支柱，必须继承下去。咱们家人丁兴旺，人才辈出，家家日子过得红红火火。靠的什么？是家风！俗话说，栽啥树苗成啥材，撒啥种子结啥果。祖宗留下的规矩，那是家族的精髓，怎么说抛就丢呢？”认真想想，三叔言之有理，好家风体现了优秀传统文化的魅力，彰显了道德力量。

继承和发展好家风，应从孝亲敬老做起，俗话说“百事孝为先”，“孝”字学问做好了，家会和，事会兴。让我们培育好家风，传承好家训，传递向善向上的“正能量”吧。

家训笔记

明孝悌重人伦，
教子孙读圣书，
力田亩习勤劳，
尚俭朴戒奢华，
崇礼让厚风俗，
强忍耐学吃亏，
戒贪欲以养性，
少恼怒以养生。
——来自滨州市邹平县柳泉村张氏家族

(2017 年 4 月 10 日)

《述训》传家风，杜氏156位官员未有贪官

冯美荣　王　昕　王延芳

明清时期滨州杜家是名播齐鲁、享誉海内的书香门第，官宦世家。以“一代帝师”杜受田为代表的杜氏家族在明清时期科甲鼎盛、人才辈出。2014年，杜受田故居被山东省纪委命名为山东省廉政教育基地。

杜家子弟在明朝嘉靖年间开始走上仕途，此后为官者络绎不绝。从明末的江西布政使杜诗、甘肃巡抚杜承式，到清初的河南参政杜漺，清中期的礼部侍郎杜堮，到清朝咸丰年间咸丰皇帝的恩师、协办大学士杜受田以及其子军机大臣杜翰等，杜氏一门共出过12名进士，曾以“父子五翰林”远近闻名。

在明清两朝，杜家全族有官衔和任实职的官员共156人，正七品以上官员近百人。为官地从北部边陲到遥远的南疆，从渤海之滨到黄土高原，足迹几乎遍布全国。无论在繁华的京城，还是穷乡僻壤，杜家子弟都忠勤职守，清正廉洁。

杜家为什么满门清官？翻开历史，透过杜家子弟的廉政事

迹，我们就会看到杜家子弟非同一般的地方：他们志存高远，不贪图荣华富贵；他们志趣不凡，独拔于时俗之外；他们严于律己，能摆正利与义的关系。这一切都来源于杜家世代相传的清白家风。

杜氏《述训》是杜家流传下来的完整的家训著作，共 48 则，是杜家十四世孙杜堮在整理父亲杜彤光家训的基础上撰写而成的。杜氏《述训》从修身之道、齐家之道、处世之道和勉学之道等方面进行了详细阐述。

修身之道

杜家充分认识到修养身心、提高个人品德的重要性，把修身放到家族教育最重要的地位。把修身和齐家、教子密切联系在一起，认为“修身之道，即教子也”，“教子之方，即齐家也”。(《述训》第九则）他们认为“教子以身不以言”，身教的作用远远重于言教。“如有‘不美之行’，念及后代，应‘幡然改悔，迁善改过’”。(《述训》第五则）为了子孙将来能够成人成才，为了家族的兴盛，子孙的修身工程和学习一样，也是从小抓起的。即《述训》强调的“教子婴孩”。这和民间“树大自直”的说法迥异，显示出杜家长远的眼光。据《述训》第三则记述：小孩子在玩耍时，如果指着某物说：“这是我的。”杜彤光就会愤怒地指责他。这是要将他的私心杂念消除在萌芽之中。在《述训》第二十则中强调：“第一下手功夫是克己。”由此可看出杜家人在教子方面用意深远。

他们认为人的道德修养是后天形成的，成为“君子”或是“小人”，取决于后天是否努力提高自己的修养，并且认识到教育对提高人的修养具有重要的作用，而读书学习又是提高自身修养、不断完善自我的重要途径。

齐家之道

杜家人善于从一些大家族的兴衰中总结教训。他们总结出这些家族的教训之一是：子弟不能很好地继承良好的家教传统，从而不能保持家族的兴盛。教训之二是：后代不能保持祖宗的创业精神，“困约易而安逸，精勤易而昏惰，戒谨恐惧易而侈泰放逸”（《述训》第三十五则）。因此，提出对待子弟要“励之以艰难树立之义”（《杜文端公自订年谱》）。教训之三是：做长辈的不从长远处替子孙打算，他们或只顾自己“朝歌夜弦，酣酒纵博”，不关心子弟的教育；或对子弟一味溺爱，致使他们荒废了学业。杜家以这些家族失败的教训告诫子孙，只有自己勤学，掌握本领，将来才能自立于社会。在他们看来，把清白的家风传给子孙，远比把爵位、财产传给子孙重要得多。

杜家持家肃严，家风整饬缜密，在滨州有口皆碑。杜家是怎样理好家政的呢?《述训》第三十六则讲到了杜家的齐家之道：“身为家长，宜率先子弟，各执其业，修孝弟（悌）忠信之行。一门之内，奉令唯谨，燕居温恭，朝夕毋傲、毋怠。婢仆端肃静听，执役有过，恕之；教之不听，遣之；寒暑体之；

劳逸均之。此谓教家有法。蔼然而和，秩然而序；毋迫急，毋惰弛；内外整齐，上下协穆，此谓不严而治。”他们认为：管理好家政，首先家长应以身作则，为子孙做出表率。子孙应谨遵家长的命令，勤谨执业。全家人都要约束自已，人人修德立行，勤于职守。全家井然有序，内外整齐，上下和睦，这就是家族兴盛的吉祥之兆。

处世之道

在杜家的教育思想中，处世和修身是密不可分的。他们总是扶危济贫，从不恃强凌弱，能保持独立的人格。杜溗重修《杜氏世谱·序》：“勿以族大人众为可恃，而以凭藉骄溢为可虞。各修尔身，各务其业。父以之教其子，兄以之勉其弟。读书兴行以安吾素。”当年滨城南街杜家扩建，购买地皮时，虽然价格公道，但有一户姓刚的乡民不愿意搬迁。尽管杜家人很想建成一个方方正正的大院，但并没有依仗家族的势力逼迫刚家迁走，还解释说刚家是杜家的钢柱子，一定要留下。刚家小院保留至今。

勉学之道

杜家以耕读传家，不谋财，不谋官，总是把延续家族兴盛的希望寄托在子弟的勤奋读书上。他们认为“官可不做，书不可不读”，“不患无位，患所以立。不学而求仕，犹无基而造堂室也……基不坚不厚，尚且有倾覆之患，况无之也”。（《述训》第二十三则）杜家人“谋道不谋食”（孔子语）。在他们看来，学习的目的不是为了高官厚禄，而是真正从读书明理，通过学习可以改变人的天赋资质，教育提高人的素质，造就人才的角度来看待读书的。“子孙虽愚，《诗》《书》不可不读”。（《述训》第七则）在《述训》第八则中，特别提到对那些“不中不才”者，父兄尤其要耐心教育他们。

《述训》最后提出，要想实现最终目标，真正成为君子，功施于家国人民，首先要坚持不懈奋力向上。不上则下，没有中间道路可走，只有小心谨慎、勤勤恳恳、远离名利、勇往直前。其次，一定要经得起各种不良环境的考验。任何成就的取得，都离不开艰辛的努力。再者，一定要永葆朝气。朝气使人精神振奋、追求上进，只要永葆朝气，就会迎难而上、不屈不挠，不达目标绝不罢休。“天时有进退，家运有盛衰”。《述训》要求后人无论到了什么时候，都要保持耕读传家的良好家风，都要传承弘扬中华传统美德，做一名读书明理、德才兼备的有用之人。

“天时有进退，家运有盛衰”。杜氏家族“所望贤能子孙，毋迷其途，毋绝其源，若涉大川，守正持坚，以达彼岸”。做一名读书明理、德才兼备的有用之人，功施于家国，泽被后世。

家训笔记

杜氏《述训》中关于清廉的内容

【第二十则】

【原文】

第一下手功夫是克己。人只为自己，先有私意牵制，所以见理不明者，亦行之不力，不便于己故也。痛治此心，去之务尽，自然光明正大，超出万物之表。然去之尽未易言也，但自体验于心体之间，收进一步，便是拓开一步；收之愈约，则拓之愈广。积渐行之，其中有真乐存焉。

【解说】

第一位的素养，就是要做到能够克制自己的私欲。一个人什么都为了自己，就先有私心牵制，因此就不明事理，行动也就不会尽力。下定决心去克服私心，并彻底根除之，自然就会变得心怀坦白，光明正大，成为超出众人的表率。然而彻底根除私心并不像说的那么容易，因为私心只是个人自己身心能体验到。私心每收敛一步，心胸便开阔一步；收敛得越紧，心胸就开阔得越是宽广。在不断的积累中逐步去掉私心，也就会感受到其中真正的乐趣了。

【第二十一则】

【原文】

其次工夫是体物。忠恕，违道不远。张子谓以爱己之心爱人则尽道。凡人于己则明，于人则暗。夫人己皆人也，其理同，其心同，肝鬲之物，既不能晓，何以处万事乎？实则知之甚易，取之于己而已。处处反观，时时对照，行之既久，此心便如明镜。一遇事来，隐显幽深，面面皆到，知明处当，莫不由此。一言括之，曰“设身处地”而已也。

【解说】

其次的素养是以忠恕之心体物，这就离仁道不远了。张载认为：用爱自己的心去爱别人就达到了仁道的最高境界。所有的人对自己的情状十分明白，对别人的情状就不明白了。其实人和人都是一样的，人们的生理相同，心理也相同，若是连别人的心理都不知晓，又凭什么在纷繁复杂的人世间处事呢？其实明白这个道理也很容易，只要假设把自己放在别人所处的环境中就可以了。时时处处站在别人的角度看问题，对照自己，长久地坚持下去，心底就会像镜子一样明亮。再遇到任何事情，无论是深藏的，还是显露的，都会将它的各个方面兼顾到，遇事智慧明达，处理得当，无不由此而来。用一句话概括，就是“设身处地”罢了。

【第三十九则】

【原文】

富贵有余乐，贫贱不堪忧。吾为反其言曰：贫贱有余乐，富贵不堪忧。闻者或以为怪，尝验之矣。日日而忧不足，是终身无足之日也；日日而以足为乐，是无日非足之时也。一身所需，其能几何？加以妻孥，又将几何？富饶之子，半菽之费，不免攒眉；寒窭之士，计身而衣，量腹而食，反有余力可以及人。此岂世间怪事哉？盈康消息，只在一进一退间，若不思耳。

【解说】

富贵有不尽的快乐，贫困有难以忍受的忧苦。我认为应该把这句话反过来说："贫困有不尽的快乐，富贵有难以忍受的忧苦。"听到这么说别人或许认为很奇怪，我却体验过。日日都为不满足而忧愁，一生中都不会有感到满足的一天；天天都为感到满足而快乐，则没有一日感到不满足的时候。一个人的生活需要，能有多少呢？加上妻子儿女，又有多少呢？富裕人家，拿出少许的东西，就难免紧皱眉头很不痛快；而贫寒人家的人，比量着身体裁衣，计算着饭量做饭，反而能节省出钱物接济别人。这岂不是人间的怪事吗？家境的富贵贫贱、财物的充盈空荒都无常定，都会随着时间的推移而变化，兴衰增减就在一进一退之间更替，只是你没有去思虑而已。

（摘自《述训》，杜塄 原著　杜同柱 解说）

（2017 年 4 月 17 日）

“伏波家风”

马资棠

记得小时候，村里马姓人家写对联，横批总是写“伏波家风”。有一年非马姓人家也跟着写“伏波家风”，有马家老者就说：“我们写‘伏波家风’，是因为我们祖宗是伏波将军，他留下了我们马家的家风家训。你们写算什么呀?”此时，外姓人家才恍然大悟。

说起马氏家风家训，这就要从我们汉族马氏始祖说起。《世本》记述：“马氏，本自伯益之裔，赵王子奢封马服君，后遂氏焉。”赵奢因抗秦战功卓著，赵惠文王赐封为马服君，封地在今邯郸紫山一带，他死后葬于此，紫山又叫马服山。赵奢死后，秦军再犯边境。孝成王听信奸细权臣之言，弃老将廉颇而重用赵奢之子赵括，赵母不同意，遂向朝廷禀报：赵奢生前说赵括纸上谈兵，不堪重用。赵王不听，最终赵括挂帅，长平之战惨败，秦军坑杀四十万赵军，赵括也战死。秦灭六国，赵奢之孙赵兴感念祖父功德，痛惜因伯父赵括失败而给赵国带来的灾难，因而改赵姓为复姓马服，后去“服”为单姓马。因兵败而不忘耻辱拒绝姓赵，改用曾给族人带来荣光的封号为姓，充分证明了这是一个富有血性的家族。

马氏家风家训从此起源。十一世祖伏波将军马援二哥马余死得早，撇下两子马严、马敦。马援视二侄如同己出，对其谆谆教诲。马援远征交趾的时候，听说这两个孩子喜欢议论别人的长处和短处，乱评朝廷的法度，而且喜欢结交“豪侠”，便写了《诫兄子严、敦书》劝诫他们，并且列举两位人物，告诉他们怎么交友。这封家书作为名篇，被收入《全后汉文》，教育影响远不止马氏族人。

马氏家风家训的精髓就是：和睦乡里，勤俭持家；老当益壮，穷当益坚；精忠报国，立志高远；建功立业，勇当大任。得益于这种优秀的家族训化基因，代代相传，耳濡目染，马氏虽得姓较晚，繁衍速度始终超前，后来居上，如今已成为驰名天下的大姓望族。

据中国科学院遗传与发育生物学研究所袁义达研究员和张诚先生的研究结果，马姓人口在宋代，大约有62万人，约占全国人口的0.8%，排在第25位。在明代，大约有78万人，约占全国人口的0.84%，排在第22位。当代马姓人口大约1260万，是全国第十九大姓。

马氏家风家训一直激励着马氏家族的子孙使其充满正能量，但愿在今后中华复兴的征程里，乘风破浪，一马当先，做出更大的成绩、更大的贡献！

家训笔记

戒兄子严、敦书（节选）

吾欲汝曹闻人过失，如闻父母之名，耳可得闻，口不可得言也。好议论人长短，妄是非正法，此吾所大恶也。宁死不愿闻子孙有此行也。汝曹知吾恶之甚矣，所以复言者，施衿结缡，申父母之戒，欲使汝曹不忘之耳！

龙伯高敦厚周慎，口无择言，谦约节俭，廉公有威。吾爱之重之，愿汝曹效之。杜季良豪侠好义，忧人之忧，乐人之乐，清浊无所失，父丧致客，数郡毕至。吾爱之重之，不愿汝曹效也。效伯高不得，犹为谨敕之士，所谓刻鹄不成尚类鹜者也。效季良不得，陷为天下轻薄子，所谓画虎不成反类狗者也。迄今季良尚未可知，郡将下车辄切齿，州郡以为言，吾常为寒心，是以不愿子孙效也。

【解说】

我希望你们听说了别人的过失，像听见了父母的名字，耳朵可以听见，但嘴中不可以议论。喜欢议论别人的长处和短处，胡乱评论朝廷的法度，这些都是我深恶痛绝的。我宁可死，也不希望自己的子孙有这种行为。你们知道我非常厌恶这种行径，这是我一再强调的原因，就像女儿在出嫁前，父母一再告诫的一样，我希望你们不要忘记啊！

龙伯高这个人敦厚诚实，说的话没有什么可以让人指责的，谦约节俭，又不失威严。我爱护他，敬重他，希望你们向他学习。杜季良这个人是个豪侠，很有正义感，把别人的忧愁作为自己的忧愁，把别人的快乐作为自己的快乐，无论好的人坏的人都结交，他的父亲去世时，来了很多人。我爱护他，敬重他，但不希望你们向他学习。（因为）学习龙伯高不成功，还可以成为谨慎谦虚的人，正所谓雕刻鸿鹄不成还可以像一只鸭子。一旦你们学习杜季良不成功，那就成了纨绔子弟，正所谓画虎不像反像狗了。到现今杜季良还不知晓，郡里的将领们到任就咬牙切齿地恨他，州郡内的百姓对他的意见很大，我时常为他寒心，这就是我不希望子孙向他学习的原因。

（马资棠　解说）

（2017 年 4 月 24 日）

精忠报国的家风给我力量

李金垚

我从小生长在乡下，家里三代军人，所以，我自幼就对军营充满了向往。从小外公就告诫我，男孩子要像个男子汉，首先要有坚强的体魄。外公只要在家，不管是春夏还是秋冬，每天早上五点半他都准时叫我起床跑步，绕操场跑十圈雷打不动。刚开始时我很不理解，特别是冬天的时候，小孩子早上起床总是很困难，后来渐渐体会到外公的良苦用心：幼年的身体健壮是整个人生的基础，没有强壮的身体支撑，报效祖国就是一句空话。母亲在我童年的时候就整天给我讲述岳母在岳飞背上刺下“精忠报国”的故事，还多次讲述外公在部队如何立功、到地方工作后如何在公安战线保护一方平安的事迹，更是让我立志要做一名军人。考入军校后，通过部队的培养，我深深地体会到，作为军人的后代与一名现役军人，良好的家风不仅是保证一个人健康成长的基础，同样是成为一名合格军人的保证。

母亲与外公每次给我打电话时都一再叮嘱：虽然我们不能像普通人家那样朝夕相处，但时刻不要忘记自己肩负保家卫国的神圣使命，尽管是一个人在外，但要把自己看成一个家庭，担负起弘扬当代军人家风的责任。母亲还不止一次对我提醒，古往今来，无论是普通老百姓，还是名人贤士，都把家风看得非常重要，它是做人之本、立身之基。她举例说，包拯严厉要求子孙后代不犯赃滥、不违其志，否则就不是包家子孙，死了也不得葬在包家祖坟。老一辈革命家更是为我们做出了榜样，毛泽东同志在家风上坚持三条原则：“恋亲不为亲徇私，念旧不为旧谋利，济亲不为亲撑腰。”对待子女总是要求他们与百姓一样，不允许搞特殊化。在毛岸英结婚时，正值寒冬，老人家把随身穿的一件棉大衣作为礼物送给了毛岸英夫妇，说是可当被子御寒。老一辈革命家的这些家规正、家风严的故事，既彰显了中华民族深厚的家庭文化底蕴，也为我们新一代军人树立了榜样。从其中，我懂得了一个道理：“一家仁，一国兴仁；一家让，一国兴让。”诚如古人所说的：“将教天下，必定其家，必正其身。”军人更要懂得“修身、齐家、治国、平天下”的道理，自觉走在前面遵守家规，做出榜样，保持军人家庭的纯洁性。

坚强与刚毅，是军人之家的优良传统。尤其在把孩子都当作“宝中之宝”的今天，作为独生子，如何用家风滋养自己的灵魂，把自己锻炼成坚强与刚毅的新时代军人，这不仅是我需要思索的问题，也是我不变的坚守，那就是培养自己崇高的灵魂，报效祖国，报效人民。老一代已经完成了历史赋予他们那一代人的使命，传承的接力棒已经交到我们这一代人的手上，我们只有不负所望！

家训笔记

恋亲不为亲徇私，念旧不为旧谋利，济亲不为亲撑腰。

——摘自《毛泽东的家风故事》

（2017 年 5 月 8 日）

别人的东西不能拿

吴宏镇

“别人的东西不能拿”是我家的家训。

小时候上学时，每当看到不是自己熟悉的东西，父亲总是对我仔细盘问：“这东西是谁的？是怎么来的？别人的东西不能拿，抓紧给人送回去。”

“别人的东西不能拿”，是父亲从小对我的要求，也是我印象最深的一句话。当时虽不了解父亲为什么那么严厉，但随着年龄的增长和阅历的增加，对父亲的耳提面命有了更深的认识。“别人的东西不能拿”确实是值得我们每个人一生谨记的箴言和做人的底线。

对物质的追求是每个人的本性，但现实生活中若忘记了“别人的东西不能拿”，成为物质的奴隶，见财起意，无所约束，则必将降低自己的人格，甚至会使自己走上不归路。

俗话说天上不会掉馅饼，别人送你东西，多是有求于你，即使当时不要求你兑现，事后也一定会让你付出。拿人家手短，吃人家嘴软，收了别人的东西，就会受制于人。今天如果收了别人的东西，为别人办了一件小事，就会丧失做人的底线，明天他就会用更多的筹码，要求你为他做更大的事情，这样最终将自己变成权钱交易的工具，慢慢就会变为别人的“俘虏”，成为别人的工具，就会丧失自己的人格和尊严。看看那些因贪污受贿、权钱交易而身陷囹圄的“能人”，哪一个不是从拿别人的东西开始的。

“别人的东西”不仅指具体的人的东西，还包括单位的东西。我们虽然在单位工作，但对单位的东西只有使用权，没有处置权、所有权，公款姓公，一丝一毫不能私用。公家的东西，应该在单位使用的，决不能拿回家使用，应该由单位统一保管的，决不能私自保管。公家的东西不是自己的也不能拿。如果自己要求不严，今天从单位拿点这个回家，明天占公家另外一点小便宜，长此以往，必将混淆公私界限，养成自私贪婪的不良习惯，胃口越来越大，胆子越来越大，必将走上违法犯罪的道路。

手莫伸，伸手必被捉。“别人的东西不能拿”是我们家的家训，现在我又用这句话提醒晚辈，我希望我家的家风家训能世世代代传承下去。

（2017 年 5 月 22 日）

家训，是融入血脉的精神坚守

谢　丽

我曾在梦境中，无数次与爷爷相遇。

爷爷仍是我长久以来想象中的样子：长而稀疏的山羊白胡子，素净恬淡的微笑，随风吹来，他翻飞的衣襟一定是青灰色的，就像白居易《琵琶行》中描写的那种，被泪水打湿的青色长布衣衫的颜色。

关于爷爷的故事，更早的来自父亲和祖母的描述。祖母的言语是夸张的，她的讲述中，爷爷是不谙世事，甚至有些荒诞不经的少年。她讲，自己刚嫁过来时，我的爷爷是 15 岁的毛头小子，还在大家庭的私塾里跟着严先生读书。严先生教书结束后，这位小丈夫就机灵跳跃着走到灶台前，冲烧火的新媳妇微微哂笑："我烧一个鸡蛋吃。"说着，拿出用湿纸包裹好的鸡蛋，掷到灶底深处。一只鸡蛋，烧就烧呗，在灶台烧火的新媳妇并未在意。然而，一刻之后，那灶底"砰"的一声，鸡蛋被火烧熟烧裂，把新媳妇吓了一跳。

多年后的夏日晌午，摇着蒲扇的祖母曾无数次跟我说起自己多年前逝去的丈夫，眼睛里泪花烁动。她忘记了一场包办婚姻里的情与怨，忘记了在步入老年和灾难时她对他的憎与恶。

时光多么有情，有时却又多么的冷酷。在祖母心中，爷爷也只是“那个人”——让她感到读过许多书，却不务正业，甚至有些荒诞不经的少年……是个工作起来不曾记起自己的“中年倔人”……是个老年时，处境令人担忧的“可怜又古怪的人”。

而父亲平实的言述，却将我推溯到了记忆的始端——20 世纪 50 年代。1954 年，爷爷从大家庭的私塾里出来，考入了北京农业大学。我在老家翻箱倒柜，没有找到一张爷爷读大学时的相片。那些关于时光和物的记忆，都在“文革”的浩劫中，化为一片乌有。1959 年，29 岁的爷爷回到了湖西老家，他古文底子好，也懂英文和农业——他是个很好的人才啊。新中国成立了，爷爷心也大了，他在一位乡绅的引荐下，做起了分管当地教育的官。

“你爷爷，当时在我们湖西这一带，名气确实也挺大的。”父亲曾多次对我说过。我还没出生时，家庭就面临着比贫困更大的劫难——我们家成分不好，爷爷成了一个狂乱年代里的“异端”。出门时，一起做事的同事掩面不识；一生为伴的老妻啊，此刻，对他更是“不相知”。

他在内心的孤苦中唯一的安慰，是渐渐成熟的儿子——我的父亲，他相信他的选择和坚守，陪他走过了最后的岁月，直到平反结果出来。岁月静默之中，一个灵魂对另一个灵魂的倾诉与滋养，一点一滴地进行。于是，一个家族的精神血脉有了延续，“宽厚、奋进、隐忍，用知识和文化服务人民”，渐渐汇成了我们绵延数代的家训和家风。

多年后，我从经济学院毕业，考入家乡的政府部门工作。入职报到后的夜晚，天气一片清明，我陪父亲走在城市的大道上，喧闹的、沸腾的人声、车辆轰鸣声以及商业叫卖声，一直不绝于耳。此刻，却都与心海归于寂静。只有路边的青石板，写满了岁月的流连，见证着一个家族多年的奋斗历史。

家训笔记

宽厚、奋进、隐忍，用知识和文化服务人民。

——来自菏泽市单县李桥村谢氏家族

（2017年6月5日）

戏弄乞丐，挨了父亲的打

冯天军

家风又称门风，是给家中后人树立的价值判断标准，也是家庭成员为人处世、交互往来、持家待人、尊卑有序的行为准则。

我家祖辈是贫穷之人，没有上过学，更谈不上饱读诗书，但是祖辈们流传下来的朴素家风却影响着一代一代的后人。

尊重别人。有一件事我记得很清楚，小时候，村里经常来一个讨饭的人，他的名字叫马长春，是邻村的。据大人们说，马长春曾当过兵，但是后来由于婚姻出现了危机，受到了刺激，因而得了精神分裂症，膝下无儿无女，只能以乞讨为生。马长春蓬头垢面，衣衫褴褛，一边走路一边在咕哝着什么。但是他不同于一般的乞讨者，不拿把棍子，不喊乞讨的话语，每到一家，狗不叫，主人看到他来，主动给他拿饭，而他总是把讨到的食物匀给看家狗一些，因此赚得了人缘和狗缘。可是，我们小孩子不懂这些，只要见到马长春来了，便停下玩耍，一起跟在马长春的后边，登门拜访每一户。仿佛，马长春的出现，比玩耍有魅力。有一次，在大街上，老远看到“疯汉”马长春从远处走来，我们便不约而同地聚拢过去，叫他“疯汉”，而我因他不说话，感到好奇，便有意用棍子戳他，惹他说话。此时，父亲有事刚刚路过，看到我的举动，立刻变成了一张扑克脸。那天晚上，我一回到家，父亲就让我靠墙站着去。靠墙站，是父亲对我最严厉的惩罚。父亲把我在大街上做的事述说了一遍，并让我记住一句话：“你可以不喜欢一个人，但没理由不尊重人家。”自此，我幼小的心灵里便种下了尊重他人，不随意剥夺他人尊严的种子。

乐善好施。20 世纪 70 年代，有不少贫困地区的讨饭者来我村，那时，我们的生活也是下顿不接上顿，但母亲不仅热情地给他们食物，还把自己做的饭粥舀给他们，让他们吃上热乎乎的饭。有的讨饭者要求留宿，母亲总是爽快答应。面对我们的反对，母亲总是说：饿时给人一口，强过饱了给人一斗；难时借宿一宿，强过富时住上半年。她总是以同情为本、道义为怀的原则对待素不相识的人。受母亲行动的濡染，我在幼小的心里就种下了善良的种子，有了悲悯的情怀，同情并帮助那些遇到不幸的弱势群体。父亲有“存屋”（修整房顶的麦秸）的手艺，那时农村的房子都是用麦秸当顶，每到伏天，漏雨的多，这时大家都请父亲帮忙，父亲即使自己有很重要的事情，也顶着炎炎烈日，为各家各户收拾房屋。父亲还有做菜的手艺，村里的喜白公事，父亲都不落下。有一次，父亲发烧，几天吃不下饭，可是邻居要父亲去做菜，父亲硬撑着身子也去了。父亲的行动赢得了极好的人缘。耳濡目染，我们不自觉地效仿了起来。

诚实为本。我们家祖祖辈辈是老实本分的庄稼人，不管是过去在村里还是当今年轻人在单位，从不会花言巧语，不会坑蒙拐骗，而是踏踏实实为人，堂堂正正做事。从贫穷年代，到今天的富裕时期，我从没有偷过人家的瓜果梨枣、针头线脑，更不用说再大再好的东西了，说话办事，发自肺腑，丁是丁，卯是卯，从不随便承诺、搪塞人家，因此也赢得了邻里和单位的好评。20 世纪 90 年代，我还是民办教师，发很少的工资，村里出了名的穷人张庆来借钱，我没有因为怕他还不上而故意说没钱。我知道一个人借钱的难处，每次来借我都及时奉送。到现在，张庆说起来都还是满满的感激。

不欠人情。母亲岁数大了，儿女亲朋给她过生日，这是应当应分的，如果人家那边还有老人，能给人家过生日，母亲还觉得能接受。如果那边没有老人了，母亲就总觉得过意不去，总觉得欠了人情，于是也要想方设法地还这个人情。我清楚地记得，我的两个姨表兄弟给母亲过生日，按理说，这是应该的。可是因为我的这两个表兄弟的父母都不在了，母亲就觉得不安，没几年，母亲非要给两个年纪轻轻的外甥过生日，邻里百舍都觉得没有道理，可是母亲的字典里有一个“不欠人情”的词语。以至于，在母亲去世后，我一直把给表哥过生日的事延续了下来，直到两个姨表兄弟也入土为安。

当然，我们还有一些家风，那就是勤俭节约。尽管现在富裕了，可是面对我的孩子在生活上工作上稍有挑三拣四、疲沓拖沓的时候，我总要给他们讲“勤俭节约”的好处，用古人这方面的例子来教育他们。我想，孩子是父母的影子，你一旦身子正了，就不怕孩子们影子歪斜。好的家风涵养好的作风，家庭的和睦才能引领社会和谐。

家训笔记

尊重别人，乐善好施，诚实为本，不欠人情。

——来自临朐县冯天军家庭

助人为乐，分享礼让

刘永富

我的父亲刘芳河，1916 年出生，60 岁弃世。他一生历经磨难，给我们留下了无价之宝——家训家风。

在我父亲出生后不到 40 天，我奶奶就因产后大出血离开了人间。我爷爷因怕儿子遭受后妈之苦，决心终生不续房。一个刚出生婴儿于是在“左邻一口奶，右舍一碗汤；大娘浆浆洗洗，二婶缝缝连连”的日子里艰难地成长着。这样的经历培育了父亲吃苦耐劳、勤俭节约的品质，以及助人为乐、回报社会的信念。

我父亲 17 岁就当渔民了，20 岁就是船把头（六个人的船长）。他经常把自己所得的一份海货，无私地分给穷人；把从海里捡来的渔具无损地送还给失主；他带领船员多次从海上救起遇险的人们，所以村民们称赞他是“及时雨”。

我们山南村面临大海，是战略要地，与女岛相隔一公里远。岛上驻有海军哨兵，因岛上缺少淡水，需驾小船到陆地上运水。1954 年正月，由于天气恶劣，运水小船遇险，船上的四名海军战士全部遇难。在那个视田如命的年代，我父亲将自家的半亩良田奉献给政府，埋葬了四位烈士。

父亲的大公无私和助人为乐的高尚品德，是我们的传家宝。我家离水井有十来米远，为了村民吃水方便，夏天父亲带领我们修桥铺路，冬天带领我们扫雪清障，几十年如一日。俺村有三位孤寡老人（王氏奶奶、黄氏大妈、张氏大妈)，她们的吃水问题成了我的任务。记得我十三岁那年，因为长得个头小、体质差，我父亲就先把水从井里拔出来，放到井沿上，然后他急着出海，让我给老人担回家去。那时的水桶是用木头做的，很笨重，我只能担两个半桶，途中还得歇几会儿。后来慢慢地增多，直到老人去世。

我家助人为乐的家风也传给了我的儿子。我儿子三岁那年，我的一位老师到我家找我办件事，当时只有我儿子一个人在家。我回家后，老师告诉我，他在来的路上花了两角钱买了十块糖。儿子高兴地双手把糖接过来数来数去分了几份说："这四块是给爷爷奶奶的，这四块是给爸爸妈妈的。最后这两块是我自已的，等爸爸妈妈回来我才能吃。"长大后，我儿子也出了几年海，在风浪中三次救过落水者。

我最小的孙子刚满三岁时，我买了他最爱吃的草莓，让他分给姐弟四人。等他分完以后，我问他："腾腾，你为什么把最小的留给自己吃?"他回答说："因为我最小，就应该吃小的。"

家训笔记

1. 父母恩大，同胞情深。
2. 原谅别人，就是善待自己。
3. 静坐常思己过，闲谈莫论人非。
4. 得理要饶人，邻里要气和。
5. 生活要简朴，铺张是祸根。
6. 存好心，说好话，行好事，做好人。
7. 天上最美是星星，人间最美是温情。
8. 吃苦中苦，苦尽甘来。

——来自即墨市田横岛旅游度假区山南村刘永富家庭

（2017年6月19日）

无字的家规

臧安民

父亲说，他是上过学的。

父亲又说，他其实只上了三天学。

父亲说这话的时候，我趴在炕上，正在姐姐的帮助下练习写我的名字——臧安民。这个“臧”字，笔画太多了，以至我写了一遍又一遍，总是歪歪扭扭的。只上了三天学的父亲，看着我写的字，咧开嘴笑了。父亲没有文化，却知道人是不能没有文化的。

从小到大，父亲从来没有娇惯过我们。该做的家务和地里的农活，我们都干过。父亲自已也如一头永不知疲倦的牛，拼死拼活地挣着命。他常说的一句话是：人穷志不短，只要肯干，总会有好日子的。也难怪，父亲和母亲当年两手空空，千里迢迢地从山东老家逃荒来到吉林东丰，连住的地方也没有，新婚时就住在生产队的饲养点里。连过日子的家具都是乡亲们你一个碗我一个盆凑起来的。

由于家里穷，父亲每天除了和大家一起上工下工，还额外承担了生产队里的许多活计，喂牲口，做豆腐，忙个没完没了。父亲从来没有愁眉苦脸的时候。可是，在那个生产力低下的年代，父亲就算再能干，家里也总有揭不开锅的时候。那时，每到秋收季节，生产队里总要派人夜晚出来看青（晚上不睡觉，在田地边看护庄稼）。这样的苦差，没有人愿意干，父亲却抓住了机会，总是积极地和别人串班，多挣几个工分。每到这时，母亲就叫我晚上出去，掰几穗玉米棒子，回来填补肚子。可父亲却叹着气，抚摸着我的头说："回去吧，不是咱的东西，咱不能要，也不能拿。"看到我空着手回家，母亲也总是叹着气说："也不怪你爹，他就是那么死心眼。"直到现在，我读了很多书，才理解了"故君子慎其独也"的含义。

那时，父亲做的许多事，我都不理解。比如，每到春节时，父亲都让我提前给远在山东的爷爷奶奶外公外婆写信，其中有一个我叫四奶奶的人。四奶奶无儿无女，父亲就过继给四奶奶尽孝。在信里，除了过春节的问候，正常的报个平安，最重要的一项，是每封信里都要夹上十元钱，加起来三十元钱，这在当时，几乎相当于我们全家收入的一半了。

每到这时，母亲就低声和父亲商量："要不，今年不寄钱了吧？"父亲狠狠地瞪了母亲一眼不说话。母亲又说："要不，就别给我爸我妈了吧，他们条件比咱们好。"父亲也阴沉着脸，一言不发。我知道结果改不了，就在每一封信中写上一句：随信寄去十元钱，请老人家自己添件衣服吧。看着我写完最后一个字，父亲总是宝贝似的捧着，还要我一字一句念给他听。吉林到山东金乡有两千多里路，信一去一回要一个月的时间，父亲总是不停嘱咐我，有时间去村部看看有没有回信。我知道，父亲不是等回信，他是在担心那信封里的钱啊。

如今，我们姊妹几个都长大了，父亲和母亲还守候在那所老屋里。每到节假日，即使工作再忙，我们兄弟几个都会带着一家人去和父母聚一聚。父亲和母亲稍有不适，我们都会及时出现在他们面前。我们的儿女也大了，学业之余，也常常主动去陪陪爷爷奶奶。

父亲做事，一丝不苟，不会的，就努力去学。那一年，队里的豆腐官搬走了，没有人做豆腐。吃不上豆腐，是村里的头等大事。队长正在发愁时，父亲自告奋勇请缨出战说做豆腐不影响白天上工，可以多挣点工分。队长笑了笑："那你尽快学会哟。"父亲是真的下了功夫。做豆腐最重要的一环是点卤水，多了豆腐会老，口感差。少了，豆腐拿不成个，豆腐就会散花。父亲磨了一些豆子，一遍遍地琢磨试验，一夜没睡。第二天，当父亲卖豆腐的喊声在村子上空回响的时候，乡亲们惊奇地发现，父亲做的豆腐比前任豆腐官做得好吃多了，鲜滑爽口，老嫩适宜。从那以后，父亲又多了一份活计。我和姐妹们也多了一份期盼，因为每天早晨，父亲在熬豆浆的过程中，总可以在上面揭起一层豆腐皮来，用细秸秆挑起来，晾凉了，好吃极了。

父亲虽然不识字，对于孩子们的学习却看得很重。我上中学时，要到十多里外的乡镇就读。父亲咬着牙给我买了一辆崭新的飞鸽自行车。当我以总分第一名的好成绩考入地区师范的时候，父亲的老脸上竟然流下了泪水。那一阵子，人前人后，父亲的腰板总是挺得笔直，人也仿佛精神了许多。

现在，我的女儿已经大学毕业，在读研究生。父亲每次看我们带着孩子团聚在他身旁，总是忍不住偷偷抹泪。他只是本能地认为，读书是一件好事。在家庭的影响下，孩子们学习时一个比一个用劲，一个比一个有发展前途。

父亲的一举一动，无疑是一本家规，一本无字的家规。

家训笔记

胡家商训：遵纪守法，勤俭持家，尚德为最，家和为贵，谨慎从事，善待顾客，知人善用，慎始慎终，货真价实，准备充足，不为已甚，薄利多销，专心经营，稳步前进，厚德为美，以诚取胜。

——来自平度市大泽山镇东岳石村胡京伟家庭

（2017年6月26日）

孝亲修身第一桩

郭　蕾

“黄河之水长又长，中华民族礼义邦。齐家治国平天下，孝亲修身第一桩……”这是胶州市百岁老人堵姜氏二儿子堵继学创作的顺口溜《孝母歌》中的一节。

堵姜氏，今年102岁，身体康健，精神矍铄。她生有子女8人，现有家庭成员90人，其中有21名共产党员，19人获得大专以上文凭，12人成为军官、公务员、教师，在家务农、做生意的，也都勤劳致富、守法经营，曾荣获“岛城最美家庭”、胶州市“最美家庭”称号。

据堵氏家谱记载，胶州堵氏自清初由淮安来到胶州水寨街落户以来，以“伯训传继书，方正乃伦文”的辈分字句为家训，提倡诗书传家，方正做人，忠孝双全。

堵姜氏如今五世同堂，母慈子孝，其乐融融。

“老母亲除了耳朵有点背，身体其他方面都很好。”堵姜氏二儿子堵继学告诉笔者，老人8个子女中，除了大儿子因病去世，其他七名子女都时常围绕膝前，孝敬有加。

据老人子女介绍，中华人民共和国成立前，每遇战乱，丈夫外出逃避抓夫，堵姜氏就把年幼的儿女藏到地瓜窖里，自己坐在家门口应对。日本鬼子进村那天，裹着小脚的堵姜氏抱着刚出生45天的大儿子逃难，途中把大儿子丢失在庄稼地里，又回去找到。

“以前，家里日子紧迫，老母亲舍不得吃一口好饭，舍不得在自己身上花一分钱。在平时，就是几个鸡蛋也要拿到集市上换钱作学费，供我们念书。”堵姜氏二女儿堵美兰告诉笔者。

对父母的付出，做子女的看在眼里，记在心上。在父爱母爱的感召下，八个子女都有一颗思亲回报的孝心，孝老敬亲成为大家庭的一种默契。在胶州居住的子女们，平常总会抽空回到父母住处帮着打扫厕所，整治庭院，做家务。

每逢自家改善生活，总是不忘给父母送去一碗。两个在部队工作的儿子，虽然远离家乡，但都努力工作，以立功的喜报、职务的晋升让父母感到光荣，做到“大孝荣亲”。不光子女，就连儿媳妇也都孝敬有加。老人的三儿媳妇退休后，专门购买了从市区到店口村的月票，每天早上坐车30多里路到母亲处打扫卫生，做午饭、晚饭，然后再坐车返回市里自己的家中。

“母亲心态好，闲不住，喜欢聊天爱热闹。”二儿子堵继学介绍，为了让母亲愉快，兄弟姐妹约定，多和她聊聊天、看看电视，有了烦心事不告诉她，有了高兴事都来禀报。为了满足母亲以劳动为乐的要求，去年拆迁前，子女们把院子中央的土地整平，养花种菜，栽上果树，搭起养鸡笼，给母亲开辟了适当劳作的场地。清晨，母亲起床，就为花木浇水，为蔬菜捉虫，为母鸡添食。丰收时节，她兴高采烈地把收获的蔬菜、瓜果当成礼物，分发给儿女各家，非常有成就感。

2016 年春节前夕，堵姜氏大家庭荣获“胶州市最美家庭”称号。子女们随后组建了“最美家庭”微信群，把大家庭各分支紧密联系了起来。

“大家庭人员多，建立微信群，不仅更亲密，还能把好的家风在年轻一代中传承下去。”堵继学介绍，微信群里有二、三、四代成员 30 多人。为了把微信群办成培育和传承良好家风的平台，大家在微信群里分享孝老故事，“晒”合家福、宝宝照，聊家常，增强了大家庭的亲和力。群里还发布了最美家庭表彰《通报》及本家年度《记事》等，引导第三代继承第二代的孝老美德，使之代代相传、教育年轻家人，把跟随时代要求与传承优良家风结合起来。好家风，代代传，微信群里年轻的孙辈们不仅传诵《孝母歌》，也身体力行地践行传承着孝道家风。

家训笔记

孝母歌

黄河之水长又长，中华民族礼义邦。
齐家治国平天下，孝亲修身第一桩。
孝字构造含义深，子把老人放背上。
乌鸦反哺羔跪乳，孝道人伦千古扬。

先祖入藏授都司，归养不仕急返亡。
叔育两侄成家室，繁衍至今堵氏郎。

易风破旧又批儒，孝亲敬老被淡忘。
创业难免远游去，在外亦勿忘爹娘。
夫妻婚配如一人，两边孝敬应一样。
如今衣食易满足，尊亲敬老须加强。
雇人替养非上策，亲自尽孝最高尚。
吾母九旬愿单过，儿女轮伺心舒畅。
一日三餐按时做，饭菜可口常变样。
衣服勤洗被常晒，室内物品整齐放。
夜晚陪宿听使唤，电视闲聊时莫长。
春天栽花种蔬菜，夏季需把蚊蝇防。
深秋风凉封门窗，冬天煤炉暖火炕。
生日佳节齐贺拜，老母常年喜洋洋。

年过花甲孝母亲，老龄社会新风尚。
行孝非为名和利，完美做人一文章。
孝亲敬老本当做，亦为后人树榜样。
孝门才有长寿星，和睦家庭人财旺。
老吾老及人之老，构建和谐奔小康。
响应号召承美德，中华孝道放光芒。

——作者为胶州百岁堵姜氏之子堵继学

不忘家仇国耻，努力前行

贺宝璇

我的家住烟台市牟平区贺家庄村。20 世纪 70 年代中期，我们家有十五口人，五世同堂，我的父母上有祖父、祖母，下有孙子、孙女，十五口人团结一心，每人都在不同的岗位上努力学习和工作。

我们家原先住的老宅，是被日本鬼子烧毁后又建起的。一进门便可以看到一个横匾“不忘家仇国耻”六个大字，是父亲用毛笔写好后装在相框里的，已经有几十年了，一直激励我们姊妹六人，其中五人成长为共产党员。“不忘家仇国耻”这个家训也激励我的侄子、侄女、外甥考上大学、研究生，甚至做到博士后，工作后，无论是在美国这样的异国他乡搞科研，还是在国内政府机关的领导岗位上，都非常敬业。熟悉我家情况的人夸我们家的人聪明，其实最主要的是“不忘家仇国耻”六个字在激励我们克服困难，勇往直前。

那么，对于我们家来说什么是家仇国耻呢？

从我记事起，每年“九一八”这天，我家里五世同堂的一大家子人都不食火食，从80多岁的祖父到几岁的侄儿、侄女。起初只是祖父、祖母、父亲、母亲以及我们姊妹几个不吃饭，后来，侄子、侄女看大人不吃饭，他们也不吃饭了。什么事儿值得祖父母、父母亲这样伤心？后来，祖母向我讲起了那辛酸的往事：

1938年1月，日本帝国主义的铁蹄踏上了大连的土地。当时，我祖父、父亲在大连的绸缎庄和食品铺做会计工作，本来店里生意很好，但是在日本鬼子侵入大连沙河口区以后，生意锐减。祖父、父亲除了白天给绸缎庄和食品铺做会计工作，晚上还给我大哥吉钢上小学课。那年大哥9岁，聪明伶俐，深得祖父母、父母亲的喜爱，祖父给大哥起名“吉钢”的意思是吉利、刚强。

当时，家里为了能早日凑够钱办个店铺，祖父、父亲决定暂时不让大哥吉钢上学，由祖父、父亲教他小学课程。大哥小学上完1~3年级课程时，经祖父、父亲考试得了满分，很得祖父母、父母亲的夸奖。吉钢大哥很高兴，早晨起来便到海边挖海物，那天，刚到海边，竟遇到了日本鬼子拉防线。日本鬼子见吉钢哥脚踏海防线边儿，上去就给吉钢哥一个耳光，紧接着拳打脚踢，其中一个日本鬼子竟将吉钢哥挑在刺刀上高高举起，活活摔死在沙滩上……

大哥被摔死了。母亲跑到沙滩上，哭得昏死过去几次。祖父、父亲更是伤心至极。

痛失长子的悲伤没完，1938 年 2 月 13 日，我家又摊上了更大的灾难。那年春节过后，理琪在雷神庙点燃了胶东抗日第一把烽火，日本鬼子在雷神庙吃了败仗以后，窜到雷神庙西面100 多米处的贺家庄村，一把火将四五家的房子点着了。别人家有男劳力救火，唯独我家因祖父、父亲在大连不能回来救火。大火烧了半个多小时，幸好几位邻居救完自家火又来帮忙，但是因时间太久，屋顶和家里的东西已经全部烧光，原来很好的四合院成了断壁残垣。祖母守着火堆哭得死去活来，家里办绸缎庄的希望成了泡影，连吃的粮食也被烧得一干二净。

家没了，祖父、父亲不得不从大连回牟平，在废墟上又建起了自己的房子，但是落下的饥荒压得全家人喘不过气来。从此祖父、父亲靠给别人写对联、写信打点短工挣钱糊口，而母亲和祖母则靠洗衣服挣点钱维持生活。一家人春天挖野菜做野菜饼子，荠菜、雀脑经过汤热后，都成了我家的好饭。在长期劳累中，祖母双手得了类风湿病，小姑只得辍学，和祖母、母亲一起挖野菜充饥……

祖父母、父母亲在饱尝日本鬼子烧杀抢掠给我们带来的灾难以后，从内心憎恨日本帝国主义。在日常生活中，父亲经常指着老宅向我们进行传统教育，讲盖房子的不易，讲日本鬼子的残暴，教育我们要热爱党、干好工作。父亲语重心长地对我说：“那年老宅房子被烧，我才二十多岁，就得挑起家庭重担，现在生活好了，不能忘记过去的苦，不能讲究吃穿……”

我或者姐姐、妹妹、侄子、侄女上学或升到别的学校时，祖父母、父亲都要叮嘱我们："不忘家仇国耻，好好学习，报效祖国。"记得我三姐在部队机要局学报务工作时，祖母就认真地对姐姐说："一定要好好学习，知道日本鬼子在哪里，赶紧告诉你姐夫（我姐夫在部队任干部），好快去把他们抓住。"老太太直到去世那年"九一八"还教我唱抗战民歌："我拿起手榴弹，我瞪大两只眼，保卫家乡的民兵个个是好汉……"

我父亲临去世时，深情地对我说："我不行了，这家里在学校学数理专业的较多，只有你学的是文科，你能把日本鬼子对我们中国的欺侮，对咱家的'家仇国耻'写下来吗?"我牢记父亲的话，每逢拿起笔来总要流泪：大哥被日本鬼子举在空中的样子浮现在眼前。

今天——在日本鬼子投降日到来之际，在国耻的"九一八"到来之时，我终于将我们的家仇写了出来，让它成为我们工作、报效祖国的动力。

（2017 年 7 月 10 日）

一副对联传家风

谢章成

绳其祖武，克勤克俭

贻厥孙谋，唯读唯耕

我家的老屋建有祖堂，祖堂正中央供有“天地国亲师”的牌位，牌位两旁就贴着上面这副对联，它对我家有着特殊的意义。

老屋是在我曾祖手上建的，对联也是他老人家留下的。曾祖是个读书人，中华人民共和国成立前毕业于南昌政法学校，曾在县里担任过警察局长，后来看到世事混乱，便辞官回家置办田产，过起了半耕半读的生活。在当时，我家算是有钱人家了，从我家老屋就可以看出来。它是用上好窑砖做的，有二十多间，大门框的条石都用银子磨得精光精光的。虽然如此，曾祖却十分节俭，不但生活上和普通人家没有什么两样，还经常和长工一起干活。他希望子孙能很好地继承家业，便在祖堂上留下了这副对联，用以训诫他的后人。“勤劳俭朴，耕读传家”

便成了我们这个家族代代传承的家风。

爷爷也是读书人，中华人民共和国成立前曾在我县的振风中学工作。振风中学是现县一中的前身。爷爷和曾祖一样，勤劳俭朴，而且为人和善。那时到了年关，长工常常来借钱，找曾祖是借不出来的，爷爷便替长工到另一个村的财主那里借。当那个财主问曾祖要债时，曾祖便骂爷爷是个败家子，不过骂归骂，债还是会替爷爷还的。即使长工以后没有钱还，曾祖也不太追究。爷爷的善良得到了回报，在“文革”中，正是那些长工暗中照顾，爷爷才从一轮一轮的批斗中熬过来了。

古人云：“遗子黄金满籝，不如遗子一经。”曾祖真是一个有远见的人。我家是地主家底，中华人民共和国成立后，不但财产田地都被分掉了，就连老屋也分了一半给村里的穷人住。好在祖堂还是归我家的，使得若干年后，我还能看到那副对联。尽管如此，爹爹他们兄弟并没有因此而灰心丧气，而是恪守着“勤劳俭朴，耕读传家”的家风，硬是熬过来了。

改革开放以后，爷爷的成分帽子被摘掉了，我家又过上了正常的生活。本来爹爹高中毕业后是考上了大学的，因为成分不好被打下来了。他把希望寄托在我身上，经常这样教育我：我家代代都有读书人，你要好好读书。我没有让爹爹失望，1988 年初中毕业便考上了师范，成了在村里中华人民共和国成立以来第一个考出去的人。之后，伯父的三个儿子也先后考上了大学，这在当地是绝无仅有的。

当地人说是曾祖选的坟墓风水好。他们不知道，对我们而言，曾祖留下的家风才是最为珍贵的。

如今，爷爷已经过世多年，老屋也倒塌了，但那副对联一直深深印在我脑海中。是呀，老屋可以倒塌，但是那副对联所昭示的家风是不能倒塌的。我们要把它融入自己骨髓里面，一代一代传承下去。

家训笔记

绳其祖武，克勤克俭；

贻厥孙谋，唯读唯耕。

【释义】

继承祖上的优良传统，既要勤劳，又要节俭；为子孙将来做好谋划安排，一是读书，二是耕田。

——叶海鲲　释义

（2017年7月17日）

示儿皆有情，但愿九州同

谭立忠

宋朝诗人陆游是著名的爱国诗人，他一生致力于抗金斗争，一直希望收复中原，虽频遇挫折，却从未改变初衷。陆游曾有一首《示儿》诗问世，诗的原文是："死去元知万事空，但悲不见九州同。王师北定中原日，家祭无忘告乃翁。"从诗中人们可以领会到他的爱国激情是何等的执着、深沉！这首诗也凝聚着他毕生的心事。陆游始终如一抱着要光复中原的信念，对抗金事业具有必胜的信心。这首诗情真意切地表达出陆游忧国忧民的爱国情怀，既有对战争的痛恨，也有对神圣事业必成的坚定信念。这首诗感人至深，成为传诵千古的名作。《示儿》诗在有限的篇幅中，披肝沥胆地嘱咐着子孙，光明磊落，激动人心。他对祖国的忠诚之心、浓浓的爱国之情跃然纸上，激励着后人。

在山东省档案馆所存的1947年1月1日的中共鲁中区党委机关报——《鲁中大众》报上，也曾刊登一封老革命根据地沂源县沂河头村秦文卿给前线部队儿子的信。此信由沂源县党史办的同志手抄后存入沂源县档案局，信的原文如下：

光友儿：

听咱庄出常备民夫的说，你在前线一切都很顺利，健康，我心里很高兴。关于在家里分到土地，得到翻身的情形，我已经早写信告诉你了，请你不用挂念。这是咱第一个翻身年，一定要好好地过一过。你在前方，要加紧锻炼本事，打个漂亮仗，来做庆贺新年的礼物，好保住咱这个家当。

祝全体同志健康！

父：文卿

1947 年 1 月 1 日

此信虽比不上陆游的诗句有文采，也比不上陆游的诗句之悲壮，但异曲同工，充分体现了老革命根据地的老农传送给儿子的肺腑心声。

土地是农民的命根子，翻身得解放的贫苦农民得到了赖以生存的一份土地，是那么的高兴。这种希望和感谢要与在前线的儿子共享。战场上哪有不死人的？哪有父亲不想念亲生儿子的？况且儿子才刚满 16 岁，还未成年啊。但这位老父亲以实际行动更好地支援前线，嘱咐儿子不必挂念老家和父母，要加紧学本事，打个漂亮仗，来做庆贺新年的礼物，保住家当，过上幸福的日子。这是老革命根据地人民的光荣传统，这种奉献精神和爱国情怀是何等的高尚，这种为正义而必胜的信念是何等的强烈！据了解，秦文卿老汉的儿子光友也是没上过一天学的人，没有什么华丽的书面语言与老父亲交流，但他没有辜负老父亲文卿的谆谆教导，在部队的培育下，苦练本领，奋勇杀敌，多次荣立战功，职升团级，中华人民共和国成立后转业做了某单位的党委书记，兢兢业业地为党尽忠、为民劳作，“文革”期间，虽遭迫害，但无怨无悔，平反后，回到岗位默默无闻地工作，直到病逝。

“最后一碗米，送去做军粮；最后一尺布，送去做军装；最后一个娃，送他上战场。”像秦文卿一样，在抗日战争和解放战争时期，沂源全县有 2.3 万人参军参战，17.4 万余人支前，2100 人负伤致残，1800 多人为国捐躯。经过战争和历史的洗礼，沂源人民形成了英勇奋斗、自强不息的坚毅品格，铸就和发扬了“爱党爱军、开拓奋进、艰苦创业、无私奉献”的沂蒙精神。

2013 年 11 月，习近平总书记在视察山东时指出：“山东是革命老区，有着光荣传统，军民水乳交融、生死与共铸就的沂蒙精神，对我们今天抓党的建设仍然具有十分重要的启示作用。”“沂蒙精神与延安精神、井冈山精神、西柏坡精神一样，是党和国家的宝贵精神财富，要不断结合新的时代条件发扬光大。”

嘉祥高氏：孝善仁德传百世

张庆余　岳冬萌　武　盼

嘉祥高氏是一大望族，孝善仁德的家风家训世代流传。近日，我们专程来到嘉祥县城北关高氏家族中长寿老人高德的母亲徐香菊的家，对她进行了采访。见我们到来，老人兴奋不已，先简短地作了自我介绍："我今年 107 岁了，有四个闺女、四个儿子，都特别孝顺，都很听话。"

徐香菊老人，从 17 岁嫁进高家，90 年的时间，她看着自己的小家变成了 100 多人的大家庭。老人现在五世同堂，家中父慈子孝、兄友弟恭。孩子们说，老母亲是一家人情感维系的纽带。徐香菊的二儿媳李景云异常感慨地说："俺这个家十分温暖。晚辈的不论是谁，只要来到家，都愿意依偎着老人，给她拉拉呱什么的。老人对全家领得可好了，我们姊妹八个从没吵过嘴，没抬过杠——"景云的话还没说完，徐香菊的二儿子高城义接上了话茬："说到管教后代啊，其实我们后代人不大用管，我也没管过，后辈们都自觉地把孝心尽啦。他们看着上辈这么尊重老母亲，这些孩子呐，儿媳妇呐，回家后也都自觉地先问奶奶好、老奶奶好。”

高氏第二十世孙高修田向我们介绍了高氏家族的家训：“为官为民，不亢不卑；诚信为本，公道处世；积德累仁，乐善好施。家训是我们高氏祖祖辈辈为人处世的根本。尤其是孝道，族人把它放到第一要务——百善孝为先。”

该县卧龙山街道高海村高氏一族的祖先高德成，在明朝初期带领族人迁居此地并繁衍生息。而高德成之后的第八世孙高斗光及部分族人，后迁居县城西关，高斗光更是把良好家风加以继承和发扬，并通过自己的努力在明朝末年中进士，官至兵部右侍郎，一生为官刚正不阿，乐善好施。高氏第十九世孙高梅生说：“祖先高斗光很艰苦，他学会了在艰苦中学习，在困境中成长。到现在，俺这些后世的人一再传承他这种作风，注重刻苦学习、生活朴素。”

耕读传家、勤奋进取是高氏一族家风，同时他们不忘坚守孝道，做有仁德的人，在经年累月的传承当中，时刻教育子孙后代恪守家风，谨遵家训，刻苦学习，勤奋进取，诚信为本，公道处世。高梅生说：“德成老爷爷迁到高海400多年，八世祖高斗光老爷爷一直成为我们后人的骄傲，我们就这样教育孩子：看你们能不能通过艰苦努力，考上北大、清华，以优异的成绩报效国家。”

一直对先祖“高斗光”怀有敬仰之心的高氏第二十世孙高峙向我们介绍说：“斗光爷对国家的忠孝，对我们的家庭影响很大。在国家实行文明复兴的新时期，最早在 2000 年他老人家的墓——‘高斗光墓’，就被批准为‘市级文物保护单位’，县政府立碑志之。”

高峙所说的“市级文物保护单位”就是现在的高氏墓地，位于嘉祥县马集镇武街村西北隅的石马山之阳，整个墓地依山而建，其中古柏森森，坟冢累累，石麟威严，碑碣如林。由此可见一个家族曾经的荣耀和兴旺。高氏墓地让人感受到一种世代传承的生命力。

高氏第十八世孙高建玺动情地说：“每年春节前到春节后，作为高氏家族的子孙，从刚会跑的孩子到老态龙钟的老人，都上我们高氏家祠来，尊祖敬先。”

高氏家族有着深厚的文化底蕴和道德修养，在卧龙山街道高海村绵延几百年，现在的高海村有 2000 多人，而高氏一族就占了 1800 余人。在高氏族人的带动下，整个高海村民风淳朴，团结友爱，形成了良好的村风民俗。

高建玺谈到，从老辈起，家族家训一直很严。族人在这方面确实都很自觉地遵守，高氏子孙做事也都很努力、向上，出了很多人才。

几百年来，高氏一族家风家训上下贯通，一脉相承。以孝善和仁德立身的高氏家风家训生动诠释了中华民族的传统美德，也成为一代代高氏人心中的道德标杆和行为准则。

家训笔记

为官为民，不亢不卑；

诚信为本，公道处世；

积德累仁，乐善好施。

——来自嘉祥高氏

(2017年7月31日)

德明身正，学海苦舟

王俊杰

德明身正，学海苦舟，这八个字是我的天祖王溪题写的对联。他不满足于做农村的土财主，要求儿孙们读书明理，为此，他建了大门楼，把这八个字刻在街门上，让儿孙们时时牢记。

天祖的良苦用心结出了丰硕的成果。我的高祖王树勋于光绪八年（1882）乡试考中壬午科举人，堂高祖王树嘉在光绪二十一年（1895）考中甲午科举人。我的曾祖王炳绶于光绪二十七年（1901）考中辛丑科举人。堂高祖王树声在光绪十八年，由于德才兼备，被推荐为岁贡，《莱西文化概览》有记载。

由于好的家风，十九年间一门中了四个举人的奇迹传遍了老莱阳县，这一事迹报到山东巡抚衙门后，巡抚衙门赠送了一块《铭联凤阁》的匾额进行褒扬。

天祖把这块象征当时较高荣誉的匾额挂在大街门的上方，让家人和院里王氏族人随时瞻仰！

从此，一门四举人的动人事迹流传至今。

天才举人王树勋。我的高祖王树勋八岁念书，十五中举，所以人们称他为天才举人。教我高祖《四书》《五经》的先生是平度李盛，为了治我高祖贪玩，先生把两天的背书作业要求一天完成，上课后，高祖在座位上翻看了半个时辰的书后，请假出去方便，出了书房，便与街上的小伙伴一块打瓦玩耍，玩得开心，忘了回书房，抬头一看，将近午时，回到书房。先生说："你只知道贪玩，背不过书非挨打不行！"我高祖说："先生，我倒着背过您别打我。"高祖于是一字不漏地把书倒着背下来，先生大吃一惊。

掐腿举人王树嘉。堂高祖因苦学成名被传为佳话。王树嘉因弟弟十五中举受到鼓舞，中途弃农从文。他十八岁才念书，为了补上耽误的时间，他一年四季每晚学到子时。为了解决瞌睡问题，他掐大腿刺激自己，大腿上起初起了一个个小紫点，后来紫点连成了小块，时间长了紫块连成了片，多年后紫片麻木了。就这样，经过九年付出，他考中了光绪二十一年（1895）的甲午科举人。他的名言：吃别人吃不了的苦，毅力超过别人，得到的回报才会超过别人。

书香门第举人王炳绶。我的曾祖王炳绶，是我高祖王树勋的儿子。我的高祖母是大家闺秀，诗词歌赋兼通，这样优越的家庭条件在老莱阳西乡是屈指可数的。曾祖爱书如命，读书如饴。有一年正月村里有唱戏的，高祖母带着我曾祖和奶妈坐马车去听戏。曾祖一会儿说肚子疼，要求让奶妈带他回家在热炕头上炮炮。想不到的是，曾祖回家后立即看书学习，原来是装病。曾祖由于勤学，在光绪二十七年（1901）考中了辛丑科举人。

先辈的好家风，对院里王氏族人鼓舞很大，从古到今让孩子念书的风气蔚然成风，周围三五十里的人都称院里是“文化村”。

家训笔记

德明身正，学海苦舟。

——来自莱西市日庄镇院里村院里王溪第二十二代孙　王俊杰

（2017 年 8 月 7 日）

看门风

苗文金

门风旧指一家或一族世代相传的道德准则和处世方法。在我们老家那边，至今都保留着这种别具一格的习俗——看门风，特别是在婚配方面。有人揶揄道，票子、房子和车子一应俱全，找个称心如意的媳妇如同张飞吃豆芽一般，看门风那一套早就落后了。真的吗？千万别小瞧这种习俗，关键时刻，它能决定一个人的婚姻是否幸福。

邻家大叔有个儿子叫书海，二十有五，浓眉大眼，长得高大帅气。男大当婚，女大当嫁。眼见书海的同龄人早早结了婚，怀里抱着一个，手里拉着一个，大叔大婶如同热锅上的蚂蚁——急得团团转，三番五次打电话催促书海回来相亲找对象。书海总是推三阻四，就是不往心里去。无奈，大叔下了最后通告：再不回来就断绝父子关系。书海是个孝顺的孩子，拗不过，只得连夜乘车而回。媒人给力，当天为书海踅摸了两三个相亲对象，并夸耀说，东家姑娘长得像天仙似的，正儿八经的高中生，人家父亲在村里还当着小村官，威风八面。书海父母听后喜出望外，觉得门当户对，是件好亲事，叫书海到女方家相亲。果不其然，姑娘长得俊俏美丽，就是架子有点大。书海于是知难而退。媒人急了眼，劝告道："大侄子考虑清楚啊。过了这村就没有这店了。这么好的姑娘上哪里找去。"父母也在旁数落书海："家富有，人也漂亮，打着十八个灯笼也找不到的人儿，不要鸡蛋里挑骨头，定下亲事算了。"可书海死活不点头，就这样，这门亲事黄了。

媒人气得牙根疼，又安排书海与西家姑娘见面。西家房矮檐破，连道墙也没垒，但屋里院外干干净净。书海和媒人踏进门槛儿，男的递烟，女的上茶，亲亲热热。西家姑娘出身穷苦，长相很一般，可说话不卑不亢，有礼有节。媒人在旁寻思：这门亲事十有八九又没指望了，为啥？那不是和尚头上的虱子——明摆着嘛。东家姑娘长得跟天仙似的，书海都不放在眼里，何况貌不出众的西家姑娘。谁料书海与姑娘见了面，又说又笑，一谈两个多小时，最终两相情愿，定下终身大事。

吃了定亲宴，媒人与书海啦起家长里短，掩饰不住纳闷地问书海："西家姑娘与东家姑娘相比，相貌、家庭相差悬殊，你为啥钟情西家呢？"书海笑了下，道出两个字：门风。他说，东家姑娘相貌出众，但端得架子大，包括父母哥兄说话时也咄咄逼人，令人不舒服。想一想，娶回家跟供神似的，还不闹得人仰马翻。而西家姑娘人虽不怎么美，心地纯朴，家人也勤劳，待人接物得体，一看就是正经人家，是个持家过日子的人。媒人闻听，思索了下，觉得有道理，夸赞书海有见地、有眼光。果不其然，两年后媒人邂逅生活幸福的书海，无意中提起东家姑娘，说书海真是火眼金睛，那姑娘三天与公婆一大吵，两天与男人一小闹，弄得鸡犬不宁，四邻不安，日子过得一团糟。

好的家风是真正的传家宝，能决定一个家庭的兴盛，能决定一个家庭成员的命运和前途。家风是文化和道德的言传身教，是智慧和处事方略的潜移默化。“天下之本在国，国之本在家”，一个个家庭的家风存在就仿佛一棵棵参天大树，它们是沧桑岁月流传的文明精髓，具有强烈的道德感召。

我们要有家国精神，让家风伴随着人生的长河向前、向前！

“要做一个有用的人”

曹　翔

记得在甲午马年的大年初一那天，我们兄弟几个各自带上自己的妻子和孩子，兴致勃勃地从四面八方赶至老家，齐刷刷聚集在由二老悉心张罗的热腾腾的饭桌前。新年第一天，老少几代难得欢聚在一起，大家在热切展望和虔诚祈福家和万事兴、马年行大运的同时，也有不少亲人开始情不自禁地忆苦思甜、唏嘘慨叹起来。

其时，恰逢央视某个频道正在播放一个有关“家风”的系列访谈节目。见状，快言快语的我趁热打铁，煞有介事地问起我身侧的几个晚辈：“你们有谁知道咱们家的家风是什么吗?”闻听此言，包括几位正在读高中的以及已然念大学的孩子们都一头雾水，纷纷言称不知道。

我扭头看了看正在聚精会神听我们谈笑的父亲，征询道：“爹，您看我替你说了，行不行?”父亲微笑着点了点头。

“咱们的家风是‘要做一个有用的人’。”随后，我打开记忆的闸门，跟我的亲人们一道重温起我们家风的那缕煦暖。

说来不知是惭愧还是别的，我们的家风不像有的人家是从祖上传承下来的，而纯粹是从我父亲的“私人订制”开始的，才不过短短几十年的时间。

从母亲和周围邻居的口中，我们打小就知道父亲的人生经历：既十分丰富，又非常坎坷。早早辍学的他，曾先后干过猪倌，做过小队会计、大队文书、扫盲督导员、民办教师、杀猪匠，最终回到农村，成为一名地地道道的农民。由于我们兄弟姊妹多达六个，起初父亲在外工作时的工资相当微薄，家里仅凭母亲一个人在生产队里拼死拼活地挣工分。如此，我们的家境相对于左右人家难免要短那么一大截。我们兄弟姊妹在年幼时，便从周围某些人的眼里读出些什么。好在我的父亲母亲都属于那种脾性倔强之人，无论我们家的生活条件有多么困顿拮据，所遭受的波折打击有多么猛烈残酷，都丝毫动摇不了父母望子成龙、望女成凤的决心和信心。

父亲最爱教导我们的一句话就是：“要做一个有用的人。”这句话，在我们取得成绩和进步时，他用来鼓励和表扬我们；在我们犯了不该犯的错误时，用来鞭策和引导我们。

他时常语重心长地说：不管将来你们出息大小，但人活着就应该活出个样子来。一个人只有对家庭、对社会和对国家有所用，才能体现自己的人生价值，才能赢得周围人们的认可。切不可做一个好吃懒做、碌碌无为、百无一用甚至人所不齿的有害之人。道理很浅显，一个人一旦沦落到“红白事不能用”

时，假如他到酒桌上落座凑席或走近人堆想搭讪套近乎时，众人一哄而散，还有什么尊严和意义?

尽管“要做一个有用的人”是一句大白话，但因了被父亲无数次地说起，后来更得到母亲的极力赞同，慢慢地，我们这些做儿女的也都心悦诚服，不知不觉中它便成为我们家的家训。

父亲这么要求自己的儿女，自己也先做到。父亲写得一手好毛笔字。每逢村里有儿婚女嫁或者殡丧白事时，父亲都是不争的记账“一支笔”。每逢除夕那天，家里总会挤满前来让父亲帮着写对联的村邻。每当左邻右舍家中有矛盾纠纷时，他都会出现在那儿帮助人家调停。

现如今，年近八十、身为老党员的他，依旧被村里的干部和群众高高抬举，参与村里的各项事务……作为他的子女，尽管我们的成就微不足道，但我们都在家风的熏陶、浸染和激励下，在各自的人生道路上为争做一个更加有用的人而勤奋努力着、执着前行着!

(2017 年 9 月 4 日)

感恩父母的“规矩”课

张承新

当我在繁忙的十字路口，看到人和车都能按“红灯停绿灯行”的交规行驶，交通井然有序，我的心情是愉悦的。

当我在紧张的建筑工地，看到工人们能按安全规程施工，每天安安全全回家去，我的心情是愉悦的。

这个世界，有规矩真好，它使得我们的生活充满和谐与美好。

说起规矩，我不由得想起小时候我的父母给我上的那些“规矩”课。

我的妈妈没文化，大字不识一箩筐，不一定知道“规矩”这一个词。记得小时候，一旦我犯了错，妈妈就会给我上“规矩”课。假如我犯了严重错，她不但对我说教，还会让我到房间去罚站，拿鸡毛掸抽打我的屁股，以示惩戒。

记得有一回，因为奶奶没有买油条给我吃，我就跟奶奶撒娇使蛮，甚至还骂奶奶，妈妈看到了，当场就给我上“规矩”

课，在她唠唠叨叨的说教过程中，我心里记住了一句话“百善孝为先”，脑海里有了孝敬长辈，尊重老人的概念。直到我意识到自己的言行是错误的，并愿意跟奶奶道歉，妈妈才放过我。还有一次，邻居吴大叔运肥料下田时，无意中压坏我家几棵麦苗，正好被刚放学的我看到了，我非要吴大叔赔偿。吴大叔被逼得没办法，只好在自家田地里拔了几个萝卜赔偿了我。回到家，我把这事告诉妈妈后，迎接我的不是妈妈的表扬，而是又一场严肃的“规矩”课。这一次，我懂得了宽容，脑海里多了“好邻居赛金宝”这样一种意识。

我的父亲对子女也有一套源于他自己的“规矩”。虽然，父亲不会背诵“谁知盘中餐，粒粒皆辛苦”，但他绝不允许我们浪费粮食。每次吃饭时，在父亲面前，我们的碗里哪怕只剩一颗米粒都不行。父亲不知道有“拾金不昧”那个成语，但他时常向我们灌输不是自己的东西不拿、拾到物品要交公的理念。父亲还教育我们要心怀悲悯之心，看到困难的人，伸手帮一把。

我不知道父母的那些“规矩”算不算是我家的家风，但正是因为受了那些“规矩”课的熏陶，我知晓了礼义，懂得了感恩；我分清了事理，懂得了谦让；我知道了廉耻，懂得了荣辱，人生变得多姿多彩起来，生活的道路走得又稳又直。如今，我感到很幸运，拥有常跟我上“规矩”课的父母，他们像是我人生道路上的一盏航灯，一旦我有向歪路邪路上走的倾向，就及时引导我改正。仅凭这一点，我对父母的感激就加重三分。

这个世界之所以始终运行在一条向阳、向善、向美的康庄大道上，因为有“规矩”的督导。虽说，“规矩”有时像冰，冷酷无情，但良药苦口利于病，你一时的难受，换来的却很可能是一种健康的人生。

说到这里，我又想起了父母，心里充满感恩。我除了感恩他们给了我生命，更感恩他们曾给我一次次上“规矩”课，使我的人生始终运行在向阳的路上。

（2017 年 9 月 11 日）

餐桌上的教育

吴 瑕

我们吴家，家产不多，家教不少。

我生在20世纪70年代的乡村，父母亲和其他村民一样，虔诚地面朝黄土背朝天，除了收个仓满坛满，积蓄不到多少钱。家里的餐桌上都是自己做的几个时令蔬菜。因此，不挑吃穿成了我家家教的首条。

我家的家教，不是像学校那样贴在教室里，而是在父母亲的言传身教中，比如吃饭不可以唱歌和大笑，不可用脚后跟关门，不可落井下石。

有一次外婆生病，爸爸买了3斤肥膘，炼猪油后烧青菜给外婆做小灶吃。面对我们兄妹几个，外婆哪里吃得下，避开父母就让我们吃。我们故作姿态地推让几句，还是吃得满嘴冒油。爸爸当场教训我们，教育从饭桌的讲故事开始。

先讲范仲淹划粥，意思是过日子要有计划，又教我们背“谁知盘中餐，粒粒皆辛苦”。我们自觉把饭桌上老是咸菜的抱怨咽下肚，开始接受那些辣萝卜、酸白菜、剁椒、霉豆腐。

我们读书早出晚归，晚餐时分是我们一家的幸福时光。常常在煤油灯下，我们一家围坐在简陋的餐桌边，就着几样并不丰盛的小菜，听父亲讲那些生动、精彩的故事。平凡人家的餐桌因此充满了浓情蜜意。听了那些故事我们懂了爱惜粮食，保持了不挑吃、不在菜碗翻拣的文明吃相。除了和吃相关的话题，还有历史人物，比如说陈毅将军的诗，赏析背诵毛泽东的诗词，评论一下湖北大鼓，说说湖北的小吃，夸夸当地的土特产。故事并不是很精彩，却拓展了我们的视野，凝聚了家的温暖。我们兄妹几个比同龄人知道得多，比如猜谜，我们都是好手，我们记得好多谜语，好多名人轶事。那些丰富曲折的故事，随着日渐丰富的餐桌和香饭淡菜，伴着乡村的质朴，渐渐地浸入我们的肺腑，滋养我们的心灵。

现在，在我们的小家里，日日相逢的餐桌上，我也复制我的儿时餐桌教育，和孩子说说吃饭的礼仪、夹菜的家规、干杯的涵养。当然也说孔融让梨，说吃饭饭碗里要扒干净。一家人就在寻常的碗盆之间，无声地凝聚了浓厚的亲情岁月。

（2017 年 9 月 18 日）

父亲的杠杆

张　平

"没有规矩，不成方圆"，这是父亲挂在嘴上的一句话。从小，家里亲戚朋友来了，我们就要给客人让座倒茶，帮娘做饭。忙完了要到外面去玩，不能影响客人在家里说话吃饭。我们出门，父亲也要交代一番：什么能做，什么不能做；父亲的话在我们幼小的心里就是一个杠杆。我们家乡好说那句话：出门在外别给老的脸上抹黑。

那年月，爷爷加入运河支队，在一次掩护撤退中牺牲，奶奶哭瞎双眼一场大病而去。此后，父亲和大伯相依为命。大伯拿起锄头给人家打短工，父亲给地主家放猪放牛。当时八路军在邻村办了一个夜校班，父亲晚上偷偷跑过去，跟着他们识字。父亲很勤奋，从儿童团到共青团后又光荣入党成了一名村党支部书记。他和村民一样在生产队里劳动，关键时刻，父亲总是第一个上杠。

父亲的扁担、镰刀和锄头，铁叉、扫帚和挠钩……每一件都是亲手打造，好使耐看。父亲说，磨刀不误砍柴工，家什好用出活省力。村民不好使的家什，父亲看见了总要拿过来修整一番，他说，这就是“平时擦亮枪，战时少流血”。责任田大包干，集体土地分到各家各户，父亲种自己的地更是轻车熟路。虽说各干各的，村民之间的矛盾却增加了，争地边子的，你不让我，我不让你；于是，父亲在种好自家地的同时，耐心地用他的杠杆敲打每一个不平点。

第一次跟父亲锄地。父亲说：“锄地要锄五垄地。多了就揽不过来，也累胳膊。五垄地就是横着一锄宽。”父亲还说：“锄地要学会左右来回换锄，一脚踩在一个脚印上，既不落下草，锄得又轻巧。割麦是比较繁重的体力活，你只能揽四耩，就是四把镰刀宽。不会割的人腰与地面形成 90 度以下，一上午下来腰就受不了啦。”而父亲的身体一直往前探，把角度拉大了，一天下来腰也不会太难受。

1987 年秋，地瓜干都收到了家，粮食贩子开始上门收购。本来就只有两毛钱一斤的地瓜干，被粮食贩子用大秤一撅，不知多少斤化为乌有。老实巴交的农民觉察不到。那天，大秤的弯曲让父亲碰个正着，父亲从邻村找来了地磅，用事实说话，揭穿了骗子的伎俩，联系了工商加以重罚。过后，父亲也买来一个地磅方便村民卖粮食。

1990 年父亲病逝。父亲的一生处处用一条红色杠杆要求自己，撬动别人，也撬开了一个个人生难题。

（2017 年 10 月 9 日）

德勤孝义，和善信诚

陈宜森

“德勤孝义，和善信诚”，是我爷爷在我小的时候教导我们说的八个字。我们不知他引自哪里。这几个字教育我们后人，要注重品行、勤劳、孝顺、仗义、和善、感恩、诚信。我就是在这样一种家风传承中走过来的。

我出生在一个普通的农村家庭。童年的艰难生活，让我真实目睹了坚强的父母是如何带领我们四个子女艰辛度日的。

大爷爷膝下无子，20 世纪 60 年代初，父亲听从爷爷之命被过继给大爷爷。为生活所迫，父亲于 20 世纪 70 年代初不得不背井离乡外出打工，留下母亲在家拉扯我们四个年幼的孩子，侍候偏瘫在床的大爷爷。大爷爷的性格倔强，爱发脾气。即使这样，善良的母亲仍然无怨无悔地为大爷爷端茶送饭，直至大爷爷终老。母亲的孝心和善良，深得邻居们的赞赏，成为我们村孝老敬老的最好“榜样”，也深深地影响了我们。即使在最困难的时候，母亲只要做了好吃的，就让我送给爷爷和奶奶；对邻居的求助，母亲都是能帮必帮。

记忆中的一个星期天，我和同伴去学校里玩，不小心把学校的水缸里弄进了土，我认为没事，就回家了。母亲听说后，强令我和伙伴来到学校，抬来井水将水缸洗净，还让我向老师道歉。母亲经常这样教育我："犯毒的不吃，犯法的不做"；"老实做事，踏实做人"；"发家在勤，败家在懒"；"没有规矩，不成方圆"……这些浅显易懂的做人道理潜移默化地影响着我们，让我们兄妹四人通过自己的努力，以健全的人格在社会上立足，成为对社会有用的人。

参加工作之后，我勤勉做事，奉公守法。自 2005 年后一直负责法院新闻宣传，见报稿 1000 余篇，获国家、省、市级奖项 60 余个，多次被上级法院评为"宣传能手"。这成绩中绝大多数是受母亲的影响。让我感到更加开心的是与我患难与共的妻子也是位深受优良家风影响的人，给我们组建的小家庭带来了一股正气和谐之风。

儿子小时候的一则趣事，让我印象很深。那时儿子才五岁，在大街上玩耍时，看到一辆摩托车飞驰而过，一双球鞋被抛到地上。儿子发现后，迅速跑上前去，把鞋抱回家。妻子告诉儿子，这鞋我们不能要，把鞋放回原处，等丢鞋的人回来找。"不是自己的东西不能要！"儿子说，这么多年了，这句话他一直记着。

现在，我们夫妻恩爱，邻里友好，是人人羡慕的好家庭。在小家里，协调好婆媳之间的关系，让不同的价值观在亲情的涌动下寻找平衡；在大家里，我们以长子、长媳的身份率先垂范，关爱家人，营造温馨和睦的家庭氛围。

我们的大家庭也是十分美满。父母年近八十，精神矍铄；两个弟弟一个妹妹家境过得也很殷实。我和儿子均在机关工作，在各自的岗位上发挥自己的优势。婆媳俩充分施展才能，各自开了一家幼儿园，守望童心，放飞希望。有了孙女格格之后，我利用业余时间坚持记录孩子的成长点滴，每年十几万字，让充满爱的家庭在字里行间展现。

同事都很羡慕我事业的得心应手和家庭的和谐美满，每天我的心情都很阳光。他们常问我："你们幸福的秘诀是什么呢?"

德勤孝义，和善信诚。

（2017 年 10 月 16 日）

听姥姥的谚语长大

陈启忠

姥姥裹着一双小脚。她尽管没有文化，却牢记许多为人处世、安身立命的谚语，极富有哲理，让我们至今难忘。

因为父亲常年在外，我是姥姥带大的。那个时候家里就穷，吃饭常掺些糠菜，但在姥姥的精打细做下，荠菜、蒲公英、青青菜能变成色味俱佳的菜肴。她还不失幽默，“吃饭带点糠，四季保安康”。在姥姥的精心烹制下，凭着野菜和粗粮，我们全家度过了那段艰辛的岁月。

“钱呐，就如同手上的泥垢，去了，又有来的。”这话是姥姥的口头禅，也是姥姥对待财物的一种态度。尽管在那种受苦挨饿的年代，三个舅舅和大姨小姨加上我，全指望着在济南大药堂上班的姥爷的工资，家里一点也不宽裕，但姥姥仍然救济比自己还贫困的邻居。记得那一年，邻居五婶的儿子饿得全身浮肿动弹不得，姥姥知道后，在半截口袋里挖出满满一瓢地瓜面送了过去，感动得五婶都哭了。

“人跌倒了，还会爬起来的。”这是姥姥常常念叨的一句话。姥爷长期在外，姥姥在家纺线织布，种田养鸡，抚育子女，本来日子过得平稳。后来，姥爷被批斗，舅舅大姨小姨流离失所，但她凭着“人跌倒了，还会爬起来的”这一坚韧信念，挺过了风雨飘摇的日子。

姥姥很注重言传身教，他常说“大狗爬墙，小狗看样”，“老子偷瓜摸果，儿子杀人放火”，“上歪一尺，下歪一丈”。姥姥的“油多不坏菜，礼多人不怪”，“见人不施礼，枉跑四十里”，教我礼貌待人；“吃菜吃心，听话听音”，“吃饭尝一尝，做事想一想”使我成熟；“吃人嘴软，拿人手短”教我正直；“吃饭要让，干活要上”，催我奋进；“井水担不干，力气用不完”，使我树立吃苦耐劳的品性；“要当面打锣，别背后敲鼓”让我不背后议论人；“施恩莫图报，望报莫施恩”，教我树立奉献精神；“吃亏不算傻，让人不算呆”让我学会忍让。当我遇到困难挫折时，想起“经过黄连不知苦，事非经过不知难”，我便豁然。当和别人有成见时想起“吃着盐和米，就要讲道理”，“要公道，打颠倒”，我便克制自己，正确对待矛盾。

如今，姥姥已离开我 15 年了，这些朴实纯真的谚语却如淅沥不断的雨声，点点滴滴敲打着我的心扉，激励我努力前进。

（2017 年 10 月 23 日）

山东省第一届文明家庭之一、德州市陵城区安德街道孙大汉村孙德智——

自创《诫子篇》，带来好家风

我叫孙德智，今年 68 岁，是德州市陵城区安德街道孙大汉村人，我们家庭荣幸被评为山东省第一届文明家庭。我于今年 1 月 12 日，光荣出席了在山东大厦隆重举行的第一届全省文明家庭表彰大会，受到了省领导的接见。

我以《诫子篇》的形式把教育子女的家传精华写下来，让孩子们在做人方面能够忠孝传家远，这一做法受到省领导的肯定和赞许。开完表彰会，我的心情还是很难平静，我在思索一个问题，为什么我的一个《诫子篇》会引起上级领导如此重视？忠孝传家，这不是几千年来我们中华民族的传统美德吗？回过头来再看看我自己写的这《诫子篇》，我慢慢有了答案。

我最担心，我百年后孩子们会在做人的路上跑偏，不是我对孩子没有信心，而是近年来在物质条件迅速提高后，有些好的传统美德竟被我们自己弄丢了。生活水平提高了，人际关系却远了，所以我嘱咐孩子要“兄妹互相帮助，街邻比夸兄贤”，要

“亲戚常来常往，亲情代代相传”；经济发展了，某些不良风气却屡禁不止，所以我嘱咐孩子“处世须交益友，益友堪比朱兰”，“戒浮戒躁戒虚，当诚当信当谦”；科技进步了，条件提高了，但一些人在习一技之长、安身立命、服务社会方面却弯不下身子，下不了苦功了，所以，我以自身经历，鞭策孩子们“求学刻苦争优，学艺力求精良”；生活条件提高了，但还有因赡养老人闹家庭矛盾的，甚至还有闹到法庭上去，闹到电视上去的，既丢人现眼，又令人心寒。孝文化，如果再不写在纸上、贴在墙上，就无法传承了，所以我嘱咐孩子“父母天道人伦，无须再用嘱咐”！

近年来，传统文化又被重视起来，国学又成了必修科目，这是好事，国学的核心就是于国忠于家孝，就是与人相睦，就是做事诚信。这些内容加在一起，再和公平、正义、和谐、发展组合起来，就是中央倡导的核心价值观。这次我的家庭受此殊荣，与我们村领导和安德街道领导们近几年来，在村风建设方面所做的大量工作分不开。我们村不但在村风建设方面坚决落实上级精神，而且舍得下大力，投大资，硬化街道，修建广场，绿化村庄，在大街显眼位置悬挂古代的二十四孝图。在这样的氛围中，年轻人中规中矩的多了，办事出格儿的少了，我作为孙大汉的村民，心里由衷高兴！

殊荣面前深感压力，以后如何以个人的体会，和大家共享，让忠孝传家的良好风气永远成为社会主旋律，我是要认真研究的。我们孙大汉村紧临陵城区第一、第五中学，是书香之地，我本人又是书法爱好者，所以我衷心希望我的孩子以及孙大汉村的所有年轻人都能做到忠孝传家远，诗书继世长。

（穆修奇　王砚才　整理）

家训笔记

诫子篇

人生天地之间，当察宇宙方圆。应修仁义礼智，须知是非廉耻。奉亲切能尽孝，教子必定礼全。兄妹互相帮助，街邻比夸兄贤。亲戚常来常往，亲情代代相传。

我虽生于贫家，自幼自强奋发。求学刻苦争优，学艺力求精良。勤研液压机械，终成一技之长。虽未致富发家，亦曾名播他乡。倘后有人长念，尔也无限荣光。

儿母许氏贤淑，伴我一生辛苦。奉亲尽孝十年，亲友众目共睹。相夫教子持家，善良勤劳俭朴。而后年老弱病，榻前当知反哺。父母天道人伦，无须再用嘱咐。

汝今人到中年，喜得儿女双全。妻贤持家教子，实应努力挣钱。处世需交益友，益友堪比朱兰。戒浮戒躁戒虚，当诚当信当谦。树大枝繁叶茂，我当泉下安然。

痴心告诫，望其遵做。

——来自德州市陵城区安德街道孙大汉村孙德智编写、悬挂家中正堂的《诫子篇》

（2017 年 11 月 6 日）

勤勉持家，与人为善

赵吉成

我的家在平阴县孔村镇孔庄村。小时候，我父亲经常对我们兄弟几个念叨，做人要善良，要乐于帮助别人，要向老祖宗学习……还告诉我，老祖宗家在黄河以北，家有许多粮食，开仓取粮的时候，仓顶会飞来一只红喜鹊。父亲的话说得神乎其神。

后来我上学了，初二的时候，也就是 1961 年寒假，我有幸跟着家族的长辈去老家续家谱，才彻底弄明白了父亲给我们念叨了什么样的家风故事。

原来我们的老家在黄河北的东阿县，老祖宗叫赵德和。我看了族谱，上面是这样记载的：明洪武二十五年，从青州乐安迁居到东阿县马曹集村，建筑家园，勤勉持家，耕作乡间，积蓄数年，家称巨富。时值岁欠，我始祖出豆谷七千五百石，救济五县贫民。上闻嘉奖，赐建“广粮门”牌坊一座，并封始祖为“户部员外郎”。始祖所在的村子，由此得名“广粮门”。

至此，我才彻底明白父亲。他是要我们学习老祖宗勤俭持家、乐善好施的美德。此后，父亲的话成为我们做事行动的标尺。

我小时候家里很穷，母亲去世早，八十多岁的奶奶多病。家里老的老小的小，在这种情况下父亲还是鼓励我们弟兄三人上学念书。那时候是公社时期，工分是社员的命根子，为了多挣几个工分，父亲在上工之余割几筐青草，送到生产队里；耕地播种时一人干两个人的活。我们弟兄三人上学，没有钱交学费，父亲就背上地瓜干儿，到集市上换几个钱，供我们上学。

当时家里虽然很穷，是个缺粮户，父亲还是决定把两个弟弟送去参军，自己在家当主劳力，一个人艰难维持家庭生活，照顾年事已高的奶奶。

“文革”时期，我从学校回到村里当了民办教师，并加入了党组织。那时候每逢过春节，村里群众找人写对联是件大难事。我坚持四十多年为村民义务编写春联。有些村民看到我春节前那忙碌的身影，自己都觉得不好意思了。我总是这样对他们说：“写春联不就一年才一回吗？我这里有现成的笔墨，不费多大力气。”那时，我想起了父亲当年对我们的教导和族谱上记载的老祖宗那激励人奋进的事迹。为此，县广播电视台还专门对我采访报道。我的两个弟弟在部队也都分别立功获得嘉奖，加入了党组织。

好的家风家训，要一代一代传下去。在我们的言传身教下，我们的后代也都很优秀上进，我们兄弟三人共六个孩子，五人上了大学，更有三人加入了党组织，孩子们工作勤勉，事业有成。

父亲在 1999 年去世了。父亲在天有灵的话，我们会说：父亲，您的谆谆教诲和您传承的赵氏家族勤勉持家、与人为善的家风家训我们会铭记于心，代代相传。

（2017 年 11 月 13 日）

不积怨　爱生活　常劳动

郭华悦

不恼怒的父亲

在我的印象里，父亲从未跟别人红过脸。有时，我在外头有什么不高兴的，回家和父亲说，竹筒倒豆子般地一顿诉苦，说完了，我总不忘愤愤不平地加一句：看看，这人多没素质！

“没素质的是别人，生气的却是自己，多划不来！”这是父亲回我的话。

再后来，人越大，接触的人与事越多，不平事自然也就多了。被不懂装懂的上司训了一顿，偏偏没处诉苦；出去办事，受到一些白眼，诸如此类的事儿，不一而足。

有一次，和父亲一起去逛街，碰到了不讲理的人，受了气。我愤愤不平，父亲倒是神色坦然。我问父亲：怎么就那么淡定呢？

父亲笑着说，怨气累积得多了，再美满的日子，也都会变了色。要想日子过得好，首先得养心；养心，先得戒嗔。

父亲常挂在嘴边的一句话是：修到无人处，便见福地洞天。

爱生活的母亲

认识母亲的人都知道，她是个爱美的人。

对于这一点，母亲从来不否认。她说："不管男人还是女人，爱美都是人的天性，有什么错呢？"

母亲年轻时，碰上了困难的年代，可仍然没能磨灭她的爱美之心。乡里人家成天在土里刨食，身上沾满泥土是常有的事儿。可母亲不，哪怕劳动了一天，也都会把自己整得干干净净。好一阵子，村里的人都以为母亲是水做的，不沾半点泥土，后来才知道，母亲为此没少费工夫。

每次看到母亲打扮，外婆总笑着说："这妮子，肚子都填不饱，还净顾着爱漂亮呢！"

我记得小时候，家里穷，没有雪花膏之类的护肤品，母亲于是从中医那儿打听到一些方法后，自己去山里采些花花草草，或者捣碎了用来擦脸，乐此不疲。

爱美的女人大多也很乐观。在多数人家都愁眉苦脸，为填饱肚子而发愁的时候，母亲却用美丽和笑声，教会了我们乐观豁达地面对生活。

前阵子，和母亲说起家风。我打趣说，如果我们家有家风，也就是爱美爱漂亮，你是这样，我们也是，代代相传。

爱劳动的爷爷

爷爷的抽屉里，珍藏着一枚劳动勋章。

小时候，我就曾看到爷爷不时从抽屉里拿出那枚勋章，充满感情地抚摸着。出于好奇，我们总忍不住上前看看，可每回爷爷都赶紧将勋章放回抽屉，生怕被孩子们弄脏了。爷爷对那枚勋章的感情，让人难以理解。

长大后，偶然的机会，我才听到爷爷说起那枚勋章的故事。那是在爷爷当兵的时候，有一年的劳动节，爷爷被选为连里的劳动模范。当时，连里举行了颁奖大会，爷爷站在台上，接过那枚劳动勋章，激动得掉下眼泪来。

我这才明白，那枚勋章对于爷爷来说，不仅意味着荣耀，更意味着一种生活方式。

爷爷常教育我们，劳动是生命的意义。已届九旬高龄的爷爷，依旧坚持每天下地劳动。那天，爷爷从地里回来后，洗完澡，吃了饭，接着上床睡觉，在睡梦中离开了人世，无疾而终。

爷爷给我们留下了爱劳动的家风。父亲和母亲，一辈子守着这个家训，勤恳节俭，不敢有丝毫松懈。记得小时候，母亲常挂在嘴边的，是让我们戒懒戒惰。母亲常说："这人呀，只要不懒惰，肯劳动，总会有饭吃的。"

得益于爷爷和父母亲的教诲，尽管我们兄弟几个并没有什么傲人的成就，但时刻以勤劳自律，不敢有所懈怠。

（2017 年 11 月 27 日）

“一杯水”里的家风

魏益君

或许我们这儿祖辈贫水的缘故，我们魏家在当地节水是出了名的，并逐渐演变成了家风。我作为20世纪60年代出生的人，曾真切地体会到了贫水的艰难和对水的渴求。

我老家的村子虽然靠山，却都是秃山，是出名的贫水区。群众的饮用水都是靠村头的那个塘坝和塘坝边的那口水井。赶上大旱之年，塘坝里的水就干了，最后连井里的水都少得见了井底，人们不得不到三里外的一个泉眼里挑水喝。我七岁那年，天气大旱。一连几天，父亲天不亮就起床，摸黑赶往那个泉眼，可还是没有别人去得早，日上三竿才带回来可怜的半桶水。父亲是木匠，不能一直等在泉眼边，要赶去给人家做活。

我实在不忍心父亲这样两头忙，就自告奋勇去泉眼抢水。夜里，鸡叫三遍，我就一骨碌爬起来，拎着水桶向泉眼跑去。我虽然不是来得最早的，却能排在前边。我蹲在泉眼边，看汩汩的细流在星空下泛着清亮的光，非常开心和兴奋。到天大亮的时候，两桶水灌满了，这时，母亲赶来，看到两桶晶亮的泉水，喜不自禁。

自从我能去抢水，我们家就再也不担心断水了。有一天做晚饭，妹妹要喝粥，母亲掂量着那仅够烧一锅粥的水，左右为难。我跟母亲说：“没事，烧吧。有我呢。”

想不到的是，那一晚，我感冒发烧了，也许是因连日来晚上等水受凉所致。父亲为我拿来药，家里却找不到一滴服药的水。母亲拿起杯子出了门，没过多久，又拿着空杯子回来了，满脸愁苦。

父亲说：“要不我去泉眼吧?”母亲说：“来回就要半个多小时呢，孩子发烧都说胡话了。”父亲拎起水桶说：“那也不能干等啊!”

父亲拎着水桶出门，正碰上邻家五奶奶端着一杯水进我家门。五奶奶对我母亲说：“我家孩子不懂事，骗了你。你别往心里去。”看到那杯水，母亲哭了，千恩万谢地接过来。

夜里，我的烧退了，当听说那一杯水的事后，真的是五味杂陈。这一杯水，是温暖的、珍贵的、滋润心田的，它就是生命的象征。

自从有了那次对水的刻骨铭心的记忆，以后的日子里，我对水不敢有丝毫的浪费，并深深牢记祖辈节约用水的诫训。

现在，村子里虽然家家用上了自来水，但节约用水已在我的脑海里根深蒂固。不仅是我，家中每一个成员对水都如同对生命般珍爱。兄弟姊妹都不敢浪费一滴水，并教育提醒自己的子女，珍惜和敬畏每一杯水。

水是生命之源，只有生命里有了缺水的经历，才会那样深切地懂得和珍爱一杯水的价值，也才会如许虔诚地敬畏一杯水的珍贵……

（2017 年 12 月 4 日）

惜食不挨饿，惜衣不露身

吕洪仁

百子千孙源一祖，一树百杈繁千枝。晓清宗族根源史，明其家族世系支。

世上每个姓氏家族，都有她的根源与出处。每个家族都有她的兴盛与衰落，每个家族又都有她的繁衍过程和创业历史。我支从十七世祖吕敦朴上溯至五世祖吕齐渊，历经十二代，别支人口繁盛，独我曾祖父敦朴支，从他上溯七代都一脉单传。其父去世时，曾祖父领长子在前，妻子胡氏抱着次子在灵后，别无他人。曾祖父育四子，从此才繁衍昌盛。

我的曾祖父是清末秀才，他生活非常俭朴。在他的厅房斋室中，悬挂着很多名人字画。他把朱伯庐的治家格言亲自书写装裱后挂在正堂中，让儿孙照格言治家。还有幅自书的对联："勤俭持家久，耕读继世长。"他把这副对联作为家规、家训，并经常教育儿孙们"惜食不挨饿，惜衣不露身"；"读书明事理，勤劳致富裕"；"德为人之本，孝为人之根"。他毕生不着绫罗绸缎，不穿高档皮毛，处处以身作则，儿孙们的衣服都是大孩穿不上了留给二孩穿。家庭用具也是唯求适用，不尚奢华。对这种家风，几代人一直沿袭至今。

曾祖父平常只教儿孙读书识字，田间家务诸事，全交给曾祖母处理。

1921年，曾祖母和她几个儿子商议，开个烟店，加工烟叶卖烟丝，由长子兆奎任掌柜，次子兆太协助经营和购销，三子兆丰、四子兆瑞带领我的几个伯父负责加工，几人分工合作。一年除了秋收春种农忙时停下来，农闲时基本不停工。

在曾祖母和她的几个儿子孙子精心经营下，烟店红红火火，远近闻名。门前的胡同也被人称为烟店胡同。几年下来，用盈利的钱购买了部分土地，翻盖了几所宅院，并盖了新大门，添置了几盘石磨、石碾、大车、骡马等。这时的烟店胡同里共有六座宅院，其中我家就有四座。

到了1927年，家里的银圆已存有几大缸，铜圆堆满了半间屋子。正准备再购买胡家齐陵四十大亩地的时候，灾难突然降临我家。

那年正值二月初二，聂仙村晚上放烟花，村中很多人都去观看。不料，我们家中突然来了三个土匪，把曾祖父绑了票。在土匪快到南胡同口时，二伯父看烟花回来正碰上，便叫喊着上前救人，被一个土匪打了一枪，正打在胳膊上。这时，大祖父、三祖父和四祖父已拿着棍棒和鸟枪追了出来，见到了二伯父后问明了情况，便分头围追堵截。最终，曾祖父被救回，四祖父在冲突中被打死，死时才刚满 31 岁，留下两个未成年的孩子，这两个孩子就是我的七叔善继和八叔善述。后来八叔因生病早亡，年仅十二岁。

这次事件双方各一死一伤，当时传遍了淄河两岸。因曾祖父是个秀才，县里还来人慰问和调查此事。1930 年夏，军阀阎锡山和韩复榘开战，当地百姓称两军为南北军，军队在淄河两岸构筑工事，南军的韩复榘部队在河东，因筹集军饷把河东各村大户抢劫一空，我家也未能幸免。据说仅我家的银圆铜圆值钱的财物就装了满满三大车。一大家子几年来挣的辛苦钱全被抢走了。烟店开不成了，家中日子日渐艰难。曾祖母主持把土地房屋财产分作四份，开始分家过日子。

1934 年，军阀混战停息。由大祖父兆奎领头和三祖父兆丰全家、七叔善继一家又合伙二次开起了烟丝店，一直到日本鬼子占领山东才停止。因这次资金少、规模小，生意也不如前几年好做，所以干了几年并没赚到多少钱。

曾祖母是一个很了不起的女人，自从她嫁给曾祖父，家中人丁兴旺，财源茂盛。在没分家时，大大小小男女三十多口人，吃穿开支全由她当家做主，农活和店中事务她也经常插手过问，重要事情要向她请示汇报。而曾祖父见她能干，也乐得清闲，只管教几个孙子读书认字。

在我的父辈几位伯叔当中，二伯父善敬算是他们当中最优秀的。二伯父不仅能写一手好看的毛笔字，还自学成医。因那时我家中藏有大量各种书籍，其中也有医书，二伯父抽空便看一些治病用的偏方和本草一类的书，并经常给四邻八舍、庄里乡亲看一些小病小灾，久而久之，后来竟成了远近闻名的乡村“郎中”。

1978 年国家恢复高考制度后，我家族中先后有男女十几人获得文凭，他们当中现在有的是国家干部、人民教师，有的是企业家。青出于蓝而胜于蓝。现在我支晚辈中，已有大学生、硕士生、博士生十几人，他们都赶上了改革开放的好时代、好政策，在自己的工作岗位上，为祖国为人民贡献自己的力量。

家训笔记

勤俭持家久，
耕读继世长；
惜食不挨饿，
惜衣不露身；
读书明事理，
勤劳致富裕；
德为人之本，
孝为人之根。

——来自淄博市临淄区齐陵街道吕家孝陵吕洪仁家庭

（2017 年 12 月11 日）

七字家训的传承

冯连伟

我的故乡临沂市河东区汤河镇后坊坞村，是位于沭河西岸一片平原沃野上的小村庄。

村庄建于秦汉之际，始称樊母村，据传汉朝大将樊哙的母亲在此居住，这里至今还流传着一个关于樊哙的俚语：樊哙杀狗，王妈妈遭罪（作孽）。清朝同治年间因故易名坊坞。

冯氏老祖冯鹤峻元末明初来此安家落户。现在看到的冯家第一次修家谱的时间为“道光岁次巳酉孟春之月”。保存下来的这第一次修编的家谱，其实就是一张历经百年、颜色淡化、千叠百折的大红纸，上面用毛笔繁体字记载了从第一代老祖冯鹤峻，直到第十三代冯大兴的儿子云章。上面明确地写着冯家的家训是公宽厚德隆耕读。

这七字家训自老祖冯鹤峻始代代传承，使冯氏家族历经600多年后，成为后坊坞村的百户大姓家族。

从第一次修的家谱上解读，冯家老祖鹤峻来此安家落户后，先是五代单传，直到第六代方生了两个儿子，自此人丁兴旺，到第十代还是双子，长公为冯叔孟，次公为冯叔尼，冯叔尼的长孙冯大兴是清朝嘉庆年间周围四村中唯一的秀才。

冯家的历代先人面对的生活条件无论多么艰难，七字家训却被代代传承。我的爷爷奶奶早逝，是老奶奶拉扯大伯和我的姑姑、我父亲长大成人。老奶奶还把我的大伯送到前村的私塾读书识字。大伯是当时村里有名望的文化人。

冯氏第十六代孙连字辈更是出了几位小有成就的“人物”。我本门的大哥冯连旗是冯儒贞的孙子。1895 年，临沂闹胡子（土匪），那年 5 月，冯连旗的爷爷、奶奶、大伯、大妈四人被绑票。家人变卖家产赎出他们不久，冯连旗的爷爷和大伯就病故了。面对一贫如洗的家，冯连旗的奶奶心一横，领着三个儿子和三儿媳边乞讨边行走，风霜雨雪 1800 多公里，其间还经受了二儿子夭折的打击，最后落户大连的普兰店。冯连旗于 1972 年 12 月参军，36 年的军旅生涯，其间，担任原沈阳军区党委综合调研室研究员、主任 11 年，为三任大军区政委和五任司令员服务过。尽管那时文字工作非常熬人，经常下部队跑面、调研，他仍然坚持在文字中寻找快乐，先后出版了《政治领导艺术论》《批评与自我批评的艺术》等八部专著，从营职干部一步步走到了正师职干部的岗位。他在《奶奶的歌谣》中写道：我来到这个世界上曾聆听过数不清的歌谣，我印象最深的则是奶奶在我牙牙学语时起教我的“土”得掉渣的山东歌谣，奶奶给了我人文之始最初的光辉和照耀。

我和连旗大哥曾经促膝交谈，他拉着我的手说：“我们冯家的祖训就是公宽厚德隆耕读，从小受到的教育就是好好为人、好好学习、好好工作。我参军以后，牢记亲人对我的期望，不敢有丝毫的懈怠，从一名普通战士开始，每前行一步，背后都是无怨无悔的付出和奉献。”

我的一母同胞的大哥是恢复高考制度后我村跨进高等学府的第一人，毕业后被分配到建设银行山东省分行工作，后来成为中国建设银行青岛分行行长、中国建设银行总行巡视组副组长。

正如他在自己撰写的《故乡记忆》开头写道：离开故乡已38 年了，其间为上学、工作在多个城市居住，留下了或多或少的记忆。有些会随时光的流逝而淡忘，唯有年轻时在故乡的情景忘不了，不能忘，且历久弥新。故乡的山水养育我长大成人，淳朴的民风给予我三观的启蒙，公宽厚德隆耕读的家训时刻牢记于心，在故乡的岁月，磨炼了我的意志；家训是我走向未来的起点，也永远是我前进的力量源泉。

七字家训，满满的正能量；代代传承，为实现中华民族伟大的复兴梦添砖加瓦。

家训笔记

公宽厚德隆耕读。

——来自临沂市河东区后坊坞村冯氏家族

（2017 年 12 月 18 日）

“忠孝”传家

张　岚

“红光照吉祥，忠孝传万家”是我们张氏家族的家训。

清朝嘉庆年间，张氏祖先自河北的斑鸠铺迁至沂水的韩旺村。至我的曾祖父张文成这一代时，又迁至蒙山腹地深处贾庄西南侧的簸箕庄，娶大户人家的女儿为妻。

簸箕庄因状似农用的簸箕而得名。村庄不大，百余户人家，除了一刘姓孤寡老人，皆是张氏子孙。这里三面环山，荫翳蔽日，据说日本鬼子几次“扫荡”都未发现这个世外桃源般的小村庄：这里有自己的油坊、磨坊、织坊、学堂……这里民风淳朴，路不拾遗，夜不闭户，村庄如同一个大家庭。这与张氏家族的家训是分不开的。

曾祖父是读书之人，5 个儿子也都是乡里较早进学堂的人。抗日战争全面爆发时，四爷爷在乡里当教师，五爷爷则刚“下学堂”娶了五奶奶。一日中午，哥俩一商量便找到部队参了军。从此，曾祖父与两个儿子一别就是几年，直到莱芜战役五爷爷牺牲，已年迈的曾祖父把小儿子的尸体从战场上抬回来安葬时，才见到自己的四儿子。老年丧子的曾祖父抚摸着五爷爷唯一的儿子说：“孩子，你从出生到现在没见过你爹，但你要记着：忠孝是咱张家的传统，不忠不孝不是张家的儿孙。”之后四爷爷又回到战场，从抗日战争、解放战争到抗美援朝，四爷爷一直在战争的第一线，后来出任中共山东大学党委组织部部长直至离休。此后，张家儿孙参军成了传统，年满 18 岁都会争先去验兵。没当上兵的，也把忠于职守、兢兢业业作为人生的信条。

忠诚担当是一种大爱情怀，敬老孝亲更是张家融入血脉中的传统。在我曾祖父去世后，作为长孙媳妇的我母亲主动承担起了照顾曾祖母和五爷爷幼子的重任。山里的日子苦，点不起油灯，母亲便长年在月下缝补劳作，让曾祖母和小叔总是干净整洁；山里人穷，但母亲保证曾祖母每天早上两个鸡蛋、一碗小米面做成的“茶汤面”；曾祖母时常想起老伴和早逝的儿子，悲苦伤感，母亲就陪在左右，百般照料……这一照顾就近三十年：直至曾祖母成为村里的第一位百岁老人，无疾而终；直至历经“文革”、历经风雨的小叔成为 60 年代村里的第一位大学生，直到他 30 余岁娶妻生子，直到两鬓斑白的小叔仍然恭恭敬敬地尊称我的母亲为母——长嫂如母，我的母亲当之无愧。

“人无慧根可谅，人不善良可憎。”母亲总是这样教育我们，在照顾曾祖母、小叔叔的同时，母亲长年如一日地照顾着村里唯一的刘姓孤寡老人，缝缝补补，送衣送饭，直至老人终老；遇河搭桥，遇弱相助，母亲的言传身教，深深地影响着我们。

山里书少，一个故事总会讲上千遍万遍。《杨家将》《岳飞传》是我们张家教育子孙的必读书目，“精忠报国”是每一位张氏子孙不能忘记的使命；“羊有跪乳之恩，鸦有反哺之义”更是我们教育子女必不可少的典故和人生道理。这些家训让我们一家人一直和谐：我们兄妹四人，兄弟、妯娌、姑嫂之间从没有红过脸，三个嫂子与母亲相处近四十年，从没有高声说过话，更没有闹过矛盾。只要有时间，全家几代、近二十口人都会不远千里聚在一起：说不够的家长，道不尽的里短。无论是谁家的孩子，都是大家的孩子，无论是谁家的事，都是大家的家事。人与人之间总是热气腾腾，侠胆义肝，感人肺腑。父亲脑出血后遗症近二十年，母亲生病五六年，全家人争先恐后照顾：大哥二哥出钱出力，三哥照顾二老的一日三餐，为此三嫂还辞了公职；去年二哥生病，全家人和二哥一起渡过了难关。远在青岛的大嫂一句话成了我们全家的至理名言：无论如何，咱们兄弟姊妹一个都不能少！

“一家不治，何以治天下”。父亲总是这样教育我们：“家是安身立命的根本。家给予的是温馨、祥和、安全、抚慰和支撑，也给每个人带来了保家的责任和使命以及兴家的动力和勇气。”“没有国，就没有家；不给国家添麻烦，就是一种贡献。”在村里称得上“秀才”的父亲总是利用所有的机会教育着自己的子孙。“忠诚担当、敬老孝亲”不但成为张氏家族的家训，更在一定范围内影响和带动了更多的人至真、至善、至美。

（2017 年 12 月 25 日）

不凌弱，不畏强

周脉明

自打我记事起，母亲就经常教育我凡事三分让，不凌弱，不畏强，并且特别强调这是从我爷爷那辈人传下来的。

我爷爷身材魁梧，做事很有头脑，而且会武术。当年日本鬼子来到我们村，一个叫小野的连队长登门要我爷爷给他们当维持会长，被我爷爷拒绝了。小野便派人把我们全村的同姓人都给抓了起来，逼爷爷就范。爷爷咬舌自尽以示决心。

这件事记载于我们家族的《族史》上。我们村里历年对中小学生进行爱国主义教育时，经常拿爷爷的这件事来当典型教材，说我们村里的人是有骨气的。我从牙牙学语长到青少年，就是在这样的教育氛围中成长起来的。我记得刚刚上三年级时，本村里一位名叫万强的小朋友，比我大两岁，在众小朋友面前特别盛气凌人。有一天下午，万强让一位名叫小玲的女孩给他当媳妇，让小玲喊他“老公”，小玲不喊，万强就赶着小玲跑。眼看小玲无处躲闪，我站出来说道：“小玲，到我身后来。”小玲躲到了我的身后。万强重重地朝我脸上打了一拳，说我妨碍他的好事。顿时我火冒三丈，我俩便打了起来。最后，万强的鼻子出血了，哭着走了，边走边威胁我：“你等着，我回家找我爸去……”

一见闯祸了，我吓得不敢回家，直到晚上该吃晚饭了，我还一个人流着眼泪在大街上游荡。忽然，母亲出现在我面前。我“哇”地一声就大哭起来。母亲抱着我说：“孩儿啊，咱不哭，就应该揍他……我把他爷俩骂走了……咱回家……”

原来万强真的带着他爸爸找到了我家，让我给他赔礼道歉，还让我赔他损失，引来了众多邻居观看。母亲当即找来邻居小朋友问了个一清二楚后，先是劝万强爷俩回去，可是他们俩就是不回，母亲顿时来了脾气，把他们爷俩一顿臭骂。在众人的哄笑声中，他们爷俩灰溜溜地走了。

母亲教育我不畏强，也告诉我不能凌弱。我小的时候很顽皮。一天早饭后，我和几位小朋友背着筐去山坡上给羊割草。因为光顾在山上抓山鸡、逮野兔、掏鸟蛋了，都中午了，我什么也没得着，而且筐里才半筐青草。我便把一位比我小的小朋友筐里的青草偷偷地掏到了我的筐里，然后背着满满一筐青草回家了。

就在我回家正吃着中午饭的时候，那位小朋友带着他的妈妈来到我家，对我母亲说明了情况。面对母亲犀利的询问目光，我不敢撒谎，只好如实招了。于是母亲把那筐青草全给了那位小朋友，那位小朋友的母亲说不要了，可是母亲一直给她们送到了家。

母亲回来后，拿起一条笤帚疙瘩，让我趴在一条板凳上，“啪……啪……”母亲一边打一边说：“你长能耐了，我平时咋告诉你的……”

自从那次屁股上挨了母亲的笤帚疙瘩以后，一直到现在，我身上杜绝了此类事情。

（2018 年 1 月 1 日）

和为贵，乐助人

杨　开

我成长在农村，父母亲都是干庄稼活儿的农民。他们以身作则，传承祖辈的“和为贵，乐助人”的家风，让我终身受益！

在我小时候，父亲就经常对我提起太公“和为贵，乐助人”的故事。他说，太公学会了一套中医本事，他走村串户，上门问诊，几十年如一日，医者仁心是他的人生态度。太公常对父亲说：“为人处事和为贵。”父亲铭记着太公的谆谆教诲。

我父亲乐写春联，在偏僻落后的乡村，算是有文化有知识的人了。每有村里乡亲请他写结婚对联，父亲总是笑脸相迎。逢过春节，家里摆开了书写春联的摊子，父亲便废寝忘食为乡亲们义务写春联。那时候，我也常常担当小帮工的角色，帮忙拿写好的春联摆在地面上晾干，折叠好，再一户一户地送给乡邻父老。

父亲对乡邻谦和礼让。有一件事让我难忘。那是家乡由生产队刚刚转变为农户承包责任制的时候，当时父亲担任生产队长，他召开队委会制定方案，然后召开会议公布分田到户方案。父亲说，那天会场像炸开的锅一般，争论声甚是激烈。会后第二天一早，就有七八户农民情绪激动地来到我家，蛮不讲理地谩骂，并对着我父亲说："你定的分田方案，我们有意见，我们分到的田块又远、又瘦薄。"这些乡亲不理解，这分田方案是几上几下、经多次修改完善的，并不是我父亲一个人说了算。我父亲心平气和地对他们劝解释疑。我父亲一户一户上门，耐心细致做好解释工作。其实，这些乡亲的责任田，与其他农户的田地一样，远近综合平衡，肥瘦搭配。

我母亲巧做剪纸。母亲在娘家就学到剪纸艺术。在母亲与父亲结婚后，乡亲们大凡办喜事，都渴望得到母亲的"双喜"剪纸作品添喜庆。我母亲于是常常挑灯夜战，从不要报酬。

我父母在村里与乡亲们和睦相处，关系融洽。我家因此获得乡政府年度"五好家庭"奖励。这是好家风的最好回报。我父母心里感到自豪和高兴。

家风是一种道德的力量。我国是礼义之邦，五千年的文化传承至今，让每个家都形成了富有特色的家风。俗话说，无规矩不成方圆。从孟母三迁到岳母刺字，好的家风，不仅承载了祖祖辈辈对后代的希望和鞭策，也体现了中华民族优良的传统。我成家立业后，在家庭事务、乡亲邻里、兄弟姐妹等各种关系中，总是力所能及地帮助需要帮助的人，为灾区捐款、捐衣物等，献爱心，办善事，我心里感到甜滋滋的。我家“和为贵，乐助人”的家风哺育了我，让我受益终生。

（2018年1月8日）

父亲的家训

贾玉红

我家住在农村，可父亲一生却不太像一个真正的农民。他高高的个子，面容白皙，见人总乐呵呵的，生活再贫困，肩上的担子再重，仿佛永不知忧愁似的，笑容永远那么乐观、真诚与豁达。

父亲宽厚并且不拘小节，自己的生活再贫穷和不堪，也要体谅穷人的处境和难处。

父亲赶集上店买东西从来不问价格。他看中什么，人家给他称好或包好，他乐呵呵地付钱后提起就走，从来不会斤斤计较。每次赶集买菜回来，有人询问他手中买的菜多少钱一斤，他往往答不上来，当母亲责怪他不问价格不知节俭时，他每每脸色一沉，说："一斤菜本来三角五角，都不容易，你还想人家再给你便宜多少！"父亲的这种宽宏大量的为人处世风格，默默地影响着我们，让我们兄妹几个养成好的做人品格。

父亲也是一个热情好客的人，过去的年代，东西稀缺，可是，父亲手头每每有好酒好肉和一点好吃的，都会叫来亲人，一起乐呵呵地分享。父亲有一副“侠义”心肠，他认可好东西加以分享会更香甜的道理。

父亲当过村干部，他经常指着村西河边已成长起来的繁茂的柳林说，那是他年轻时在村里干团委书记时，领着村里的年轻人栽的。我能够想到年轻高大的父亲，朝气蓬勃，领着村中的青年热火朝天栽树的场面。

父亲还曾是十里八村有名的“铁算盘”。镇上的烟站、棉站、粮管所等，收获季节都抢着让父亲去当“账房先生”。小时候我见过父亲工作的场面，他端坐在办公桌前，表情沉稳又严肃，修长的十指把算盘珠拨得“噼里啪啦”爆竹一样不停歇地脆响。父亲是严肃的、认真的，面前叠加的小山一样的账本容不得他半点马虎。

但最让我佩服的还是父亲的一手好字。过年时写春联，邻里乡亲早早就把写春联的红纸送来了，乐于助人的父亲总是不厌其烦地开始他的挥毫泼墨。

打我记事起，我们家贴在大门上的对联一直是：忠厚传家远，诗书继世长。多少年过去了，出门进门抬头就看见的这副对联，深深地印在了我们的脑海中。忠厚永远是我们做人的根本，诗书永远是我们立世的宝藏。

（2018 年 1 月 22 日）

人生无愧问天地

孙登勇

“人生无愧问天地”是父亲留下的家训。

父亲生前在乡村教师岗位上离休。家里最显眼地方悬挂着省里颁发的三十年教龄荣誉奖章。父亲一生俭朴，直到去世，身上还是老旧中山装。我给他买的保暖内衣、皮鞋、新羽绒服，全被搁置在柜底。他经常教育家人：“粗茶淡饭最相宜，不谙小事溃精神。”

父亲最值得称道的是严谨的工作精神。他所教的学科和班级，一直保持全镇模范“铁”位置。在父亲教过的学生中，有的成长为美国知名大学的博士，有的在科技战线上领军，有的主政一方。父亲从没以此炫耀。这些学有所成的孩子送给父亲的带有签名的笔记本、小制作等物件，父亲都默默压在抽屉最底端。父亲常说：“有成就，是孩子努力的结果。教学生是工作责任，有什么骄傲。教不好孩子是失职！”在那个吃饭、穿衣、买红糖都凭票的年代，父亲的学生，有的是商业局干部，有的是供销社领导，父亲从来没求他们办过任何事情。好多人说父亲不会利用关系，父亲却平静地回答："都找，人家能应付过来吗？"

父亲秉持"不为小利毁声誉"的观念。父亲常提醒我们做一个有追求、有道德的人。因此，我姐姐，一位没有文化、普普通通的农村妇女，在丈夫去世后，主动承担起照顾婆婆的担子，给她家众多弟妹带了好头。

那年，村学校搬新校舍，很多办公桌椅被扔在院落，有人趁着夜色拿回自家使用。母亲也动了心。父亲说："问心无愧不能只挂在嘴上，更要落实到行动上。上梁不正下梁必歪！你愿自己的儿女因小失大？"

生活在纷杂的社会环境中，难免被一些俗套、琐屑和不愉快裹挟，每到这时，我总想起父亲"与人无争天地宽"的训导，虽然不能将自己隔于尘外，但能让自己心平气和。除了工作上我始终秉承不甘人后的理念，其他方面决不争高论低。现在，已过天命之年的我也常会教育孩子：人生无愧问天地！

（2018 年 1 月 29 日）

耕读传家，桂冠盈门

张荣起　孙殿仙

日前，我们到龙口市开发区拜访离退休老教师张士俊和刘志岩夫妇，感受到一段家教佳话。

张士俊老师二楼客厅最显眼的是6个戴着“博士帽”的男女青年照片。“这6个博士都是谁家的孩子？”有人好奇地问。“两儿加两媳，一女加一婿。”张老师笑着认真地解释，“不全是博士帽，小儿子与小媳妇还有女婿戴的才是真正的博士帽，大儿与大儿媳及女儿戴的是硕士帽。”接着他告诉大家学位帽的形状颜色一样，但流苏有黑、蓝、红三色，分出学士、硕士和博士三个不同级别。张老师的解释，令大家长了见识，纷纷要求86岁的张老师与89岁的老伴讲述他们传承“耕读为本，孝德为先”的家风故事。

张士俊和刘志岩老师都出生于贫苦的农民之家，他们几代人秉承“人穷志不短”的家训，辛勤耕耘。龙口地处沿海，自古做买卖的多。张士俊的爷爷年轻时也曾尝试着在龙口码头创业，开过钱庄，做过买卖，但经常上当受骗。从此，他给后人立下“要做事，先读书；要做人，先立德；要持家，先行孝”的家规。

张士俊老师幼年因家贫，只读了三年小学。但他胸怀大志，辍学务农时，总是手不释卷，笔不离身，随手记录，至今已积累笔记30余册。张老师1949年被聘为小学教师，教小学三年级兼做教师文化学习辅导员，很快声名鹊起，1956年就被选调到师范学校教语文课。1958年又带薪考上了吉林师范大学中文系，1962年本科毕业后回故乡在芦头中学任教，多次被评为模范教师、先进工作者、学雷锋积极分子，直到1992年离休。

在张老师的影响下，他的三个孩子都喜欢读书。张老师揣摩孩子的心理和认知规律，隔段时间，就买一本新书带回家。姐弟三人总是轮流着读。

好多家长乃至媒体向张老师夫妇请教教育方法。张老师总是淡然地说：“什么方法？顺其自然而已。”他的小儿子在美国就读期间，给父亲邮寄了一张印着一只小熊猫看书的明信片，写着：我一看到小熊猫看书的样子，就想起了父亲珍惜分秒时间看书学习的情景。在孩子们的眼中，父亲的形象就定格在看书学习的画面中。

张士俊夫妇并没有强制孩子每天必须学习多长时间，每次考试成绩必须达到多少分。张老师说：“兴趣是最好的老师。只要孩子喜欢上了读书，养成了学习习惯，自然而然就会取得好成绩。”

在品德教育方面。张老师说：“学习成绩的好坏并不能影响孩子的发展，但没有好的品德，一定会阻碍孩子的发展。”他把诚实本分、忠孝感恩作为修身之本，也是对子女最基本的要求。20世纪70年代初，张士俊家里孩子多，生活困难。他的一位学生平时负责往冷藏厂送虾，有时候，偷着给张士俊带点虾来，张老师从来没有接收。张老师的大儿子张建松上高中时，有一段时间，每次考试名次徘徊在全班二三十名左右。班主任把他视为不抱希望的对象。张老师问儿子：“怎么会这样?”当得知好多学生考试作弊时，张老师反而鼓励儿子要诚实做人，考真实的成绩。高考揭榜后，那些作弊的学生全落榜，而张建松却考入山东农业大学。

张老师夫妻俩经常抓住孩子做了好事的机遇，说：“如果捡到一毛钱不交给警察叔叔，这是过失；如果捡到1万元不交给警察叔叔，这是犯罪，因为丢了1万元钱的人，可能经不住压力去寻短见，这是一条人命啊!”

张士俊夫妇谱写了一曲家风育人、书香致远的新时代园丁之歌，为千万名父母点亮一盏家教的明亮之灯。

（2018年2月5日）

家风是一种坚守

王 超

与家风连在一起的，往往是一桩桩一件件小事。

父亲没上几年学，话不多，他对我的影响，“身教”多于“言传”。

生产队时期，有头骡子病了，身为饲养员的父亲将煮熟的黑豆加到牲口草料里。我饿了，捡起来往嘴里填。“豆子不是咱家的，别吃！”父亲脸色变得异常难看。这句话让我明白一个道理：世上的东西是有归属的，有的属于自己，有的不属于。所谓原则，就是有些杠杠不能突破。

父亲担任生产队长时，常年两腿泥、一身土，与其他翻坷垃种地的社员没啥两样。有一年夏天，生产队组织积肥会战，用河泥加作物秸秆沤制有机肥。父亲头一个下到乌河里，一锨锨将腐臭的淤泥往岸上甩。社员心里有杆秤，少有偷奸耍滑磨洋工的，很自然地形成热火朝天的劳动场面。正所谓“喊破嗓子，不如甩开膀子”。

生产队供养着一位叫李红英的孤寡老太太。父亲揽下照顾老人的任务，谢绝了集体给予的报酬。他给这位无亲无故的老人做饭、请医、洗脸、洗脚、端屎倒尿。老太太九十岁无疾而终，离世时拉着父亲的手。

没多少文化的父亲敬惜字纸、敬畏文化。用报纸糊墙，他一定让我帮着看贴得正不正当，贴在正中的往往是套红印刷的有重要消息的版面。看到孩子一屁股坐到书或报纸上，他会训斥。在他心目中，有字的东西就是文化，文化是不容亵渎的。

父亲的所作所为，沿袭了我们新城王氏的家训门风。

无论是始祖琅琊公王贵的质朴无华、二世善行公王伍的乐善好施，还是四世让德公王耿光超越功名的文化视野和从容潇洒的文化气质、忠勤公王重光“所存者必皆道义之心，所行者必皆道义之事，所友者必皆读书之人，所言者必皆读书之言”的教导；也无论五世司徒公王之垣严谨勤勉的儒学风范，六世方伯公王象晋“绍祖宗一脉真传，克勤克俭；教子孙两行正路，惟读惟耕”的告诫，还是八世渔洋公王士禛修身立己、启迪后人的《手镜》，从中拈出的都是中华传统文化的精髓，成为新城王氏子孙为人处世之纲。

受益于良好的家风，在科举制度臻于完善的明清时期，农耕起家的新城王氏崛起为一个历跨两朝、兴盛200多年的仕宦望族和文化世家。据不完全统计，家族共出进士30位、举人52位，有记载的诸生896位，有著述传世者50余位，享功名者1300余位。官至尚书、御史、侍郎、总督、巡抚、布政使、按察使等三品以上的宫廷重臣9位。令族人骄傲的是，新城王氏众多的为官先贤无一人受刑律处分，无一人有不洁记载。2015年以来，新华社、《人民日报》、中央电视台、《瞭望周刊》等国内重要媒体分别在重要栏目、显要版面宣传介绍新城王氏家学文化。2016年6月14日，中央纪委、监察部网站“中国传统中的家规”栏目正式发布《山东桓台王渔洋家族：忠勤报国，洁己爱民》，对新城王氏家风做了系统介绍。

真正意义上的家风是对传统文化的信仰和敬畏，是融入血脉的精神坚守。我常常想，今天的新城王氏后裔或许无法突破家族先贤创造的显赫的“王半朝”传奇，绝大多数王氏族人都如田野的庄稼般平凡。但不论贫穷还是富裕，他们都能够重学崇儒，抱道守义，坚守做人的本分和底线。

2015年6月，中央电视台综合频道《我有传家宝》栏目组到桓台采访新城王氏后裔。

编导很正式地问我：“你觉得你们家族最值钱的宝贝是什么?”

我答：“一脉传承、代代坚守的家训门风，是真正无价的传家之宝。”

（2018年2月26日）

家人最爱团圆饭

程维平

当我很小的时候，父亲在邻村的一个砖瓦厂做苦工，经常很晚才回家，母亲总是做好了晚饭等父亲。我不乐意，脚前脚后地嚷着肚子饿。母亲就安慰我再等等，或者找几块馒头干让我先垫垫肚皮，然后牵着我的手去村头翘首而盼。

等父亲回了家，母亲乐呵呵地为他打水让他洗脸洗手，而后，我们家才开始吃晚饭。尽管饭菜非常简单，母亲却经常这样做。

后来我上学了，有时候被老师留在学校做功课，放学到了家，便迫不及待地去厨房里找吃的，结果发现父母亲也还没吃晚饭。次数多了，我疑惑不解地问母亲："父亲回家了为什么不早点吃晚饭呢?"母亲笑而不答。父亲则说母亲一定要等我回了家，才能吃个安安稳稳的晚饭。我感激地点点头。

如今，我已经成家立业，父母亲偶尔随着我们到城里住住，母亲仍然操劳着我们的起居生活。一次，晚上单位聚餐，在下午上班之前，我就告诉母亲晚上不要等我吃饭了。母亲应了一声。可是，当酒足饭饱的我回到家时，一家人都在看电视，见我回来了，父亲高呼一声："开饭了！"我一下子蒙了：一家人都在等我吃晚饭吗？"中午我不是说过不要等我吃晚饭了吗？"

母亲似乎想起了什么，连说自己年纪大了，记忆力不好，将我交代的事情给忘了。她还说，等全家人都到齐了，吃个团团圆圆的晚饭，这已经是快一辈子的习惯了。我说："为什么不打我的手机问问呢？"新婚的娇妻插嘴了，她曾经提议打手机，可我母亲坚持不让打，母亲怕我在骑摩托车时接电话不安全。我沉默许久。

那天的晚饭，尽管我已经很饱了，我还是强迫自己再吃了一点，不为别的，我不能让母亲感到失望，更不能让她心灰意冷。我终于彻底明白了，母亲这个一直延续到现在甚至一辈子的好习惯，其实就是一种期盼和祈祷，全家人的平安是她最大的心愿，坐在一起有说有笑地吃晚饭，才是她最好的心理慰藉，而不苛求饭菜的丰盛与否。

母亲的好习惯也顺理成章地成了我们家的家风之一。

（2018年3月5日）

“不怕风吹黄沙，就怕背后扬土”

王海清

在我小的时候，父母在外地工作，我随爷爷奶奶一起生活，因此，跟爷爷奶奶学会很多做人的道理。

爷爷养了几十头猪，经常去村边放。每次路过村民种植的农作物，爷爷都会小心翼翼地赶着猪快速通过。有时，贪吃的猪会啃几口庄稼，爷爷便很恼火，怨自己没看好猪。

我在一旁说：“不就是吃几片叶子吗，也没吃到庄稼。”爷爷却严肃地说：“别人家种地也不容易。”把猪放饱回家之后，爷爷会主动到人家赔礼道歉，还一个劲地说：“等到了秋收时，会送来赔偿的。”“不怕风吹黄沙，就怕背后扬土。”爷爷说，“自己有错误早承认才好。”

离爷爷家不远的山上，有一座国营矿山，每天都会从井里运出许多金矿石。爷爷在矿山里当护矿员。金矿出口处有时会运出来许多废旧的枕木。矿长让爷爷把废枕木收集起来，可以当烧柴，可爷爷总会把枕木上的道钉送给矿里，不求回报。

有一天，矿山的枕木丢失了不少。这可急坏了爷爷。他过意不去，去找矿长道歉。矿长说："丢就丢吧，反正也是给你的。"爷爷却一直放心不下，决心找回枕木。终于，爷爷回忆起来：那几天矿长的小舅子来矿区拉废石盖房，有可能连枕木也一块拉走了。爷爷找到矿长的小舅子家，果然，在废石堆的旁边有一堆枕木。这件事也出乎矿长意料。

第二天，矿长的小舅子把拉到家里的枕木全都拉了回来。矿长召开了全矿职工大会，让小舅子向全体矿工道歉，向爷爷道歉。矿长自己也做了书面检讨：自己对家人疏于监管，导致误会。

"不怕风吹黄沙，就怕背后扬土。"这句话，开始我一点也不懂，可总是挂在爷爷奶奶的嘴上，再看到爷爷奶奶的为人与刚正不阿的秉性，慢慢地咀嚼出这句话并非只是说沙和土那么简单了。

（2018 年 3 月 19 日）

好家风伴人生

樊耀文

古人云：“家风正，则后代正，则源头正，则国正。”什么是家风？郑板桥以竹入联写就的“咬完几句有用书，可充饥食；养成数竿新生竹，直似儿孙”，就是家风。诗句中教育儿孙做人要像竹子一样虚心有节、刚直不阿。

我家兄妹三人，哥哥是某设计单位的总工程师，妹妹是某企业的会计，我靠自学考试拿到了大学本科的文凭。母亲没有文化，她在土改时期参加了扫盲班，认识了字。凭借识字的功底，她到城市找到了工作。在工作中，母亲又通过学习成了一名会计。母亲知道知识的重要，经常告诫我们：“人有志，要靠智，没有智，难立志。”母亲的教诲，对我们兄妹的人生影响很大，激励我们不断进取。

哥哥于1973年下乡，下乡时也不离书本。繁重的农活后，他就看书汲取知识营养。1975年，哥哥被招工回城，仍然保持着良好的读书习惯。1977年恢复高考后，他考上了大学。大学毕业后来到了某设计院工作，成绩斐然。妹妹在1978年考入中专，学习会计，以后在铁路某单位做会计工作。本来我也是应该上大学的，但是，因为我从小患小儿麻痹症，双腿残疾，不能上大学。我就通过自学，获得了大学毕业证书。从1986年起，我开始诗歌、散文、杂文的写作，如今已经写出百万字的书稿。

母亲不仅告诫我们要多学知识，还给我们讲勤俭的道理："一粥一饭，当思来之不易；半丝半缕，恒念物力维艰。"计划经济时代，柴米油盐定量供应，副食品全凭票供应，一个大家庭全靠父母亲挣工分维持生计，我们养成了节约粮食、不浪费的良好习惯。那时候，我非常崇拜母亲，感觉她知道很多。其实母亲只有高小文化。

母亲还经常告诫我们："孝敬老人，严教子孙；尊老爱幼，亲穆存心。"孝在我们兄妹的头脑中根深蒂固。无论是哥哥还是妹妹，还是我，参加工作后的第一个月工资，都给姥爷寄去。记得舅舅对我说，姥爷临走之前，手里攥着我写的信和寄去的钱，姥爷知道我残疾，挣钱不容易，他舍不得花，经常把我写的信和给的钱拿出来看看。

母亲曾经说过的那些谚语，让我们受益匪浅，也影响着她的孙女和外孙。家风、民风、国风是中华民族之风，世代传承，源远流长。感谢母亲给了我们一种好的家风，我们在母亲的教诲之下，在人生的道路上迈出了坚实的一步又一步。

（2018年3月26日）

金光闪闪一支笔

崔维雨

我出生在山东日照海边的一个小村庄，祖祖辈辈靠种田为生。在我们兄弟成长的过程中，我的爷爷、父亲和母亲，都给了我们人生道路上的明确指导。

大哥可能八九岁的那一年春天，一天在街上玩时，看到一群人骑着大马走过。不一会，大哥看到路上有个金光闪闪的东西。我们跑过去一看，是一支钢笔。那时大哥正上三年级，稀罕一支钢笔比吃一顿猪肉还要心切。大哥拿起那支钢笔喜欢得不得了。那支笔有些特别，和学校里学生用的钢笔不一样，但外行不懂笔的人一看，也知道那是一支珍贵无比的稀罕物。

回到家，大哥向父亲卖弄：“爷（家乡对父亲的一种习惯称呼），我拾了一支钢笔……”父亲并没理会。爷爷在一旁听见了立即说：“送给人家，‘拾东西带着三分偷’，我们不稀罕人家的东西，‘冻死迎风站，饿死不弯腰’，不许你们以后稀罕人家东西，更不允许偷……”

“不是偷，是拾的……”大哥争辩。“拾的也不行，拾的也要交给人家……”爷爷说。这时父亲看了一眼那钢笔，接过来看了看说：“这笔不是一般人用的，相当贵重，就是县里穆政委也用不起。”爷爷听说后，更加不准大哥留下那支钢笔。父亲详细询问了事情经过，觉得骑马过去的那些人，非同一般人物。爷爷说：“找不到人，就把笔交给政府。”后来父亲趁着到区里开会的机会，把那支钢笔交给区政府。区政府当然明白，那钢笔不太一般，一级级上报。

一天，我们家来了一群人，里面有父亲称作“穆政委”的大爷，说要见见“拾金不昧”的好少年，给大哥拍了照，并送给大哥一支“金星”牌钢笔。那时，“金星”钢笔是最好的钢笔。听父亲和区里魏政委拉呱：“那钢笔，可以换百支‘金星’钢笔。”

1972年，我15岁，村里死了一个90多岁的老人，父亲叫我去“帮忙”，我拒绝，我说：“死人我不去，喜事我去。”父亲说：“喜事你可以不去，你不去有的是人去，丧事你必须去，你不去，到时我死了，你自己往外背吗?”那次在父亲督促下，我去了，也明白一个道理：帮人家，实际就是帮自己，你平常不帮人家，紧要关头，人家帮你吗？还有一次，我和伙伴淘气，把人家刚栽下的瓜秧用铲子铲坏，母亲说：“做坏事伤天理，天会打雷劈……”并带着我，把铲坏的瓜秧补上。从此，我不敢再做坏事。

现在，我已过花甲之年，也在用祖辈的道理告诫我的孙辈：做人要有善心，不可贪财，不可伤天害理，不可损人利己……中华民族就是祖祖辈辈传承着这种理念，所以，我们是文明之邦，礼义之邦，永远屹立在世界民族之林。

（2018 年 4 月 2 日）

平斗借　尖斗还

张念龙

那些年，生活条件不好，缺点这个、少点那个都是常有的事，因此邻里邻居的就相互借着使用。有些东西可以查个数，借来了如数还回去也就是了。别人家有个大事小情的时候，再到咱家来借。如桌子、椅子、凳子、各类生活工具等，查好借了多少，再如数还回去。有些东西却不能查个数，于是借来了如何还回去就考量借物方的名声。如柴米油盐。

父母在这方面坚持三个原则：一个原则是能不向别人借尽量不开口；再一个原则是好借好还，再借不难，如果不能及时归还，总是提前说对不住，不让人家担心你已忘了；第三个原则是平斗借来，尖斗还回，不要让人觉得你爱占小便宜。因此，父母在村里面的名声非常好。提起父母，村里的人都竖大拇指，说："老张家两口子人实诚，不差事，让人放心！"

记得有一年，还没到秋收，家里的粮食就吃空了，没办法，只能向邻里借麦子。借来时是用新麻袋装的，父母说找个地方过过秤，但是人家说："你们人缘好，我信得过，没那个必要，到时候还上一麻袋就是了。"到了秋天，粮食收了回来，父亲展开麻袋，一个一个地比照，把那个最大号的旧麻袋挑了出来。我问："怎么不用新的?"母亲在旁边说："旧麻袋装得多。"

这是庄户人都知道的常识：旧麻袋由于使用过了，撑得大了，连边边角角都撑开了，所以装得就多。但父母仍然怕亏了人家，装麦子的时候，母亲撑着袋口，装一点，晃一下，再装一点，再晃一下。装到了大半袋的时候，父亲把木锨倒过来，把柄伸进袋子，使劲捣几下，然后再装，直到不能再装才停止。一麻袋麦子立在那里，跟个大狗熊似的。本来借来麦子是扎口的，但还的这袋，由于装得太多了，只能用大马提针把袋子口缝上。

后来我听父亲和母亲交谈得知，他们那样装法，一袋麦子至少要多装 30 斤。这事在村里传开了，有人就说父母太实在了。有人跟父母开玩笑说："你家的麻袋太能装了，别人家最多能装 200 斤，你家的能装 230 斤。这要估袋卖，还不赔死?"由于父母为人厚道，办事实诚，村里人都愿意和父母共事，跟父母说："你家再缺这少那的，就上我家取。你们两口子办事，我们放心。"

家里缺了钱，父母向左邻右舍借，有了钱马上还给人家，一时半会还不上，就天天跟人家说暂时还不上了，还告诉人家什么时候能还上。有时把人家都说得絮烦了，就说："你们两口子办事，我还能不放心?”等还上后，父母总感觉欠了个人情，就通过别的方式还回去，有时送点自家种的东西，二姐会做衣服，人家拿来面料，到了收手工费的时候，父母就说不要了。

父母常常教育我们，过日子得讲究个信用，借来的要按时还给人家。不少人家的，不欠人家的，这样的日子才过得舒坦。人家敬你一尺，你就得敬人家一丈，人家跟你非亲非故的，把东西借给了你，尽管是平斗借来的，但你要尖斗还回去，这样才相处得长远。否则，也就是一锤子的买卖，谁还会跟你共事?把门子过死了，那心里还能舒坦吗?

孝悌诚信，持续学习

王振千

我国素称“礼义之邦”。几千年文明传承告诉我们，家风家训是一种无形的力量。

我家的家风是“孝悌”。俗话说，“百善孝为先”。在儒家学说看来，“仁”是最高的道德原则，而“仁”的基础，则是“孝悌”二字。孔子认为“孝悌”是做人、做学问的根本。因此，我家把“孝悌”作为家风。

《论语》中说：“其为人也孝弟，而好犯上者，鲜矣；不好犯上，而好作乱者，未之有也。”因此，我一向认为，只有懂得“孝悌”的人，才懂得如何宽容待人，以至于修身平天下。而知礼之人，都不会不守家庭规矩，不会破坏社会秩序，不会违反国家法律。

在“孝悌”方面，也不光是对自家人。“老吾老，以及人之老；幼吾幼，以及人之幼。”我们在外面遇到别的老人，也都会懂得谦让，比如说公交车上让座、超市买东西排队等，也期待我们的老人独自在外时能得到同样的尊重。

我家的家训，分为道德和人生两个方面。道德方面，“与朋友交，言而有信”。现在的社会没有“诚信”根本无法立足，更何况，失去了诚信也就失去了自己的本心，失去了自己做人的道德基准，为小利失去做人的原则、丢掉道德是极为不值的。因此，一直以来“诚信”就是我们家家训的重中之重，不管是去商场买东西，还是考试、与人交往等其他事情，一直以来“诚信”二字都是我们做人的基准。

人生修养方面，则是强调学习的重要性。我们都知道，“非学无以广才，非志无以成美”。高远的志向是我们都需要有的。“博学而不穷，笃行而不倦”。一生的学习应该永远不停，广泛的学习不应该随着年龄的增长而停止。“吾生也有涯”，“而知也无涯”，古人的教诲仍在耳畔。学习不应该停止，不管是假期还是工作日，都应该尽可能地抓紧时间学习。

另外要“坚韧”。很多事情最开始做可能感觉很难，但是坚持下来可能有不一样的收获。古人的教诲实在是博大精深，古往今来无数著作都劝我们学习与坚韧。在我看来，学习应该是一生的追求，只有坚持学习，才不会觉得空虚，才会觉得自己的每一天都是充实的，每一天都是崭新的。学习的过程可能是枯燥的，但是只要我们坚持下来，就很容易找到其中的乐趣，并且越来越喜欢学习。换句话说，我们积累知识到一定地步后，在别人面前也会觉得很有成就感。学习不仅仅是学习科学文化知识，还有关于人生的思考。世界上并不是只有数理化，更多的是做人的原则、道德的修养。我的孩子从很小的时候就开始背《论语》《弟子规》《三字经》等，从小就接受古老文明的熏陶。

(2018 年 5 月 7 日)

三条家规不离“孝”

张玉军

我家住在滨州高新区小营街道办事处守义张村。我家三条家规，不离一个“孝”字。

奶奶今年 88 岁了，9 年前不幸得了脑梗，在医院抢救时三天没醒过来，医生都下了病危通知，最后命是保住了，却从此瘫痪在床，不会说话，双目完全失明，除了还有听力，左手还能动，几乎是一个“植物人”。如今，3000 多个日子过去了，奶奶虽然还是像“植物人”，可是面色红润，连一次感冒都没得过。见过当年奶奶生病时情景的乡亲们，几乎不敢相信眼前这一切。这一切源自我们的三条家规。

奶奶出院后，父亲就召集姑、叔开了家庭会，决定充分发挥人多力量大的优势，兄弟姐妹五家轮流赡养老人，还制定了三项“家规”：一是各家交接时兴接不兴送；二是老人点头答应去下一家，下一家才有权接走；三是无论在谁家，其余的也要定期来“请安”。

父亲作为奶奶的长子要做出表率，带头执行三条家规。虽然2009年父亲也得过脑血栓，有一定后遗症，母亲也在2007年不幸患直肠癌，手术后身体元气大伤，但父母仍然在顽强地与病魔战斗的同时，带领姑和叔一起赡养病情更重的奶奶。

我的姑和叔在孝敬老人方面都“不甘示弱”，经常召开“养老经验交流会”。“咱娘的生活规律不能乱了，对身体不好。”母亲对姑和叔说。“要记住什么时间得吃了，什么时间该尿了，几点要拉了，什么时间该睡了，什么时间该吃药了，时间掌握得准。”小姑是当老师的，说起来更是头头是道，“还要随时观察咱娘的细微动作和表情，得用心来琢磨咱娘的意思；有时间经常给她说些笑话，唱段老歌曲，让老人保持良好的心情。”二姑最勤快，她的心得就是要经常给老人擦洗身体，按摩，定期换洗晒衣服被褥……

为让奶奶过得舒适开心，大家想尽了方法。父亲学拉二胡，母亲唱老歌，大姑有空就和奶奶聊天，二姑定期给奶奶按摩，小姑和小叔家条件好，有太阳能，承包给奶奶洗澡的“工程”。就连孙子辈的也加入养老的队伍中来，哥在部队里当过卫生员，定期给奶奶量血压，输水通血管。奶奶最疼我，可是我最没用，最多是回家抢着给奶奶端尿盆，让奶奶抓住我的手抚摸着……

人们都说久病床前无孝子，可我奶奶久病床前有孝子、孝媳、孝女、孝婿，9年来奶奶没有得过褥疮，甚至连一次感冒都没得过。我们一家人的举动感染着乡亲们，村里乡亲们都用赞叹的口吻说："人家六奶奶有福啊！"2013 年 5 月，滨州电视台《民生关注》记者专程来我家拍摄孝老典型，我们家被评为"孝老模范"，事迹在滨州电视台综合频道和黄蓝频道播出过。

好的家风不是说的，是做出来的。

（2018 年 5 月 14 日）

岳氏“忠孝廉”传家

薛海波 杜 杰

“‘精忠报国’和‘文官不爱财，武官不惜死’是我们岳氏族人一直恪守的祖训，也是老祖宗岳飞留给我们的宝贵精神财富。”在嘉祥县孟姑集镇岳楼村岳飞纪念馆内，村民岳留占向我们介绍，“在祖训的影响下，岳氏后人订立了家训家规，成年男子要‘忠、孝、节、义、诚、仁、爱、礼、智、信’，成年女子要‘贤、敏、淑、慎、温、恭、素、雅’。这不仅体现了厚重的家国情怀，而且非常注重从小节中培养勤勉、忠恕、正直、清廉的品格。”

据记载，岳楼村的岳姓是岳飞的后裔，已传续四十代，人口逾万，在孟姑集镇有“无岳不成村”的说法。

“岳飞三子后裔岳峰秀顺治八年中举，康熙元年科七名进士，出任河南开封府封丘县知县，后官至刑科掌印给事中，三品大员，告老还乡后定居嘉祥县。”岳留占介绍说，其太湖石和牛石槽的典故广为流传。

岳峰秀在河南封丘县做知县的时候政绩卓著，得到康熙赏识，被召入京城做官。进京时，岳峰秀辞别封丘百姓，百姓们都依依不舍，赠送了很多珍贵物品，以示感谢，都被其婉言谢绝。岳峰秀说："我在这里做官做事是履职尽责。如果你们觉得过意不去，这里有块太湖石，还有一个牛石槽，你们就把这两件东西送给我吧。"岳峰秀心想：封丘县离我家千里之遥，这两个物件儿分量很大，又有黄河之隔，他们岂能送去。谁知，百姓们把他的推辞话当了真，自发组织起来，历经二十余天，徒步跨越黄河，用牛车将太湖石和牛石槽送到了岳峰秀的老家——嘉祥县岳楼村。岳峰秀及其家人深受感动，将这千里之外送来的珍贵"礼品"仔细存放起来。

"清河岸"石碑也远近闻名。岳峰秀出生、成长在清河岸边，告老还乡时，康熙皇帝特赐"清河岸"石碑一件，以褒奖他一生亲民清廉。至今，太湖石、牛石槽和"清河岸"石碑仍被保存在岳峰秀纪念馆内。

因岳峰秀政绩卓著，在岳峰秀告老还乡之时，康熙皇帝还亲赐蟒服、銮驾，并封其为岳飞的奉祀官，逢年过节、重要活动撰写门联，纪念先人，弘扬忠孝文化。

岳飞和岳峰秀的"忠孝廉"思想也塑造了村民的文化气质，潜移默化地提升了村民的道德水平。多年来，村民养成了"家家户户写门联"的习惯，形成了忠孝淳厚的村风。

（2018年5月21日）

刘家有杆公平秤

刘明明　刘善温

茌平县城北门里刘姓家族，有一杆皇帝亲赐的秤。据说，过去茌平人做生意买卖货物多要到这里过秤才为准。谁家要是怀疑自己买来的东西缺斤短两，也要到这里来鉴别。由此，这杆秤被百姓称为“公平秤”，已在刘家传了二百余年了。

据记载，刘氏家族的先辈刘其恭自幼在皮革店当学徒，学得了一身熟皮、制皮的本事。清乾隆二十五年刘其恭由东阿刘海洋村迁来茌平北门里落户，自立门户，开了家皮革店，因他手艺上乘待人谦和，生意还算兴盛。刘其恭本打算让其独生子刘兴海子承父业，但儿子志不在此，走上了从政之路。

刘兴海（泗海），自幼聪慧，刻苦好学，抱有远大的理想，清乾隆三十三年（1768）考入邑痒（秀才），乾隆三十八年中举，乾隆四十一年（1776）任郓城知县，因成绩卓著，于乾隆五十三年（1788）升任曹州知府。

他在曹州知府任上成绩突出，绘制出曹州段黄河治理图，据此连年组织群众修筑黄河大堤，并提出严格的工程标准和责任要求，施工过程中他更是身先士卒，连续三年坚守在劳动现场，与百姓同吃、同住、同劳动。

他对工程质量要求极严，凡施工不合格的河段，一律拿各县令是问。一次，一个县令因本人负责的一段工程质量有问题想蒙混过关，便趁夜深人静怀揣2000两黄金去贿赂他，并说夜间无人知晓此事，奉劝他收下。刘兴海却义正词严地说："这种事天知、地知、你知、我知，怎么说没人知道呢?"县令听后灰溜溜地把黄金拿了回去，老老实实地组织人员严格按照要求返工。从此，刘兴海得了个"四知"知府的美名。

经过不懈努力，曹州不仅消除了每年的水患，还改造了万亩良田。他努力治理社会环境，平抚一方百姓，除恶安良，杀了一大批恶贯满盈、作恶多端的坏人，清除了那些影响社会发展的不安定因素。他还制定政策，鼓励百姓发展农业；他重视水利建设，实行了引黄灌溉工程，灌溉面积达到十万余亩。不几年工夫，曹州上下社会稳定，经济发展出现了历史上少有的好成就。他在任十几年，做事顺应民心，为政清廉，知人善任，不欺善良。他有不避权势的盛名和威望，深受当地百姓爱戴和景仰。在他告老还乡离职那天，曹州万余名百姓自发组织前往相送，黄河南北的父老乡亲无不洒泪叩拜。离职时他写诗："行囊不存曹州物，唯有民情温腹中。"

清嘉庆十一年（1806），刘兴海告老还乡。当时，茌平三年大旱，颗粒无收，贪婪的县太爷乘机"大秤进、小秤出"，百姓苦不堪言。刘兴海虽已告老还乡，仍义愤上书给皇帝。嘉庆十三年（1808），皇帝下诏，亲赐刘兴海一杆公平秤，让其惩治贪官、抚慰百姓。刘兴海接过秤后，不负使命。由此，“刚正不阿，诚信待人”成为刘家家风，刘家也成为十里八乡公平正义的代表。可惜这杆秤在“文化大革命”中遭到破坏。

（2018 年6 月4 日）

干干净净挣钱

肖　龙

老家的房子建于我读高中时期，距今已近 30 年。近几年，老屋日渐不堪起来，于是我萌生了翻建老屋的想法。我征求母亲的意见，不曾想她却极力反对。她用手指着房顶说："你看看，咱家的房子好着呢，不盖！"

"我宁要心宽，不要屋宽！"末了母亲又补充了一句。

母亲的态度很坚决，于是我退而求其次，要求把西屋重建。这次母亲没有反对我，让我的心稍稍有些安慰。

"你刚刚买过房子，哪来那么些钱？"母亲突然问我。

"你告诉我，是不是受贿了？"母亲语气严厉，表情严肃，好像是我真的受了贿。母亲没读过多少书，但她知道我当时从事纪检工作，多年来她一直告诫我，提醒我，生怕我犯了错误。

母亲的话让我哭笑不得。她明明知道，我买新房子的钱，是卖了旧房后才凑上的，我和妻子还支取了各自的公积金。但她还是不放心，再一次提醒我。我知道，她那是出于对我的爱，就像我小时候犯了错误，她会狠狠地打我一顿。但她现在不打我了，只是拿那些我在工作中可能犯的错误来不断地提醒我，告诫我。

“放心吧，娘，这些钱都是干干净净的!”我对娘说。

父亲在一边坐着，听了我的话后扭头冲着母亲说：“我儿子我知道，他不会犯错误的!”

母亲扭头看了看帮我说话的父亲，又看了看我说：“能有份工作就要满足。自己的工资吃着安心，用着踏实。人家的东西啥时候都不能伸手要。”母亲又指着屋里的家居摆设，指着桌子上的彩电，说：“以前多苦啊！我哪想过能过上这日子！人啊，一定要知足!”

（2018 年 6 月 11 日）

吃亏是福

梁晓娜

母亲是个农民，没有多少文化，也讲不出多少大道理。她说得最多的话就是："人这一辈子能吃多少亏，就有多少福。"

小时候我还不明白她说的话。村里有个穿得破破烂烂的女孩梯，常跑到我家里来串门。我很是讨厌她的脏鼻涕，可母亲竟然把本来做给我的新棉裤给她穿！这件事情让我心里也颇有些委屈。每每看到母亲拿出一只红薯，或者半个热腾腾的蒸馍，递给那双永远脏兮兮的手，我就会满怀愤怒地瞪着她。这种不满，终于在一个下午爆发，当母亲再次要求我给她一支铅笔时，我一把推开了梯。"咚"，她的头撞在了身后的石磨盘上。殷红的血，让我顿时吓傻了眼。我被闻讯赶来的母亲一顿狂打。

我从来没有见过母亲如此愤怒：她的巴掌狠狠地落在了我的屁股上。她说："她比你大一岁，你不叫姐就算了。你小小年纪，就如此狠毒，一点亏都不吃！这还了得!"其实母亲的毒打并没有教会我啥，我只是记住了她说让我吃亏。我唯一明白的是，母亲疼爱这个女孩，只是因为她家里比我家穷。

后来，那个常常像幽灵一样出现在我家的女孩，继续在母亲的庇护下，分享着我的铅笔、橡皮和我的零食。一直到读四年级的时候，一天，两个调皮的小男生盯上了我，他们用一根木棍挑着一只毛毛虫塞进了我的脖子。生性胆小的我，在尖叫声里缩成一团瑟瑟发抖。梯冰凉的小手，伸进了我的衣服里，轻轻捏出了那只肥大的毛毛虫。她说："别哭了，我把它踩死了。"那天，因为一只毛毛虫，我和平日讨厌透顶的梯成了朋友，第一次叫她姐。

多年后，我们都如毛毛虫蜕变成了美丽的蝴蝶。我追爱远嫁他乡，一年只有春节的时候才急急忙忙去看望父母。母亲告诉我，这些年多亏了梯，母亲认她做了干女儿，她的婆家在本村，像对自己父母一样照顾着我的父母：帮母亲收庄稼，带母亲去看病，给母亲端吃送喝。这些是我这个远嫁他乡的女儿都没有做到的。母亲用她的善良，滋养了邻居的穷孩子，却在多年后，收获了一个比亲女儿还孝顺的干女儿。这是我经历的最温暖的故事。

如今我和干姐如亲姐妹一样，我们都被母亲教育成了善良的人。吃亏是福的格言时刻在脑海浮现，因为乐意吃亏，我们结交了很多患难与共的朋友。因为甘愿吃亏，顾客总是愿意心甘情愿地再次购物，甚至还带过来他们的朋友。回想这些年的经商路，多亏了母亲"吃亏是福"的警示。

在母亲去世后，干姐还是如亲女儿一样孝顺我的父亲。她甚至比我们这些亲女儿做得都好。我这才明白母亲常唠叨的话："能吃多少亏，就有多少福。"

（2018 年 6 月 25 日）

好家训带来全家福

秦风明

我母亲今年80岁，仍眼不花、耳不聋、身体硬朗。据母亲讲，60年前，当她第一次踏进夫家大门，面对家徒四壁的残破房屋时，只有18岁的她心中便“凉了半截”。不过，勤劳、朴实、善良的母亲最终在这个家庭中收获了一生的幸福。

真正给母亲带来幸福的，除了父亲那双温暖的手，还有“秦氏家训”在流传数百年后仍然具有的独特魅力和精神力量。

家之教

“一厚伦理、二尊王法、三救急难、四和乡里、五勤本业……”今年大年初一，我家一如既往的新年赛家训项目开始了。我的儿子秦宁背诵家训时，中间稍有停顿，马上便被一旁的我女儿抢过了话头：“下面是六莫非为、七周贫乏、八谨祭祀。”对于我家老少来说，这32个字有千钧之重。

在我看来，将“秦氏家训”真正播撒进每个家庭成员的心田，并让它生根发芽，其实是母亲的功劳。在秦家人眼中，母亲虽然斗大的字不识一升，却是我们人生中最重要的那位导师。

我们村有位五保老人。我从 11 岁开始便在母亲的训导下，主动承担起照顾老人的重任，帮他挑水、做饭，让他开心，为他解闷。如此日复一日，坚持了 6 年之久，直到老人去世。

有人说和我母亲做邻居是一种幸福。在我家姐弟的记忆中，印象深刻的一件事是，小时候有一次，我家生活已拮据到揭不开锅的地步，母亲见邻居小孩饿得直哭，还是叫我们将家中仅剩的半斤米送给了邻居。这一幕深深印在了我的脑海中，也将“和乡里”三个字刻在了我的做人准则中。

建学校、铺道路、修宗祠……村里凡有大事小情，母亲都会带着我们姐弟雪中送炭、救急救难。1999 年，村里修路资金捉襟见肘，我母亲赶紧叫回我。很快，我们几个兄弟姐妹凑了 3000 多块钱送到了村干部手中。我还记得 2011 年，有位村民得了白血病，我母亲亲自带我们登门探望，我们每个人送上两百元慰问金。

我的家里人或属于工薪阶层，或者在家务农，称不上家境殷实。但算下来，在母亲的带动下，我们几兄妹捐出的善款也有几万元了。

在母亲的言传身教下，而今，这个大家庭中的成员在各自不同的岗位上继续践行着“勤本业”的家训。当孩子们一次次将“先进工作者”“最美教师”“最美儿媳”的证书、奖杯捧到老母亲面前时，甜蜜的笑容总会在她的脸上荡漾许久。

家之兴

我的父亲两岁成了孤儿，是由一位家族长辈抚养长大的。后来母亲走进了这个冷清的家庭。“那时家中什么都没有，屋子也破烂不堪，经常是外面下大雨，屋里下小雨。”母亲说。而今，逢年过节，在我家宽敞明亮的楼房前面，相机快门记录下的，却已经是几十张笑脸簇拥下的一位耄耋老人。现在是四世同堂，马上就有第五代了。这张全家福还在不断“扩编”。

从当年的一穷二白，到而今的家业兴旺，是父母用长满老茧的双手撑起来的。

在人民公社时代，老母亲是远近闻名的生产能手，当过生产队长，先后被评为“五好社员”和“先进工作者”。

历经人民公社、改革开放等不同的历史时期，勤于耕作、勤俭持家是我母亲富家兴业的不变“法宝”。如今，母亲已 80 高龄，儿女们早就劝母亲不要种田了，但总是拗不过母亲，至今母亲仍在老家耕种着 2 亩田地。

“生长在农村里当农民，不以耕种为乐，不珍惜来之不易的土地怎么行？国家政策好，我身体还行，耕田种地，自食其力，是件乐事。我只要能劳动，就要把田种下去。”母亲总是这样说。

我理解母亲，因为她属于地地道道的农民。对于农民来说，手心脚底的茧子是他们辛勤的印记，盈盈的晒谷场是他们的荣耀台，粮食是他们从地里收获的一份心血。

家之和

无论这个家的“圆”画得有多大，母亲始终是那个不变的中心。家庭成员多，难免会有一些小矛盾、小摩擦，但大家都会自觉地以老人为重，你让一步，我让一步，乌云便会散开了。

而遇到大事，我家民主议事的传统便开始发挥作用。直到现在，全体成员参加的“家庭会议”仍然是确定许多重大决策的“平台”。“家庭会议”没有彼此攻击的激辩，没有你争我夺的硝烟，只有平等、谦让和温馨。而最让我感动的是，作为家中最小的儿子，“分家”时我尽管不在场，分到的却是最多的。

我生活在这样一个大家庭，和谐，温暖，给予我阳光般的热度，给予我前进的方向，是我的避风港，是我的无形支撑力量。

（2018 年 7 月 16 日）

人虽穷但要有骨气

王广超

我今天想写写我的母亲和她的家风家训。

我的母亲叫彭素梅，已经过世 16 个年头了。我是年届不惑的之人，在我 40 多年的记忆中，母亲经常教育我们“孝敬老人是做人的本分”。母亲“孝亲敬老”做得非常好。那时，爷爷和姥姥姥爷都还健在，母亲对两边的老人一样看待，对他们有求必应，毫无怠慢之心。母亲脾气好，从不顶撞老人家，只要不是原则性的大问题，都顺着他们。我记得小时候，家里生活条件不好，爸爸在矿上每月挣 30 多元钱，还得偿还奶奶病故前四处借贷欠下的债务，别说肉了，连下饭的菜也难得天天吃上，遇上菜里有一块肉，母亲也是夹到爷爷的碗里。那年爷爷突发脑血栓，瘫痪在床，母亲一边忙着种地，养活我们姊妹四人，还得抽时间照顾生病的爷爷。爷爷因为病痛折磨，心情压抑，总是莫名其妙地冲母亲发脾气，即使这样，母亲也并不介意，反而每天坚持背爷爷到卫生院针灸，回家按摩。功夫不负有心人，爷爷能拄着拐棍行走了，那一刻，母亲流下了欣慰的泪水。

母亲虽然不识字，却通过听戏文懂得不少知识和道理。母亲常说“忠厚老实传家远”，“吃亏是福”，推崇“你敬我一尺，我敬你一丈”，要求我们小辈儿的要总想着别人对自己的好，给我说很多做人道理，特别是在“诚信待人”方面，更是不厌其烦地讲，要求我讲诚信，时常教育我说“知恩不报枉为人”，“滴水之恩，当涌泉相报”。时隔40多年，对母亲这些话语我仍清晰地记得。

还有一件事，让我至今无法忘怀。那是一个炎热的夏天，刚上一年级的我放学回来，看到只有姥爷一个人在家，便灵机一动向他要五角钱，说要买铅笔去，其实是想买冰棒吃。记得当时姥爷舍不得给我。我便趁他睡午觉的时候，偷偷从他裤袋里摸出来个由手绢包裹的“布钱包”，小心翼翼地打开，然后数了几张角票的纸币和钢镚，一蹦三尺高地飞奔着去买我垂涎已久的牛奶棒冰去了。没想到这事被母亲知道了，母亲勃然大怒，打我一顿在所难免。我觉得很委屈，大声嚷嚷着：“我没有错，人家天天都有冰棒吃，你又不给我买，我自己拿钱买了，有什么错?”母亲听后更生气了，抡起根棍子打得更狠了，其理论是“三岁看大，七岁看老”，现在就知道馋嘴偷钱花，以后还不得偷进大牢蹲监狱啊！还让我面壁思过，不让我吃午饭。在我认错之后，母亲语重心长地告诉我姥姥姥爷生活的种种不易，要省吃俭用才能从嘴里省下这五角钱，“咱人穷也要穷得有骨气，我们家的人不偷不抢不骗人，一定要诚实，这一点千万不能忘”。

现如今，我的儿子也 16 岁了，我想，我会把这段故事说给他听，我也将身体力行延续我家的家风家训，像当年母亲教育我一样告诉儿子：哪怕生活再贫苦，也不能失去做人的志气。

（刊于 2018 年 8 月 6 日）

村学集

立业

来自基层的创新案例

段新勇◎编

齊魯書社

图书在版编目(CIP)数据

村学集：全3册／段新勇主编；赵宗符等编著. --济南：齐鲁书社，2018. 11

ISBN 978-7-5333-4057-5

Ⅰ. ①村… Ⅱ. ①段… ②赵… Ⅲ. ①农村—社会主义建设—研究—山东 Ⅳ. ①F327. 52

中国版本图书馆CIP数据核字(2018)第270780号

村学集

CUN XUE JI

段新勇 主编 赵宗符等 编著

主管单位 山东出版传媒股份有限公司

出版发行 齊魯書社

社　　址 济南市英雄山路189号

邮　　编 250002

网　　址 www. qlss. com. cn

电子邮箱 qilupress@126. com

营销中心 (0531)82098521 82098519

印　　刷 山东德州新华印务有限责任公司

开　　本 880mm×1230mm 1/32

印　　张 16

插　　页 9

字　　数 295千

版　　次 2018年11月第1版

印　　次 2018年11月第1次印刷

印　　数 1—1500

标准书号 ISBN 978-7-5333-4057-5

定　　价 **58.00元(全3册)**

序

自2016年元月份开始，《农村大众》报社发起了一个面向全省农村读者的活动，这个活动的名称定为“社会主义新农村学习工程”，简称“村学工程”，而为此在村庄中组织起来的农民自愿学习的单位便命名为“学习小组”。

当初之所以发愿搞这样一个活动，是受到了梁漱溟先生的启发。梁先生于20世纪30年代在山东搞乡村建设运动，其根本就在于要培养农民自身的内生动力，从而为乡村的发展提供不竭的源泉。内因是变化的根据，外因是变化的条件。乡村发展的内因是农民，农民是乡村发展的主体。农民之于乡村的发展有了内生动力，乡村发展就会水到渠成。正是有鉴于此，《农村大众》报社联合社会上的志愿者同道，希望在今日亦对农村做一点梁先生当年想做的事情。要培养农民自身的内生动力，就需要增强农民学习的自觉性，学习的内容包括党的方针政策、法律法规、科学技术、优秀文化等。于是，就有了“学习小组”及其系列活动。

把这样一个活动，称为“工程”，在于认识到社会科学不能只是空谈理论，而应像自然科学那样转化为技术，并进而“工程化”，能够有着实实在在的成果。这就是说，要培养农民自身的内生动力，就不仅要在报纸上写文章，而且应当走到农民中间，与他们有着面对面的互动，既说又行，知行合一，这也是走基层的重要方式之一。

党的十九大做出了实施乡村振兴战略的重大决策部署。农民在乡村振兴中发挥着主体作用，这就需要社会各界一起努力，大力培育新型职业农民。“村学工程”在这一过程中也将发挥独特作用。为了更好地让“学习小组”开展活动，我们将前一时期报纸上刊发的文章进行了分类、结集，并辅以《中庸》《大学》的修养哲学，汇为一体，起了个名字叫《村学集》，内容分为三册：立业——来自基层的创新案例；治家——来自乡村的文化传承；安身——来自经典的转化发展，以便于学习、利用。子曰：学而时习之，不亦说乎？

是为序。

赵宗符

2018 年 8 月于济南

（作者系《农村大众》报社总编辑）

总目录

目　录

梁志华，从烧砖人到生态修复者

400 亩旧砖场被他改造成有果树有菜园的农业庄园

《农村大众》记者　张天银　孙成民

梁志华跑到外地承包砖瓦场。十多年后，砖瓦场变成一个巨大的“烂摊子”。面对这样的“烂摊子”，很多人认为梁志华可能拍拍屁股走人——又不是在自家门口，烂就烂呗，眼不见心不烦。可梁志华的选择不是这样，梁志华决定修复这个“烂摊子”。

1998 年，德州市平原县的梁志华跑到济南市济阳县垛石镇老唐庙村，承包了村里的砖瓦场。梁志华年年从场地上取土制砖，加上他来以前砖瓦场取土，导致当地到 2011 年形成了一个占地 400 亩的巨大的“烂摊子”。对这个“烂摊子”，梁志华是怎么转着看心里怎么烦。他决定停止取土制砖，投资对其进行修复。

“虽然不在我的家门口，可我在这里干了十多年，对老唐庙和这片土地有了感情。”梁志华说，“我从这片土地上挣了钱，不能留下400亩没法看的地面走人。”他决心把这片土地修复成生态农业园区。

低洼地和水面改造成200亩湖，里面放养鱼鳖；一堆没用完的土改造成假山，80亩的烧砖场地改造成果园，园内栽植各种果树，树下养着各色畜禽。有人出价30万元要买走梁志华再也不会用的制砖设备。梁志华没有卖，他就地建了个民俗馆，把制砖机器连同工人用的旧板车等放进去。“我想让人知道这片土地的演变历史，从自然状态下的土地，变成取土后的千疮百孔，再到修复后的清水绿树。”梁志华说。

湖水清澈，水中鱼游鳖藏；山上绿树成荫，鸡飞猪跑。梁志华为庄园取了个再简单不过的名字——梁氏庄园。庄园里建起一栋栋白墙青瓦的中式院落供游人居住，院落四周是儿童摸鱼池、水果采摘园、野外帐篷营等。因为生态环境良好，梁氏庄园于2016年被省旅游局评为五星级“农家乐”。

初夏时节，漫步在梁氏庄园，眼中看到的是清水绿树，耳中听到的是羊叫鸡鸣，好一派田园风光。“等我老了，回老家去的时候，能给老唐庙村留下的是一片清水一方净土，这是我此生最大的安慰。”梁志华说。

（2018年6月8日）

一场特大冰雹让待收鸭梨几近绝产，长在瓶子里的却安然无恙

鸭梨长在瓶子里，身价暴增20倍

《农村大众》记者　孙成民　通讯员　李雅芹　林世军

从8 月25 日开始摘梨，阳信县金阳街道办事处张杠子村梨农张秀坤就整天满脸都是笑。他这么高兴，是因为别人一个鸭梨卖5 毛钱，他的却卖到10 元。“新梨上市后，收购价格每斤在1 元左右。平均一个梨重半斤，他们的梨套在袋子里，能卖5 毛钱；我能卖到10 元钱，是因为我的梨是装在瓶子里的。”他说。

张秀坤家的20 亩梨园里，摘了八千多个装在瓶子里的梨，这让8 万元钱进了他的口袋；其他没装到瓶子里的梨，一样是套在袋子里，产量一点也不低。

今年秋天，和张秀坤一样为此高兴的，还有当地的其他3 户梨农。这4 户梨农一个鸭梨能卖出这么高的价钱，是因为一个叫万建逢的农民。

今年29 岁的万建逢是阳信县商店镇万家村农民。万建逢

初中毕业后，一直做生意。2012 年，他从网上看到，南方有用装在瓶子里的果品做酒的，这能让果品身价大幅度提高。阳信鸭梨全国闻名，能不能也装在瓶子里做成酒？

要让鸭梨完整地装在酒瓶子里，必须在梨很小的时候，把瓶子挂在树上，让梨连同梨柄一起伸到瓶子里。人们让梨在瓶中慢慢长大，成熟后摘下来灌进高度白酒，在不添加防腐剂的情况下，最后做成“梨酒”。做成的“梨酒”中，梨能长时间保持光鲜不说，还能释放出果酸和维生素，让酒喝起来口感更柔和。

2013 年春天，万建逢进了 1000 个容量为 500 毫升的白酒瓶子，在一个朋友的梨园里做试验。到了秋后，他发现一个大问题：梨在瓶中长，梨大瓶子小，不但梨的形状被挤变了，而且塞满了瓶子，灌不进酒。

2014 年，万建逢进了 2000 个容量为 1000 毫升的酒瓶，又挂在树上。采摘时，他发现只有 20% 的梨符合做酒要求。总结问题，他找到了几个主要原因：瓶口长梨柄短，梨的一部分长在瓶嘴，同样被挤住了；刮风时瓶子摇晃，把梨柄扭掉或扭伤了；夏季天热时，瓶内温度达 45 度，把梨皮烫黑了；还有从瓶口进去杂物，包括病菌和害虫。

2015 年，万建逢又在朋友的梨园里挂上了 5000 个酒瓶子。还是容量为 1000 毫升的，缩短了瓶口。挂好后，他把瓶口堵住，再套上黑色塑料袋，以遮挡夏日阳光。当年，他收获了符合做酒要求的 4000 个长在瓶子里的梨。这种梨要求单个重在 3

两以上，外形要光鲜好看。他试着用这种梨做成“梨酒”，结果很快被客户订走，仅天津的一个客户就要走2000瓶。

今年，万建逢在当地4家农民的梨园里，挂了2万个瓶子，最后约90%的梨达到做酒要求，大的长到八九两重。酒瓶及塑料袋由万建逢免费提供，由梨农负责挂上去。摘梨时数瓶子——瓶内长着符合做酒要求的梨，每个10元钱。更重要的是，梨树上挂着这样的酒瓶，并不影响其他梨的生长。

万建逢的成功，引起了金阳街道办事处的注意。该办事处找到万建逢：我们在搞精准扶贫，你能不能帮帮贫困户。万建逢对此很高兴：“我明年至少要挂10万瓶，挂在谁家的梨树上都行。能帮助贫困户增加收入，这是件好事。”现在，万建逢已经与金阳街道办事处达成协议，酒瓶优先挂在该办事处选定的贫困户家的梨树上。

（2016年9月12日）

李云升：260 亩玉米地里养了 2 万只鹅

田间挖了 6000 米深沟蓄水，作为鹅的“游乐场”

《农村大众》记者 孙成民 张天银 通讯员 高占根 王建彬

暴雨从 7 月 31 日深夜 2 点一直下到早晨 5 点 40 分。下了这么长时间的暴雨，李云升很着急，好处是风小雷少，风大了能刮坏鹅棚，雷声大了鹅会受惊吓。

比李云升更着急的，是他养的 2 万只鹅。这些鹅夏季早晨 4 点多就要到田间吃草，可现在雨大，栅栏门关着，它们早就饿得肚子瘪瘪的，却只能待在棚子里，在雨声中伸长脖子，看着棚外几米远的嫩绿的墨西哥玉米叶子大声“抗议”。

不想再污染环境

李云升是滨州市沾化区富源街道办事处小房村农民，今年 42 岁。他说：“我以前干化工，厂子建在农村，因为有污染，政府不高兴，周边的农民也不满意。现在我养鹅，并且是纯绿色的，不污染空气不污染水，谁看了都高兴。”

李云升干了7年多化工，政府对环保的要求越来越高，他觉得再干下去也不是事儿。改行，干什么好呢？从媒体上看到，养鹅不错。他回家问老母亲。老母亲说，很早以前家中是养过3只鹅，鹅只吃草，不用喂一点粮食。

他到周边村转转，想找个养鹅的问问，可一只鹅也没看到。2015年夏天，他跑到江苏等地，问当地农民养鹅怎么样。当地农民说，很好啊，鹅得病很少，只在15天龄前防疫3次，以后不打针不吃药，针药用得这样少，食品安全绝对没问题。

李云升是个农民，他知道鸡鸭鹅之类的，整天圈在棚子里，虽然也长，但吃起来口感不行。它们都需要开阔的空地，都需要新鲜的空气。

李云升需要一大片空地，不仅用来让鹅活动，还可以长草供鹅取食。

四百多亩荒碱地

小房村村西3里多远，有一大片“空地”。这片地因为盐碱，只零星种着些棉花，一年一季，收不收还要看天，其他地方长满芦苇和杂草。这片地共四百多亩，是双陈村的。

李云升跑到双陈村，提出要包这片地。有人愿包这片地，村集体能有份收入，双陈村当然乐意了。结果，李云升包下这四百多亩地，承包期为15年。

2015年秋收过后，李云升雇来挖掘机，把这片地整平，整成一块块的。在整地的过程中，他还在田间挖出了6000米长的深沟。沟宽8至15米，深6米。这样的沟，天旱时也不会干涸。

李云升说，鹅需要经常喝水，更喜欢洗澡。他在田间挖的这些深沟，就是用来让鹅喝水、洗澡的。

260亩墨西哥玉米

李云升开始的想法是，地里只让长草，然后用来放养鹅。在整地的过程中，他想到了墨西哥玉米。几年前，在干企业的同时，他养过一百五十来头奶牛，种过墨西哥玉米喂牛。这种玉米蛋白质含量高，更重要的是，长得快，分蘖强。

四百多亩地，除去沟、路等占地，还有260亩地可种。2016年春天，他把这些地全种上了墨西哥玉米。李云升说："刚开始养鹅，能不能行心里没底。但我想好了，只要有草（他指的是墨西哥玉米），就赔不了。草一茬茬地长出来，鹅每天吃草，在喂食上不花钱，就不会赔钱。"

12个田间鹅棚

李云升在田间建起了12个鹅棚。这种棚子很简单，四面敞开着，鹅可以从任何一个方向进出，风可以从任何一个方向吹过。李云升解释说，在田间养鹅，必须建棚子：春天鹅小，晚上气温低，鹅在棚内相互挤靠着，暖和；夏季田间太阳直晒，长到半大的鹅大翎不全，必须有个地方让它们乘凉、躲雨。

在整地过程中，种玉米的地、挖的沟、建的棚子都规划好了。每个棚子周边地的亩数差不多，棚子边就是水沟，鹅在棚内乘凉、躲雨（取暖），在田间吃草，在沟内喝水、洗澡。

2 万只鹅转场放养

2016 年 5 月 23 日，李云升从外省购进了 1.3 万只鹅苗。看到鹅苗太小难以自己取食，他就买来粉碎机，把玉米粉碎加上麸子等喂小鹅。20 天后，小鹅可以吃草了，田间的玉米也长到近一拃高，他便让小鹅到田间吃鲜嫩的玉米叶子。

鹅到哪块地里吃玉米叶子，并不由鹅决定。每个棚子四周的墨西哥玉米地，都用铁丝网围成一块块的长条，每块地通往鹅棚的地方是用铁丝网做成的门。他想让鹅吃哪块地，就打开哪块地的门。

李云升说，鹅吃过后，玉米叶子一个星期又长起来。轮流让鹅吃不同地块的玉米叶茎，就如同在草原上转场放牧，吃完一圈，最早吃过的地方又可以放牧了。并且，鹅在长大，草在长高。从春到秋，一块地可以放牧 10 至 15 遍。

7 月 31 日，记者在李云升的田间看到，原来满是三四十厘米高、嫩绿的玉米茎叶，众鹅过后，便光秃秃的了。仔细看，才能看到露在地表的一指来高的玉米嫩茎。在没被鹅吃过的地方，记者仔细数了一下，一棵墨西哥玉米最多的有 8 个分蘖。

今年雨水充盈，田间玉米长得好，草也长得好。对于那些鹅基本不吃的草，李云升也让其在田间长着。夏天太阳毒，有这些杂草，鹅可以躲躲太阳。李云升为了让鹅在田间能有个乘凉的地方，每块长条地里都种了一排树，但现在树小，还不能成荫。

李云升今年在田间养了2万只鹅，到7月31日，大的养了67天，平均单只重约7斤；小的养了55天，平均单只重超过5斤。

一只鹅纯利50元

李云升养鹅的成本，除去前期整地、挖沟、建棚等费用，很好算：田间只有5个工人，每天的工作是打扫鹅粪和决定让鹅到哪块地里吃草；防疫由提供鹅苗的厂家免费做；还有早期喂小鹅的玉米、麸子；电费。此外，几乎没有了。

农历十月，南方人开始大量吃鹅，李云升养的鹅也可以卖了。“一只鹅9斤重，卖90元钱，成本连承包地的费用都算进去，最多40元，一只挣50元钱。”李云升说。

李云升2016年开始养鹅时，周边农民过来看热闹，却很少有农民找李云升问养鹅的事儿，有一个问的，还是问了这样一个问题：“你养这么多鹅，长大了卖给谁?”

去年深秋，南方的车过来拉鹅时，农民过来看热闹的多了。李云升一只鹅挣多少钱，帮助养鹅的5个农民很清楚。这以后，不断有农民找李云升问养鹅的事儿。李云升说：“你养吧，我给你提供鹅苗和养殖技术，帮助你卖鹅。”

李云升说，他包的地盐碱高，现在一亩地可以养鹅80只。

他每年种玉米前，多施牛粪等，中间不用再施肥，而且鹅是直肠子，边在田间吃草边拉屎，也在改良土壤。“到明年，我的地一亩便能养100只鹅。”

农民的耕地，一亩可以养一百多只，好的地块应该能养到150只。李云升说，当地3口之家，自家承包地加周边荒地，基本都有十多亩，再流转点，种上二十来亩墨西哥玉米，养上二千来只鹅，一年至少有8万元的纯收入，而且夫妻两个人完全可以忙过来，投入也不大，为养鹅在田间建棚、挖水池（沟）的总费用也不过5000元。

李云升想带领当地农民养鹅。“我是个农民，知道没钱的日子不好过。”他说。为此，他成立了养殖专业合作社，今年已经有3户农民跟着他养起了鹅。“明年，我估计至少能发展到20户。”他的想法是，利用当地的土地资源，尽快让当地的养鹅规模达到15万只。

相关链接

李云升养鹅的教训

李云升说，2016年他养的1.3万只鹅，实际平均每只利润只有30元。利润低的原因，是因为死亡率高。鹅在养殖过程中，正常死亡率不超过5%，而他去年养的鹅，死亡率达到15%。“主要是非正常死亡。”他说。

鹅棚内用来捆绑、吊挂的绳子是绿色的，草也是绿色的。鹅在棚内没事就用嘴咬这些绿绳子。当鹅从绳头开始吃，吃下二三米时，绳子一头在鹅肚子里，一头在上面拴着，便将鹅慢慢吊起来。“去年初夏，我早晨到鹅棚里看看，总能看到吊死的鹅，最多的时候一天吊死一百多只。”李云升说，“这些吊死的鹅都是长势好、活力强的，真心痛。”

后来，李云升和工人把棚子里的绳子绑高些，觉得鹅够不着了。可鹅一天天长大，脖子又长，还是能够着绳子，还是有鹅被吊死。李云升便再次绑绳子，低的地方换成铁丝；用绳子的地方，鹅再长也不会够到。

新开挖的水沟两边坡度大，这又让不少鹅“非正常死亡”。鹅在沟内喝水、洗澡时，喜欢啄水边的泥，啄的洞越来越大、越来越深，最后形成塌方，鹅被压死在下面。而且，水沟坡度大了，小鹅和体弱些的鹅上不来，一次次的尝试，耗尽体力，最后在水中累死、饿死。为此，李云升重新修整了水沟两边的坡度，这样既不会塌方，鹅也能轻易上来。解决了这些问题，李云升说，到现在，他今年养的2万只鹅死亡率很低。

（2017年8月9日）

管道连接养猪场，农场一年“减肥”36吨

养殖废弃物通过管道输送至农场，农场制成液态有机肥和底肥

《农村大众》记者　孙成民　张天银　通讯员　高　雷

邹平县长山镇有个八方生态农场。农场是流转了当地农民2700亩土地建起来的。农场主（也是董事长）石学君说，2013年建立农场，取名字时之所以加上“生态”两个字，是想着真正生产出生态型农产品，让人吃着放心。

可真要实现生态化生产，谈何容易。不用化肥，产量太低，农场种一季赔一季。周边倒是有个规模达8000头的养猪场，石学君却说他用不起里面的猪粪。石学君所说的用不起，并不是养猪场的老板对猪粪漫天要价，相反，人家是赔着笑脸求他去拉，而且一分钱不要。

前些年当地农民种菜的多，养猪场的猪粪让种菜的农民拉走了。近几年当地农民多把土地流转出去，很少有人种菜，便没人拉猪粪，养猪场的老板因此发急。养猪场老板发急是因为环保问题：猪粪没人拉，也绝不敢排送到别的地方，堆在养猪

场里算咋回事呢?

石学君不想去拉猪粪，虽然他知道种地这可是好东西。他不想拉，是因为他算清了一笔账：拉一车猪粪，运费200元，装卸费70元，一亩地要用5车猪粪，总费用是1350元；用化肥，一袋就够了，才120元。“我种地，不赔本才是最大的前提。”他说。

石学君用化肥种着地，没法对外说他的农场是生态型的，心里很急；养猪场的老板因为没人来拉猪粪，心里也很急。心里都急的两个人最后坐到一起，商量出个办法：铺设管道，把养猪场的猪粪猪尿直接送到农场里。

2016年春天，养猪场和农场之间，铺设了500多米的输送管道。费用两家分摊，养猪场出管道，农场负责铺设。

石学君在农场里建了7个大化粪池，总容量达140立方米。养猪场用高压泵把猪粪猪尿打进管道，送到农场。这些东西先进入农场最大的一个化粪池，然后再分抽到6个小池子里去。抽的过程中，同时完成两道工序：脱水，把干物质分离出来，用卷扬机送到外面，堆积在一起发酵；在6个小池中加入酵母菌，加快其中的有机物分解。经过二十来天，小池中的粪水便可以熟化，成为很好的液态有机肥。

为了施用这种有机肥，石学君买来了大型的平移式喷灌机。这种喷灌机宽400米，一次设定后可以在700米的距离内来回移动，并且其间不用人管。

有了这些，施肥便是再简单不过的事了。浇地时，抽水机把水抽到水泥砌成的渠道里；熟化好了的液态有机肥同时用管道抽送到抽水机出口处。这样水和肥在进入渠道的同时，便经过了充分混合。然后，喷灌机再从渠道里抽水，均匀洒向田间。

石学君说，他的2000亩粮食作物采用的是这种办法；600亩经济作物，则是用管道直接把混合好的粪水送到地里，50米一个出水口，施用方便得很。

脱水过程中产生的干物质，经过充分发酵，是很好的底肥。有了这种底肥，再播种前就不用施用化肥；有了液态有机肥，作物生长过程中就不用追用化肥。这样，石学君一亩地一年可以省下170多元的化肥钱。“可惜少了。”石学君说。

石学君所说的“少了”，是现在能提供给他的猪粪猪尿少了。除了相邻的养猪场，还有农民自己拉着猪粪送来，但总量不大。“我大体算了一下，给我3万头养殖规模的养猪场的猪粪猪尿，我种地就可以不再用化肥。”他说，“如果真能这样，我到处就可以理直气壮地说，我在搞生态农场。”

（2018年1月3日）

分地35年后，陶庄村再走“集体路”

村里组建合作社，8位种田能手经营全村土地，一年两次分红

《农村大众》记者　孙成民　张天银　通讯员　王　猛　祝齐飞

8月底，是玉米定产的时候。这几天，宋成彬和李占芝天天往地里跑。他们和其他6个人种着全村几乎所有的耕地，今秋玉米收成如何，他们睡觉前都要在心里盘算一遍。

“至少能平均亩产1200斤。”两人把每块玉米地转完后，心里有了底，脸也不再紧绷着了。

宋成彬和李占芝分别是宁津县保店镇陶庄村的党支部书记和村委会主任，一个56岁，一个63岁。

地该如何种下去

陶庄是个只有72户人家、274口人的小村，人均1.4亩耕地。一年两季，村民在地里种着玉米和小麦。种粮收入太低，年轻人基本全跑到离家十来里远的县城打工。种地，成了村民一早一晚的副业。

今年年初，保店镇镇长李荣兴找到宋成彬说：“你们村的地，下步该咋个种法？可以试一下土地规模化经营。”

周边有些地方实行的土地规模化经营，是有钱的大户流转农民的土地。宋成彬说，土地上收入虽然不多，但村民对土地很认真，不愿把地流转给他们不熟悉的人。再说，土地流转后，土地增加的收益，让大户拿走了，村集体和村民都不能受多大益。

宋成彬与村班子成员商量：能不能把地集中起来，由村干部带着几个人帮助农民种地？商量的结果，提出两个疑问：村民同意吗？经营不好怎么办？

村里召开党员座谈会。有党员提出：村民自己种地，收多收少，自己明白是咋回事儿；交给集体，村民能放心吗？

党员心里也没底，那就逐户摸底。村“两委”会成员用了3个晚上，每晚上叫来25个左右的户，每户派一两个代表参加，逐户了解村民的看法。摸底的结果是，约八成村民同意把地交给村集体。他们担心的是，村干部是不是会用心种他们的地，能不能增收。

村民大会上的两笔账

摸底过后，陶庄村召开了全体村民大会。在会上，宋成彬向村民细算了两笔账。这两笔账，“两委”会的全体4名干部，不知算过多少遍。

一笔账是农民自己种地。玉米，耕种收以及化肥、种子、农药等，现金支出315元钱。小麦，耕种收以及化肥、种子、农药等，现金支出510元。一季一亩地需要3个工，一个工按50元计算，共计150元。这样算下来，种一亩地一年的总费用是1125元，一年两季粮，除去投资，纯收益能剩下一季就不错了。

集体种粮，因为规模化购买农资、雇用机械，价格都低。具体来说，一亩地一年用两袋化肥，跟村民自己购买相比，可省20元；种子可省20元；耕种收雇用机械可省30元；用工两个就够了，可省50元。不算浇地，一亩地至少可以节省120元。更重要的是，村民把地交给集体后，可以专心打工或做生意，能有更多的收入。

算完了账，宋成彬在会上说，散了会后，村民之间和村民家庭成员之间，对是否把土地交给集体经营，要多讨论、多商量。

讨论、商量的最后结果是，全村70.5户同意把420亩地交给集体，由村干部领着人管理。有一户不愿意参加；另一户是老两口，养着一群羊，需要种点地，用收获的秸秆、玉米喂羊，因此只交给集体一部分，算半户。1.5户没交给集体的耕地，共7亩。

土地入股，集中经营

为统一经营村民交给集体的土地，中共陶庄村党支部、陶庄村村委会成立了土地股份经营合作社。2016年4月16日，合作社与71户村民签订了土地入股经营合同。

合同约定，村民以土地入股，自当年种植玉米时期到次年玉米种植时期为一个入股合作周期。每个周期满后，入股村民可自愿选择是否与合作社合作。村民要想退股，由合作社负责按照入股亩数，合理安排地块。也就是说，退股的村民再耕种的往往不是原有的承包地块，以免影响集中连片规模化经营。

合作社决定入股土地的具体经营，入股村民不得随意干涉，而一切生产性费用，由合作社负责垫付。此外，合作社在经营过程中，必须保证土地的农业用途，必须保护好耕地和农田水利设施。

整个农业生产过程中，合作社必须实时公开公布各项生产作业投入相关费用。

土地收益，实行两次分红

合作社与土地入股村民约定的产量标准为小麦亩产950斤、玉米1100斤。每个种植周期结束，合作社核算出所有入股土地的种植成本，然后按照当时的市场价格，计算出标准产量下的毛收入。毛收入减去种植成本后，对村民按照入股土地亩数进行第一次分红。

第一次分红后，剩余利润的50%对入股村民按入股土地亩数进行第二次分红。最后剩下的，用于合作社的运转费用、资金积累和村集体收益。“合作社的钱，绝不能私分，有了钱，还是用在为村民办事上。”宋成彬说。

宋成彬算了下正常年景村民的第二次分红。正常年景，亩产小麦1000斤、玉米1200斤，分别比约定的标准产量高50斤和100斤。每亩多出来的这150斤粮食，是第二次分红的一部分。其实，能作为二次分红的，并不只有420亩地的产出。村民交给集体的土地，经过合作社统一整理，挖掉不再使用的田间小路及原来各户的田间分界田埂，土地实际种植面积增加了5%，也就是21亩。这21亩地一年所产的粮食，全部进入二次分红。

"因为只种了一季，村民入股一亩地，两次分红具体是多少，现在没法确定。"宋成彬说。

8个人具体经营

合作社的主要骨干人员，除了4名村干部，又由全体股民大会选出了4个村民当理事、监事。选人的条件有两个：一个要有责任心，一个是种地水平要高。合作社的420亩地，便由这8个人具体经营。合作社的账和钱，由股民选出来的两个人管理。村干部不管合作社的钱和账，是为了让村民知道，合作社的账目完全由股民选出来的人掌握着。

"现在种地主要靠机械，即便是打药、浇地用人工多的时候，8个人也能忙过来。"李占芝说。这8个人，年龄最小的54岁，最大的宋玉明已经74岁了，他们都是村里公认的种地好手。

这8人中，只有股民选出来的4个人一年有1000元的工资，村干部不享受这个待遇。“一个种植周期结束后，丰收了会有奖金，奖金多少要看挣了多少钱。”宋成彬说。地里有活，不管派8个人当中的谁去干，都是一人一天50元钱。这是当地雇人干农活的最低工资。

以前，天旱浇地是用工最多的农活。合作社成立后，镇里支援给合作社3台自走式喷灌机，用这种机器浇地省水省工。“玉米种上后，基本没旱着，今年浇玉米能省下3000多元钱。”这让宋成彬很高兴。

合作后的顺与不顺

说到合作社成立后的合作，宋成彬说，有顺的地方，也有不顺的地方。

顺的地方是镇党委、镇政府很支持陶庄村的这种探索试验。更重要的是村民支持，都希望合作社能经营下去，这样他们既省去了田间劳作之苦，地里收入又不减少，还能专心外出打工。这给宋成彬他们坚持把合作社办好以很大信心。

不顺的地方，是没有钱。村集体没钱，合作社成立后，全部启动资金是借来的5万元钱。单纯种粮收益毕竟太低，合作社想搞120亩的蔬菜种植，再拿出300亩地搞小麦育种。“可这都需要前期投资。慢慢积累吧，我们几个人用心干，合作社会攒下些钱，到那时再扩大经济作物种植面积。”宋成彬说。

（2016年9月14日）

从此有人管了，沂水小农水确权颁证

所有权归镇政府，使用权归用水者协会，破解了管护主体缺位难题

《农村大众》记者 郭 杰 通讯员 宝 宗 兆 增 成 刚

5 月 11 日，虽说前两天下了场雨，但只是湿了湿地皮，沂水县许家湖镇小李马庄村的李勇涛到自家的果园里转了转，“得叫李勇胜来看看，再浇一次水。”李勇胜，许家湖镇农民用水者协会会员之一。现在许家湖片区政府投资的小农水的使用、管护权就归协会 70 人所有。

长期以来，小农水面临着一个共同的难题：有人用、无人管，投入乏力。如今，沂水在全省抢先破题，通过明晰所有权、使用权，解决了这一普遍难题。

曾经：

有人建、无人管

有人用、无人修

在沂水县四十里堡镇大赵家屯村，机井里的清水汩汩而

出，顺着灌溉管网流向田间……镇水利站站长、农民用水者协会会长贾秋宇说，协会 68 个水管员，要确保 3.7 万亩农田“旱能灌、涝能排”。

大赵家屯村位于沂蒙山腹地，山区地形决定了这里的农业生产用水主要依靠塘坝、水池和沟渠。但由于工程权属主体与使用受益主体错位、管理责任无法落实，曾一度导致水利工程无法充分发挥其作用。

“那些水渠、塘坝，以前谁都不愿意修。”水管员赵纪华说，农户们普遍抱着“不是我的，凭啥要我修”的心态。每年春冬农闲，村里的沟渠、蓄水池都找不到人清淤、加固。若要请人来干，又是一笔不小的开支，经济实力弱的村难以承担。而到了灌溉时节，庄稼喊渴，村民之间为浇地吵架的事时有发生。

沂水县水利局农水科科长张瑞春认为，随着农业生产经营方式的变化，旧有的小农水管护体制已经无法延续下去，“很多地方土地流转了，但是水渠、塘坝还在村集体名下，可村集体精力、财力又有限，很难管好这些水利工程。究其原因，主要还是权属关系模糊造成的”。

试点：

产权归镇政府

使用权归用水者协会

2014 年 10 月，沂水成为我省农田水利设施产权制度改革试点县，四十里堡和许家湖两镇被纳入试点范围。

2015 年 8 月，沂水县制定《沂水县小型农田水利设施运行维护管理办法（试行）》，按规定，由政府财政出资修建的塘坝、水池、河堰等小农水项目的所有权归镇政府，使用、管理权归农民用水者协会。同时，协会必须承担对水利工程的管护责任。

目前，沂水县按照一镇一协会的构想，由村庄民主推荐一名水管员组建成立了 18 个农民用水者协会。根据“谁受益、谁维护、谁管理”的原则，由用水者协会根据各村农户的用水需求送水到地头，同时向各户收取水费。

“有的‘小农水’规模比较大，一个项目涉及多个村，如果分解确权到村，既不方便使用，也很容易引发矛盾。”张瑞春对工程没有确权到村进行了解释。

那么，小农水使用权价值如何估量？“工程本身的形态决定了它的价值。”张瑞春介绍，有的协会在正式确权之前，就曾考虑过小农水创新使用方式的问题。县水利局决定，与确权颁证同步进行工程价值评估，主要根据坝高、坝长等硬指标予以量化。这样一来，如果将来有协会要将小农水进行抵押，就有了价格参照。

2015 年 6 月，四十里堡镇农民用水者协会拿到了 237 处小农水的使用权证。“有了产权证，就有了责任。”贾秋宇说，如果管不好水，农民浇不上地，那你肯定没法交代。

运转：

微利经营

管护主体不缺位

农村小水利，难在有人建、没人管。在沂水的两个试点镇，通过市场化运作，小农水流得越来越欢。

赵纪华正在检查一处机井，他现在变得很忙。他说，他的工作就是听村民调遣，一个电话，他就要赶到地里给村民放水。同时，还要定期试井，查看沟渠、塘坝，确保水能畅流。

既然是市场化运作，用水者协会会不会大幅提高水价？李勇涛家的40亩果园全种在丘陵上，他介绍说："确权之前，浇一亩地要花四五十元，确权由协会运作后，自流水是12元一亩，而且，水管等配套齐全，一个妇女也能浇地。"

水价不升反降，得益于县里制定的微利经营的收费标准。张瑞春介绍说，自流井每方水的价格是0.50元，用电的话，费用略高，为每方0.75元。在此基础上，各协会的水价可略有浮动。所以，现在四十里堡镇的执行水价是每小时15~20元，许家湖镇的执行水价是每小时12~17元。

"水价是根据水管员人工费、电费、维修管护费三项，仔细核算出来的。"许家湖镇农民用水者协会会长赵勇说，"协会只是微利经营。"

一次确权并不是终身有效。在南小尧风光电互补发电提水蓄水项目的使用权证上，记者看到，上面不仅登记了所有权人和使用权人，还登记了这项工程的经营起止日期为2015年2

月 3 日至 2017 年 2 月 10 日，工程确权价值为 198.91 万元等内容。

到目前，两个试点镇已有 249 处“小农水”确权颁证，还有 268 处正在办理过程中。“把水利设施交给协会管护，解决了小型水利工程管护主体缺位的难题，实现了平时有人管、坏了有人修，有效保障了国家资产不损坏、不流失，确保了农村水利工程长期发挥效益。”赵勇说。

（2016 年 5 月 24 日）

传统手工艺回来了　冷清山村热闹了

活态传承让“乡村记忆”成为“乡村产业”

《农村大众》记者　郭　杰　通讯员　薛　晴

乡村振兴，如何因地制宜，留住农村的文化记忆？沂南县通过对乡村传统文化的挖掘与培育，既极大地丰富了当地的文化生活，更打造出一批乡村特色文化产业，成为乡村文化振兴的一个现实样本。

4 月 29 日上午，沂南马牧池乡常山村的红嫂家乡旅游区暨沂蒙红色影视基地景区里，来自省内外的小学生，有三四百人之多，他们到这里来参加红色研学游活动。

白天，孩子们走进红嫂纪念馆、革命英雄事迹展示馆、将帅纪念馆、领导题词碑林等，聆听革命先辈的故事。晚上，孩子们在父母的陪伴下，在户外撑起帐篷，宿营在古村，体会王维《鸟鸣涧》中“夜静春山空”“月出惊山鸟”的宁静之美。

近些年来，特别是随着乡村振兴战略的推出，沂南县充分利用红色资源，大力兴建红色研学游设施，并根据红色景区特点和研学需要，投资7.8亿元，建起了中国红嫂革命纪念馆、沂蒙红色写生基地、常山古村、沂州古县城等十多个研学点，把爱国主义理想信念与知识学习、乡村体验结合了起来。现在，常山村已成为“中国研学旅行教育实践示范基地”。

在沂南，兴起的不只是“红色旅游”，传统制作、经典菜肴、风味小吃、地域特产等具有乡村记忆的特色产品，也一一被开发。

在竹泉村景区，69岁的高寿会老人正在门前编竹筐。老人说，自从村子改造成旅游景点之后，景区不仅给他发工资，而且他和他编织的竹筐也成为景区的一景，既能挣工资又能卖竹筐挣钱，可以说是一个人挣到了两份钱。

编竹筐是门老手艺，会编的人已经不多了。“这几年村里搞旅游，他才又拾起了这门老手艺。”同样在景区做虎头鞋的王西贞说，现在村里把会纺线、做蓑衣、纳鞋垫等老技艺的人们组织起来，制做手工艺品，向游客销售。一些传统手工艺的名气，在沉默几十年后，被重新叫响。

如果说老人们的竹筐、蓑衣、虎头鞋等只是“小打小闹”，于万发做的则是“大事情”。军弓，箭靶，战鼓……看着眼前的器物，时光恍如回到了1000多年前。今年40多岁的于万发是琅琊古军弓（柳子箭）的第52代传人，他继承了先辈有关古军弓的全套传统制做手艺。

“琅琊古军弓”已被列为临沂市非遗保护项目。政府对乡村传统技艺的大力开发与培育，让于万发信心大振。他采用现代工艺加上传统手法制做的“琅琊古军弓”不仅在射击、游艺场上使用，还是收藏、陈设的艺术品，最贵的一张，于万发卖到了 6000 元。

县旅游公司导游王伟说：“如今每天都有人专门从城里赶来，看传统技艺，品乡村特产。仅一个大庄烧鸡，一年就要卖出 20 多万只。四喜鱼卷，更是一上摊就被抢购一空。”

阳谷农民自建“小农水”确权到户

所有权使用权“两权分离”，实现水随地转

《农村大众》记者 郭 杰 通讯员 郭素彦

“虽然9月份以后旱得厉害，但我有机井，地浇得上，地里的小麦长势还不错。”11月9日，朱树永在田间仔细检查机井的电缆。朱树永所说的机井共有3眼，是和土地一起打包从阳谷县高庙王镇高庙王村流转来的，目前他拥有机井的使用权，而所有权则归原来出资打井的农户。

在阳谷县，受益于农田水利产权制度改革和管护模式创新的农民有一大批。2014年底，阳谷县成为全国农田水利设施产权制度改革和创新运行管护机制试点县，开始探索“小农水”确权颁证，明确产权所有人“使用、管理、经营、收益”四权。迄今，全县已发放机井灌区产权证书741本，使用权证书58本，泵站灌区产权证书49本，使用权证书49本，确权机井1493眼，泵站49座，覆盖农田面积24.7万亩。

不同类型的“小农水”的四权最终明晰给了谁？针对土地

流转加快的趋势，为与农村土地所有权、承包权、经营权“三权分置”相适应，阳谷县的农田水利设施产权制度改革采取所有权和使用权分离：以村集体投入为主的工程，产权归农村集体经济组织所有，但农户单独出资、联户共同出资建设的水利工程归个人和出资户所有（按出资金额大小，予以股份化）。以国家投资为主兴建的“小农水”，产权归国家、农村集体经济组织或农民用水合作组织所有。

“不管怎么流转，机井的所有权仍归投资方所有，流转方只拥有机井的使用权。”高庙王镇水利站站长刘怀伦说。根据规定，未流转土地的水利设施使用权直接由村集体或农户所有；已随土地流转的水利设施使用权交给新型经营主体或农民用水者协会，并核发使用权证，时间期限与土地流转经营年限一致。阳谷县“两权分离”的做法，在稳定所有权的基础上，做实做活了使用权。由此，为实现“水随地转”的农田水利产权流转奠定了基础。

朱树永流转来的3眼机井中，全部为村民共同出资建成。其中一眼由高庙王村的朱丙统等20多户农民所有，他们在2013年花费1万元打的井，2014年，便将机井和近100亩土地一块流转给了朱树永，流转价格为每亩1200元，比没有机井的地块贵了二三百元。“这相当于地和井一块的打包价。”朱树永解释说。

此外，按照“谁使用、谁管护”的原则，新型经营主体在取得水利设施使用权时，必须签订农田水利基础设施管护责任书，责权利相一致。“小农水”流转期间所产生的维护费用，由流转方承担，如果管理不善造成毁损，合同到期时，流转方需给予产权人相应的赔偿。

“大户经营种植业，对农田水利设施的保障程度要求更高。我们按照‘谁使用、谁管理’、‘谁用水、谁付费’的原则，将随土地流转的水利设施使用权明确给种植大户的同时，也将管护责任落实给种植大户，从而更好地实现水利工程使用权与农村土地经营权的衔接，更好地服务于农业生产。”刘怀伦几句话道出了农田水利产权制度改革的积极意义。

邹平县明集镇探索建立农村土地规范流转体系

让土地流转没后怕

《农村大众》记者　郭　杰　通讯员　高　雷　孙长帅

土地流转，大势所趋，是农村改革的重头戏。然而，多年来，一些地方土地流转“几起几落”，步履维艰。农民怕老板撂挑，老板怕农民难缠，政府怕无限兜底。

如今，邹平县明集镇建立的农村土地规范流转体系，正在探索破题之径。

明集已整建制完成土地流转。作为农业发展中坚力量的新型农业经营主体，在明集的发展风生水起，到今年 5 月 30 日，种植大户达到 360 多户，家庭农场 71 家，农业合作社 69 个，其中 200～500 亩之间的适度规模户占了全镇新型经营主体总量的 65% 以上。

为探索建立农村土地规范流转体系，从 2014 年开始，明集镇逐年规范完善相关政策，并出台了《明集镇关于农村土地流转工作的实施意见》，同时成立专门的工作机构，负责收集全镇农村土地流转的信息、指导地块整合和风险防控与处置等事宜。

土地流转，农民就怕暗箱操作、流转价格不透明，为此，明集镇规定，土地流转项目必须统一报送镇“三资”管理中心，由管理中心统一在镇土地流转信息平台挂牌流转。自2014年以来，管理中心已对外发布农村产权流转信息580余条，涉及面积6.1万亩，实现了土地流转程序的规范化、合法化和农民利益的最大化。

为避免工商资本大量进入农村流转土地引起风险和社会矛盾，明集镇土地流转服务机构通过“合理确定流转规模—审核投资方—收取风险金—划定竞标最高线—实行动态管理—投保大灾保险”机制，确保了土地流转“零风险”。

合理确定流转规模。镇政府依据地处平原，土地配套设施齐全，农业机械化水平较高等因素，确定了当地土地规模经营的适宜标准。“通过调研发现，不论是投入产出比，还是风险可控度，大户的种植规模在200亩至500亩比较合适，现在种粮户的流转面积大多都在200亩左右。”镇经管站站长岳维霞说。

分级分类审核投资方。针对投资方的投资面积分级、分类对业主的经营资金、技术理念和项目前景进行全面审核，防止盲目投资和引资带来的风险和社会矛盾。

收取风险保障金。对初审通过的投资方收取1万元至2万元的竞标押金，中标后，押金转换为风险保障金，作为土地流转风险处置的专项基金，同时作为良性资产投资签约的前置条件。风险保障金为每亩100元。

划定竞标最高线。在明集，土地流转的竞标物是小麦和玉米。根据当地行情，一般按每亩“500斤小麦+400斤玉米”的底价进行竞标。“实际上，500斤小麦为恒定值，玉米为竞标基数，竞标竞的是玉米。为防范流转风险，镇上划定了最高竞标线为每亩‘500斤小麦+800斤玉米’。”镇农业办公室副主任牛方鹏说，此举是为了确保投资方有利润。“流转地的有钱赚，农民的流转费才有保障。”而且，要先交钱后种地。明集镇规定，种地前，投资方要预先缴纳下一季的流转费用。

建立投资方电子档案。目前全镇6.1万亩土地全部集中到种粮大户、合作社、企业或家庭农场主手中。镇上给他们建起完备的电子档案，种了多少地，种的什么，经营状况如何，打开电子档案一目了然。镇上还对他们实行动态管理，有专门人员随机走访，查看其生产经营状况，预判风险所在。

投保农业大灾保险。土地规模经营的风险点主要在天灾。为给流转土地的农民和投资方吃上放心丸，明集鼓励业主给流转土地系上了“保险带”——投保大灾保险。“如果作物受损，最高赔付标准是玉米850元，小麦900元。”牛方鹏说。保险基本上起到了风险兜底的作用。有了保险，一般不会出现无力支付租金的情况，化解了社会矛盾，让农民利益不因市场或第三方因素受到冲击。

银行不再担心放贷放成“地主”

莘县“第三方承接”解决土地经营权变现难

《农村大众》记者 郭 杰

土地经营权“变现”难在哪儿？难在经营权处置难。如今，这一难题在莘县得以破解。

土地经营权抵押贷款，可助力解决“三农”融资难问题。可是，这一金融产品执行中的土地经营权处置让金融机构比较为难。一旦借款人无力偿还贷款，抵押物很难“迅速”处置变现，这也是导致银行不愿开展此类业务的主要原因。

莘县作为农村承包土地经营权抵押贷款国家级试点县，今年推出了“土地承包经营权抵押+第三方担保承接”业务，为土地经营权“变现”提供了新思路。据人民银行莘县支行副行长张晓慧介绍，“第三方承接”是一种贷款违约抵押物处置机制，解决的是当借款人不履行到期债务以后抵押物怎么办的问题。

青隆村镇银行行长杨建国介绍，该行创新推出的“土地承包经营权抵押+第三方担保承接”，是指在农村土地经营权抵押贷款发放前，由借款人提供的第三方人员，由其作为贷款担保人、抵押资产监管人和债务承接人。按贷款管理办法的规定，贷款额度10万元（含）以下的可提供一名担保承接人，10万元以上的提供两名以上承担人。

莘县大王寨乡西王庄村的刘方利是最先尝到“螃蟹”鲜美滋味的人。6月12日，刘方利用88亩土地的经营权作抵押，贷出了50万元。“现在我正在扩大种植规模，急需资金，刚好政府出台了相应的土地流转抵押政策，就把手头的16个大棚共88亩地的经营权用于抵押，很顺利地贷到了钱，利率也优惠，缓解了我的资金难题。”

刘朝军等3人与刘方利同村，是这笔贷款的承接人。杨建国介绍，贷款合同签订前，银行分别考察了这3位农民的经济实力和承接能力。这3人均为村中经济能人，且家家有大棚，如果刘方利经营出现问题，他们不但有能力代其偿还债务，还有能力把抵押的88亩土地经营好。

刘方利之所以能顺利地拿到土地经营权抵押贷款，还与其手中的“土地流转经营权证”有莫大关系，证书不仅标明了其流转的88亩土地的流转时间、四至划分等，还有承包户同意他抵押贷款的内容。刘方利说，后一点是获得贷款的前提。

张晓慧说，国务院在《关于开展农村承包土地的经营权和农民住房财产权抵押贷款试点的指导意见》中强调，流转土地的经营权抵押需经承包农户同意，以前签订的土地流转合同中，大多没有抵押贷款的约定，这样就很容易产生纠纷，现在的流转证中包含了这一条，让抵押贷款运作更规范，也保障了银行、流转方和村民的权益。

追求优秀，一直在路上

——记全国优秀共产党员王传喜

《农村大众》记者　花　宇　通讯员　贾传龙　李桂东

用了18年，党员王传喜带领全村干部群众，一步一个坚实的脚印，将村庄由混乱落后带向了文明小康。在这18年里，他不忘出发时的初心，坚守承诺，坚持信念，砥砺前行；在这18年里，他一直在路上，学习无止境，干事创业无终点；在这18年里，他循着公平公正的灯光，坚持原则走正道，无惧天黑是非多；在这18年里，他的行囊总是空空，廉洁自律，带出好家风，民心支持成了他最大的收获。

2016年7月1日，兰陵县卞庄街道代村社区党委书记、村委会主任王传喜，被授予“全国优秀共产党员”称号。从这里开始，王传喜继续前行。

“传喜对俺们老人，比俺自己儿子都强”

1999年，在外干建筑的王传喜临危受命，回到了代村，先后担任村主任和村支书。他要复兴这个曾经辉煌又一度败落，曾让他自豪又令他痛心的村庄。1999 年 4 月 13 日，他当选村主任；4 月 15 日，法院的传票就来了。面对欠下的约 380 万元的外债，一年时间他出庭应诉了 100 多次。“那个时候不堪回首，我都不知道是怎么熬过来的。”王传喜说。

万事开头难。当时，村里土地乱圈乱占、违章建设等问题严重，老百姓对土地调整的要求非常强烈。王传喜一上任，就拿最难的土地问题开刀。一说要调地，很多人拼了命跟他闹。有当街叫骂的，有往家里扔石头的，也有寄恐吓信的。2000 年夏收前夕，精神濒临崩溃的妻子拦着王传喜，以死相逼，求他辞职：“你非要干，我就死！”王传喜刚走到门口，就听到了异响，妻子已经服下了农药。幸亏抢救及时，妻子转危为安。“经过这个事，我思想震动很大。但说实话，我没动摇。”王传喜说。

曾共事多年的县退休干部张德华说：“一天 24 小时，他至少工作十五六个小时。一年有 365 天，他就干满 365 天。”唯一一次请假，是在 2010 年春节假期。除夕下午，王传喜告诉张德华：“小孩妈妈疼了一个多月了。这两天忍不住了，告诉我了，吃上止疼药哩。过了初一，我带她去临沂看病。”大年初一，王传喜开会、看工地，忙了一天，妻子的病又重了。初二，县领导临时要来代村研究工作。“他是那种组织观念特强的人。上级有工作安排，他都严肃对待。”张德华说。王传喜让家人拉着妻子到了临沂，一查是肿瘤，当天就住院了。初三，王传喜跟张德华请假了："我对不起家属。这么多年，我都没过问。都因为我，才到了现在这个样。"说完，王传喜落泪了，张德华也落泪了。王传喜说："我去医院看看，尽快回来，不要跟其他人说。"这天下午，天还没黑，王传喜回到了代村，又忙到了夜里。

王传喜上任前，对老百姓承诺："绝不乱划一分宅基地，绝不出卖一分地，绝不浪费一分地。"18 年来，王传喜做到了。就连村集体投资的商城，铺面也坚持只租不售，挣的都是长流水的钱。面对着眼前利益的巨大诱惑，面对着外界的压力，王传喜坚守住了对村民的承诺，不仅未卖一块地，反而通过流转，又获得了另外 5 个村、1 万多亩地的经营权。村里建起了 225 栋居民楼、小康楼，配套了省级规范化小学、社区医院、单元式老年公寓等设施。老人们都说："传喜对俺们老人，比俺自己儿子都强。"

在这 18 年里，代村先后建起了现代农业示范园、国家农业公园等一大批项目。其中，兰陵国家农业公园是山东省目前唯一被命名的国家农业公园。到 2015 年，代村村集体年纯收入 7000 余万元，集体资产（不包括土地）8. 2 亿元，农民人均纯收入 4. 6 万元。这 18 年来的每一分钟，王传喜从未停下追求优秀的脚步。

"他的时间都是以分钟来计算的"

代村的村干部，每天早晨 6 点集合，把村里各个项目转一遍，研究安排工作。傍晚，全体人员到不同现场，再开一次主题会。赶上出差，王传喜就电话“遥控”，点点滴滴都会过问督促。就连在生病治疗时必须静躺的一个小时，他也不停地打电话调度工作。只要在办公室，王传喜至少工作到晚上 9 点。到了春节，班子成员除夕下午才开始放假，初一一早就上班。村“两委”工作人员刘聪说：“有一年修路赶工期，每天早 5 点开工，夜里 12 点收工。每天，王书记都靠在工地上直到收工，干了一个多月。最后，连工人们都受不了他了，给多少钱都不干了。”今年，村里计划在清明节前完成沂蒙老街项目。工程是大年初一放线，大年初二正式动工，一天都没耽误。出差到北京，只要不是出于工作需要，他一般坐最早一班高铁去，事办完就回来，尽量不过夜。他说：“一是省费用，二是不耽误工作。”张德华说：“王传喜就是个‘工作狂’，他的时间都是以分钟来计算的。”王传喜说：“我只要一闲下来，就觉得愧疚。”

王传喜是全国劳模，享有一定的疗养待遇。但从 2008 年被评为省级劳模以来，他只参加过两次疗养。每年，他都因为村里工作走不开，硬着头皮跟工会的同志请假解释。今年，他实在不好意思再推脱，本来准备先去报道。可临到跟前，又因为工作太忙，不得不再次请假。

王传喜身形魁梧，是标准的山东大汉身材；但干起工作来，又心细如针，扎扎实实。打开王传喜办公室的书柜，里面按年份摆放着 131 本工作笔记，这只是全部笔记的一部分。王传喜笔杆子很勤快，每天工作的总结和思考，都会记录在上面。只要是代村发生过的事，来什么领导，开什么会，在王传喜的笔记本上都有底。

到了晚上，如果没别的工作，王传喜就把门一锁，手机一关，学习上级有关“三农”工作的政策。到了夜里十一二点，忘记了吃饭，是常有的事。张德华说：“代村能有今天，是因为王传喜满脑子研究政策。土地流转、现代农业这些大题目，他时时刻刻想着怎么跟代村结合。”

“吐口唾沫砸个坑，他说话算数”

任职之初，王传喜就给自己立下规矩：不在家里办公，有事到办公室敞开了说。每个月1～5号，代村都要召集党员、群众代表开会，由王传喜向大伙报告上月工作情况。公开，是王传喜对乡亲们最基本的承诺。

拆迁被称为“天下第一难”。代村从1999年酝酿拆迁，2006年开始建设，到2014年农民全部上楼。搞了15年拆迁，王传喜死死抓住一条：公开透明。村里搞拆迁，一旦评估结果公示上墙，他就从早到晚坐在办公室，连坐七天，等群众上门。他跟拆迁户说：“你们有意见，不要为难拆迁小组的同志。有问题来找我！”

农村工作难做，村干部难当。但王传喜深知：农民不怕吃亏，就怕不公平。18年来，他一直“一碗水端平”。再硬的口气，再大的情面，在王传喜这里，都不管用。村里拆迁到了最后一户的时候，对方提出要突破政策，提高补偿。为了那一户，村里做了两个月工作，几乎每天晚上都熬到12点。工作陷入停滞，对方志在必得地施加压力："这都拆到最后一户了，政策就不能变变?"王传喜知道对方的心理，但他更知道：一旦丧失了公平，自己的原则就丧失了，前些年的拆迁成绩就会清零，代村就会重新乱掉。他放出话：过了期限，一分钱奖励没有。最后，那户人家只得同意拆迁，并且愣是没拿到奖励。

村民龙治江在拆迁后想申请以村民内部价购买一套住房。按照政策，不满55岁的村民才有资格购买。当时，龙治江还有两个月满55岁。王传喜答应他："放心，有你的。"果然，王传喜说话算数。但王传喜自己的三叔也提出了相同的要求，因为三叔超出了年龄，尽管求情很久，王传喜也没答应。龙治江说："王书记原则性太强了，'吐口唾沫砸个坑'，他说话算数!"

在原则面前，王传喜不怕来硬的，也没输给人性的弱点。2012年，代村对沿街楼拆迁，拆到了县城南环路边的付青泉家。这套盖了不到10年、600多平方米的楼房，有两层楼、七间屋。付青泉本身干建筑，盖房所用建材的标准很高，质量在村里有口皆碑。当时，他自己经营、出租，一年收入七八万元。但按照村里的政策，不管房子大小，一律按人口制定分配方案。一想到这么好、这么大的楼房，村里评估价只有50万元，拆完只能分到两套房，付青泉说："我现在想想，心里都疼得慌。王书记自个心里也疼得慌。"王传喜说："对方真是到了崩溃边缘，再拆下去真得闹出人命来。我也很为难，也困惑动摇了，也怀疑过政策是不是错了，那真是到了过不去的时候。”在情与理之间，王传喜陷入了深深的矛盾。但思考再三，他确认：贯彻了多年的政策不能改。终于有一天，两人在办公室谈到了后半夜，付青泉松口了：“不谈了，明天就拆。”回到家，付青泉收拾东西，拿两瓶酒到了楼上，流着泪陪老房子过完最后一夜。而他不知道的是，他回家之后，王传喜也哭了。王传喜说：“我们的群众真是太好了！”

“有个好名声，就是沾我的光了”

代村是富村，年年搞工程建设，资金往来多。对王传喜来说，想伸伸手，来钱很容易。但张德华敢给他打包票：“在廉洁问题上，王传喜相当过硬。我敢保证他一点毛病没有！”张德华曾坐镇兰陵县现代农业示范园指挥部，协助王传喜搞开发，面对的都是上千万元的建设项目。面对这一领域的“潜规则”，王传喜对建设单位有言在先：“我们代村和其他地方不一样。”一些外地单位还是不放心，临签字前要“表示表示”，但王传喜说：“我们一顿饭不吃你们的。如果你们按质按时完成，我们请你们吃饭。”在这个领域，都是乙方请甲方吃饭，还没大有甲方请乙方吃饭的。签字之前，王传喜还会把价格再压5%。他说：“我们不要你们请吃，你们价格再压一压。”这一招，屡试不爽。

身为“一把手”，王传喜遇到很多人送钱送物，拉关系，求办事。当面拒绝不了的，王传喜就想办法给对方退回去。自己方便退的，就把态度说明白；自己不方便的，就让其他人帮他退。王传喜身边的工作人员，几乎都有过替王传喜退钱退物的经历。

王传喜很反感这些往来。后来，临近节假日，他就让妻子紧闭大门，装作不在家，任谁敲门也不开。后来，他干脆让妻子带着儿子在外面躲清净。张德华打趣王传喜说："做你老婆孩子真难啊！一到过年过节，有家不能回。"躲了几年，人们知趣了，送钱送物的少多了。

王传喜大事有底线，小事也不糊涂。王传喜身为农村干部，王家又是村里大姓，免不了人情往来。但每逢婚丧嫁娶的场合，他自己不去，只是托人把礼物、礼金带到。农民送来一袋花生、两瓶酒，王传喜说："老百姓来看你，完全是出自那种朴素的感情。硬是不收，或者原样退回去，驳人家面子，伤人家心。"大儿子王加萌至今还记得小时候，每逢过年，就和妈妈、弟弟骑着三轮车，挨家挨户回礼，并且只多不少，有来有往。

代村是富了，但在王传喜的派头上体现不出来。出差在外，他和驾驶员住一个标间，绝不单独开房间。接待方不安排住宿的，他都是住在办事地点附近的快捷酒店。在北京，他还好几次住过半地下的宾馆。小儿子结婚时，孩子花自己的钱、托朋友找了几部豪华轿车迎亲。王传喜得知后很生气，把儿子训了一通，愣是让他换成了几部大面包车。

对两个儿子，王传喜立下规矩：“有本事，就出去干。村里的事，你们兄弟俩不要掺和。”一次，一位朋友请王加萌吃饭，到了桌上，才发现还有一些建材商，王加萌明白了饭局的意图，也知道父亲的脾气：“咱要这样，这个饭就不能吃了。”王加萌的单位招待客户，他自己招待朋友来国家农业公园游玩，都是买团体票签单算账，没沾过父亲一点光。王传喜常说：“越是亲人，别人越是看着，就越是要严格。不缺吃、不缺穿的，跟我沾什么光？有个好名声，就是沾我的光了。”

（2016 年 7 月 29 日）

子女预交、社会捐赠、集体奖励、政府补贴，沂南推广家庭养老孝心基金——

赡养费交到村里，老人按月把钱领

《农村大众》记者 花 宇

从3 月至今，沂南县已在71 个村，为5129 位70 岁以上的老人，发放了家庭养老孝心资金307. 74 万元。

在这些村，70 岁以上老人的子女须按村规民约，以每人每月不低于100 元的标准，提前将养老金交到村里，由村里按月发放。再加上政府及社会各界补贴的至少10 元钱，以及每月85 元的城乡基础养老金，老人们每月拿到手的养老钱，最少也有195 元。

把孝敬老人这桩家庭私事，办成村里的一件公事，公开运行的孝心基金用道德舆论的力量，让子女们在孝敬老人这件事上形成了约束和共识。这不仅解决了老人的基本赡养问题，赋予老人以尊严，也对社会施以教化，增强了党和政府在农村的威信。

假贫困背后有真问题

今年春节后，依汶镇党委书记、原青驼镇镇长李桂杰，在包村联系的青驼镇井泉庄村，遇到了一户本不该致贫的老人。这老两口年龄都超过了 80 岁，虽然有儿有女，但日子过得非常拮据。在临沂市区工作的儿子在市里有两套房，经济条件不错，但平时很少回来，更别提给钱了。两位老人仅靠女儿提供的一点粮食和每月 85 元的基础养老金生活。

按照实际生活水平，他们是真贫穷；但按精准扶贫政策的标准，这样子女工作固定、收入稳定的老人，不应列入贫困户。这类因为子女的赡养水平低，而本不该发生的假贫困，在很多村存在，成为带有普遍性的问题。

“既不突破政策，又要让掉在空当里的贫困老人真正脱贫，那就要让子女真正担负起养老责任来。”李桂杰说。从井泉庄村等 3 个村开始，各村开始想办法把子女的养老金收起来，再足额发放给 70 岁以上的老人。就这样，家庭养老孝心基金逐渐成形了。从 3 月 11 日发放第一笔开始到现在，青驼镇的 80 个自然村中，只有 1 个自然村还未成立。“到目前，全县就 4 个镇街还没建立孝心基金，但也都开始行动起来了。”中共沂南县委宣传部副部长于士勇说。

孝心钱牵动了爱心钱

建立家庭养老孝心基金的村，先成立由村干部、老党员、群众代表等组成的孝老敬老理事会。各村自行决定，按照每季度、半年或全年的频率，向 70 岁以上老人的子女收取养老金。这笔孝心钱标准是每位老人不低于 100 元，一般不超过 200 元。这笔钱在子女之间怎么分配，由家庭内部商量，村里不干预。

除了子女尽孝，有集体收入的村可以直接补贴，也可以发动社会捐助，以每人每月 10 元、20 元不等的额度，补贴到孝心基金里。如果村里有确实没有能力的，镇里再想办法兜底，补足这 10 元。也就是说，只要建立了孝心基金，一名老人每月至少能拿到 110 元。以岸堤镇兴旺庄村为例，全村除了收到子女缴纳的第二季度的孝心款，还接收了 152422 元的爱心捐助。这个村约定，每位老人每月享受子女孝心款 100 元的，村里补助 10 元；每月享受孝心款 200 元及以上的，村里补助 20 元。

按照县里出台的试行管理办法，募集来的子女孝老金进入镇街监管的独立账户。社会捐助金，由县慈善总会统一管理。每个月，各村发放养老金前，须将明细报镇街审批。各镇街统一将待发放的爱心资金明细上报县里，县里拨给各镇街后，再配比到村。通过后，村里拿着银行卡和审批表支取子女孝心资金和爱心资金，完成后再将银行卡交回。一般情况下，老人们都会在每月 10 号前，领到至少 110 元的孝心爱心款。从收缴募集到发放的全过程，村里都要张榜公示，具体到每一位老人、每一名子女。

一笔钱改善了小气候

每月多拿110元，让大多数农村老人的生活水平有了一些提高，“赶个集胆子也肥了”。在很多村，老人的子女们大多提供粮食、肉、菜等物资，仅在节日、生日时给点不多的现金。兴旺庄村85岁老人刘金后说，原先7个孩子一年最多给老两口1000元，现在，光村里要求子女每年给老人的，就有了2400元。手里有钱了，老两口手头更宽裕了，生活标准也上来了。“从4月领到钱后，俺俩开始每天早上喝鸡蛋茶。现在山鸡蛋一个7毛钱，一天花1块4，一个月42块钱，也吃得起了。”刘金后说。

这笔养老金，在改善老人生活的同时，也让老人们获得了尊严。李桂杰说：“过去，老人都张不开口向儿子要钱。就算儿子同意，还得看儿媳妇脸色。”但现在，这笔钱由村里统一收发，老人们拿得堂堂正正、敞敞亮亮。这笔钱，让老人在村里的人情往来中也挺直了腰。“比如说，有老伙计过世了，老人们可以买刀纸，再花个10块、20块，进门去送送了。小孙子、小孙女来了，想买个糖块给孩子，也没问题了。在过去，很多老人真是掏不起这点钱，很受难为，觉得抬不起头来。”李桂杰说。

村里有了孝心基金，很多不孝背后的深层次家庭矛盾得以缓和化解。青驼镇西斗沟村一位老人的三儿子，长期与父亲不和。前些年，在给爷爷刻墓碑时，三儿子曾说过“别刻我名，我不交钱”的狠话。今年，村里收养老金时，经过反复做工作，三儿子交上了养老金。今年清明，这父子四人一起去给爷爷上坟了。这故事在西斗沟村传为佳话。

当初收钱时，很多原本孝顺的子女想不通：“俺自己孝敬爹娘的钱，为啥非得过一遍手，先交到村里呢？”但后来，大伙明白了，把钱交到村里，就是让那些不孝顺的人感受压力，改变村里风气，是村里的大事。李桂杰说：“公示的‘孝心墙’是面镜子，那些不孝顺的人，受不了农村那种千夫所指的压力。”据了解，当前凡是设立了孝心基金的村，还没有出现过坚持不交钱、不赡养的人。西斗沟村孝心养老理事会副会长董纪山说：“你想想，那些不交养老钱的人，他们自己的孩子还能找到对象吗？”

设立孝心基金，让村干部们赢得了民心，树立了威信。李桂杰有一次到依汶镇朱家峪子村调研，到一位老太太家避雨，发现老太太对一起躲雨的村支书格外热情。老太太拉着村支书的手，对李桂杰说：“多亏了他，帮我要到了这养老钱。”在老人们看来，这就是村干部有作为、办实事的体现。于士勇说：“现在，很多还没设立孝心基金的村，村干部非常急。再不推，就要失去民心了，就有人要骂村干部了。”

爱心款汇成了大潮流

“最近成立孝心基金的村，都很注重发动爱心捐款了。有了募捐，在村里、在社会上容易形成气氛，这个事业就容易持续下去。”于士勇说。以依汶镇汶凤村为例，村里70岁以上的老年人目前只有33人，却募集到了40万元的爱心捐助。此外，沂南县还决定由财政出资500万元，补充到县级孝心基金中。

在很多村，捐资敬老的热情空前高涨。4月12日，一位陌生人得知依汶镇冯家村建立孝心养老基金后，以“我本善良”的名义，转账1万元；5月12日，一位匿名人士为马牧池乡常山社区捐赠5万元，当地打算以“大爱无言”的代称，将其善举张榜公示；青驼镇高里村的高玉栋老人，在连续参加了3个村的养老金发放仪式后深受感动，将自己积蓄的30万元捐给了村里的孝心基金。

除了物质上的直接帮扶，精神层面的关爱也被发动起来。在募资时，子女们要先签订赡养协议。在协议上，子女们除了要对每月提供的养老金做出承诺，还要在日常照料、精神慰藉方面给出承诺。每月发放养老金时，村孝老敬老理事会成员要对老人进行访谈，了解子女在上个月有没有看望陪伴，并在村里对相关情况进行公示。

（2016年5月17日）

经纬度定位，胡集镇精准保护“乡村记忆”

村干部和镇上签订保护责任书，拆除或变卖要提前告知镇文化站

《农村大众》记者 花 宇 通讯员 闫福波

600多年的龙爪槐，东经117°45′49″，北纬37°19′26″；40多年的老门楼，东经117°45′45″，北纬37°19′27″……8月13日，惠民县胡集镇文化站站长宁洪波来到刘元寺村，在老人们的指点下，将该村的“乡村记忆”逐一登记。从8月8日到今年年底，胡集镇对全镇99个未拆迁上楼村的文化遗址、老物件、名木古树、老胡同等承载“乡村记忆”功能的内容，进行精确的普查登记。

此次普查的内容包括7类：文化遗址、老物件、文化人、手工技艺、名木古树、胡同以及其他如古井、桥涵等。对这些承载“乡村记忆”功能的内容，除了要拍照留档，对不可移动的要用经纬度标明精确位置；对可移动的物件和非物质内容，要具体到人。普查结束时，镇上要和村干部签订保护责任书。

今后，在拆除或变卖这些保护点或物件前，村干部若不提前告知镇文化站，将会被追责。普查结束后，胡集镇将把这些资料结集成册。截至 8 月 13 日，胡集镇已完成了 6 个村的普查。

通过此次普查，很多不够格成为文物但又有留存保护价值的乡村老物件，被发掘登记。在刘元寺村，50 年以上的两棵老树、村民冯奎章家保留的颁发于 1951 年的《土地房产所有证》被登记在册；在小马村，一块民国时期的墓碑以及老家谱被登记造册。这些东西，过去顶多村里部分人知道，镇上并不知道，更无从挖掘其价值。

在“乡村记忆”用经纬度确定坐标后，人们不仅可以按图索骥，前往参观品味，更为今后城镇建设的“留白”提供了依据。据了解，胡集镇由于地处惠民县高新经济区，近年来拆迁建设强度大，一些有价值的“乡村记忆”有永久流失的危险。中共胡集镇党委书记苏洪德说：“有了精确的定位后，今后在拆迁、规划、建设中，我们就会有意识地避开这些老树、老井、老宅院。条件允许时，还将围绕它们做景观。”据了解，有一些老建筑的部件，有望在街心小公园中组合重生，另一些老物件，将会在新建的社区服务中心的展馆中有一席之地，为农民在生活巨变之后保留一份乡愁和记忆。

（2016 年 8 月 16 日）

李官庄村连续12年聘请法律顾问

有专业律师把关，矛盾纠纷少了，干部也轻松了

《农村大众》记者 花 宇 通讯员 梅 花

今年是曲阜市时庄街道李官庄村聘请颜世祥律师担任常年法律顾问的第12个年头了。从还是一个农业村开始，李官庄村就将经济往来、社会治理纳入法制轨道，大事小事请律师把关。每年1.5万元的费用，虽然对村庄来说不算小数目，却避免了一些法律纠纷。有专业律师把关，12年来，一直大拆大建搞开发的李官庄村没上过法庭，没出过乱子。

花钱请来常年法律顾问

李官庄村位于曲阜市城乡接合部。村委委员孔庆发介绍说，村里从2003年开始有征地，2008年开始拆迁建社区，一直是城郊开发的热点。在这个过程中，村民之间、村集体与外界产生了一些经济纠纷。靠村干部调解，不仅不解决矛盾，反而容易让村干部卷入家庭、家族矛盾，也牵扯了他们大量

精力。

颜世祥是山东曲阜圣地律师事务所主任，是入行 20 多年的资深律师。2002 年，他代理了该村村民的宅基院落买卖诉讼案件，在调查取证中和村集体有了接触。正巧，那段时间村里被征地和一桩上访案件搞得焦头烂额。村干部们觉得，处理一些法律方面的事情，光靠这些“二把刀”农村干部，非常容易出现问题。因此，村集体针对单个案件，向颜世祥进行单独咨询。久而久之，随着案件量增加，村里干脆在 2004 年聘请颜世祥担任常年法律顾问，最初的费用为每年 1 万元。

有了律师不上法庭

和村里接触后，颜世祥处理了一件已经拖了多年、已走完法律程序的上访案件。随着村庄开发的推进，他的工作重心变为审查各类合同。“对内怎么和村民签协议，对外怎么跟开发公司签合同，都需要律师帮村里起草把关。”孔庆发说。这些年，随着开发建设的减少，李官庄的对外经济往来的重心，转入门头房租赁和村办企业经营。颜世祥说：“我的任务就是把老百姓的朴素语言变成严谨的法律语言，堵住中间的漏洞。对一些违约责任的约定，要能真正约束对方，避免合同无效。”

李官庄村聘请颜世祥后，没当过一回原告，也没当过一回被告。颜世祥也不像刚开始时那么忙碌了。最近几年，颜世祥经常往村里打电话，但到村里的次数少多了。村民都觉得，这笔钱让村里不惹官司，没白花。颜世祥说：“当了原告，说明村里有了损失；当了被告，说明合同不严谨，也表明我的工作有失误。”如今，李官庄村成为曲阜市拆迁上楼最成功的村庄之一。

村庄请律师成趋势

颜世祥是曲阜市人民政府聘请的法律顾问，也受一些乡镇政府聘请，为所辖村庄提供法律服务。他发现，当地农村越来越尊重法律，也越来越注重律师在村庄治理中的作用，懂法用法的村干部也越来越多。颜世祥说，九成以上曲阜城区的发达村庄，已经开始花钱聘请律师了。全市所有的村庄，也在 2014 年建立了“一村一名法律顾问”的公益性服务网络。但像李官庄村这样，12 年来一直自费花钱请律师当法律顾问的村庄，不是很多。

2016 年，中共中央办公厅、国务院办公厅印发的《关于推行法律顾问制度和公职律师公司律师制度的意见》提出，乡镇党委和政府可以根据工作需要，配备专职或者兼职人员履行法律顾问职责。但该意见对村集体是否聘请配备法律顾问，并未做出规定。

（2016 年 7 月 27 日）

合作社流转 31 亩土地休耕 4 年

称将来也会换茬轮作，最大限度保护地力

《农村大众》记者　花　宇　通讯员　闫盛霆

过了今年秋播，淄博市淄川区寨里镇莪庄村的 31 亩富硒地，就休耕满 4 年了。如今，这里的荒草野蛮生长，和周边的大棚、树林、粮田形成了鲜明对比。更令人难以理解的是，这片土地是淄川长金蔬菜专业合作社以每年每亩 1000 元的价格，从农户手里流转来的。

花钱让土地“晒太阳”，长金合作社不是村民口中的“败家子”。他们想通过有计划的休耕，恢复土壤肥力，分解农药残留，让土地“放个长假”。明年春天，这里将盖上大棚，以有机标准种植高品质蔬菜。

花钱让土地“放假”

2009 年，长金合作社流转了这 31 亩土地。在这之前和之后的两年，这里一直种植小麦和玉米。2011 年秋季开始，这片地开始休耕。这相当于合作社每年拿出3.1万元，却什么也不产出。“很多农民不理解，说我们没能力、没资金，甚至骂我们是‘败家子’。”合作社生产基地负责人肖淑锋说。

记者看到，这片休耕土地上长满了野草，并堆积覆盖了一些玉米秸秆。周边的土地，被合作社流转后，早已开始了设施大棚生产，这和休耕地上的荒凉形成了鲜明对比。但到了明年春天，这31亩地就会结束为期大约四年半的休耕，开始盖冬暖式大棚，种植有机黄瓜、西红柿等高端蔬菜。

休耕为了保护土壤

休耕的31亩地，也不是完全闲着的。肖淑锋介绍说，每年合作社都会烧荒，将草木灰翻到土壤里。打碎了的秸秆和大棚里用不完的土杂肥，也会运到地里。今年，这片地还首次进行了深松深翻，大型机械深松到了地表以下40厘米的地方，犁底层被彻底打破。

一切努力是为了保护土壤。过去，由于常年进行两季粮食生产，土壤较少能得到休息。化肥农药长期过量使用，也加剧了土壤的退化。淄川区有6万亩土地，是山东省发现的唯一外环境天然适硒区域，有“中国天然富硒农产品之乡”之称。莪庄村及所在的寨里镇，位于其核心区。肖淑锋说：“我们的富硒土壤很宝贵，村里的长寿健康老人很多，我们要保护好这片土地。”建起蔬菜大棚后，这里将按照有机标准种植，不使用化肥农药，并且会换茬轮作，最大限度保持地力。

通过休耕，合作社还有进行试验对比的想法，看看土壤中的硒元素含量是否有变化。“肉眼能看到的，就是土壤颜色从黄色变得有点黑褐色了。”肖淑锋说。明年初春，相关的土壤检测将会进行。

我国将探索轮作休耕

花钱让31亩土地休耕了4年多，高昂的成本将通过高品质蔬果的高价来弥补。肖淑锋认为，只要质量好，总会有肯多花钱的客户买账。“目前，我们既有的大棚蔬菜，比市场价高5～10倍。这片休耕地今后产的蔬菜，要高出15倍。”肖淑锋说。以每斤1～2元的西红柿为例，休耕地产出的售价将超过每斤15元。

像这31亩地这样进行休耕的，今后可能会越来越多。在最近通过的《中共中央关于制定国民经济和社会发展第十三个五年规划的建议》中，提出要“探索实行耕地轮作休耕制度试点”。目前，我国耕地开发利用强度过大，一些地方地力严重透支，有条件利用现阶段国内外市场粮食供给宽裕的时机，在部分地区实行耕地轮作休耕。这样，既有利于耕地休养生息和农业可持续发展，又有利于平衡粮食供求矛盾、稳定农民收入、减轻财政压力。据了解，国家重点在地下水漏斗区、重金属污染区、生态严重退化地区开展试点，安排一定面积的耕地用于休耕，对休耕农民给予必要的粮食或现金补助。

（2015年11月18日）

张民庆带领群众，积累了5亿“家底”

《农村大众》记者　陈建志　通讯员　沈振江

8月22日早上7点多，张民庆走出家门，先后来到十甲农贸市场和十甲花园小区建筑工地，跟管理人员交谈了解情况，问问经营业户或者施工工人工作中有什么难题，有问题现场解决，没有问题转上一圈之后，他再到办公室上班。

作为潍坊高新区新城街道十甲社区党支部书记，这几年，他几乎天天早晨如此度过，风雨无阻。

27年前，张民庆走马上任十甲村（现在的十甲社区）党支部书记。当时，村集体没有什么公共积累。后来，他带领全村干部群众艰苦创业、发展集体经济，到如今，已经积累了4.5亿元的集体固定资产。

在不了解情况的外人看来，十甲的集体经济似乎是沾了高新区快速扩张的光，才壮大起来的。但是十甲居民们明白，没有张民庆的长远目光、超前谋划和实干精神，就没有十甲的今天。

2004年，十甲村开始城中村拆迁改造。一开始，因为缺少资金，他们村也和其他村那样，找来一家房地产开发企业，签订协议，由企业垫付资金，在旧村址上建造住宅楼，建成的楼房按照四六的比例与企业分成。

不用村里筹集一分钱的资金，也不用在工地上监工操心，第一批住宅楼竣工了。盖楼倒是省心了，可是结果呢，开发企业挣了盆满钵满，村集体没有挣到一分钱。张民庆琢磨一番，打算由村集体成立公司，开发住宅安置楼。在村党支部和村委会联席干部会议上，他把自己的想法和盘托出，得到大伙儿的支持。

2007年9月，十甲村筹集资金，注册成立了第一家集体企业——潍坊十甲置业有限公司，独立负责旧村拆迁改造工程。经过多年探索，置业公司逐步走出了一条“自主拆迁改造、自主开发建设”的路子。到目前为止，公司已建成59座住宅楼、3座沿街商铺、1处幼儿园，其中20座住宅楼用于旧村改造居民安置，其他的住宅楼面向社会公开出售。还有6座住宅楼、2座沿街商铺、5座商住楼正在建设之中。十甲置业有限公司负责开发的住宅楼，每一座都是优质工程、放心工程。其中的奥秘，除了完善对工程的设计、建造等流程，与张民庆的辛勤付出也分不开。除非到外地学习，他每天都到建筑工地上转悠一阵子，这里看看，那里瞧瞧，一旦发现有问题有隐患，立即让施工人员停工整改。

原本属于农村的十甲，随着高新区的快速扩张，现在成了城市繁华区域，住宅楼和沿街商铺销售火爆，炙手可热。许多城中村的做法是，趁机把商铺高价卖了，先把钱揣到怀里。而十甲村，没有被眼前的高利润所诱惑。“沿街商铺一间也不卖!”在村“两委”联席会议上，张民庆对班子成员们说，“要把这些商铺作为集体固定资产留下来，租出去，租金用来发放福利，让老少爷们年年受益。”

2015 年，十甲村集体投资 1. 6 亿元建成十甲农贸市场。这个市场占地 110 亩、建设面积 2. 8 万平方米，现已入驻经营业户 1100 多家。

十甲村的集体经济逐步发展壮大，到 2017 年 6 月底固定资产达到 4. 5 亿元，还有 6000 万元的银行存款，攒下了一个殷实的家底。村里的沿街商铺和农贸市场，去年利润达到 1500 多万元，每人仅集体分红就拿到 7000 元。

（2017 年 8 月 29 日）

母子打擂台看谁水平高

大学生杜进宝返乡种藕种出一片新天地

《农村大众》记者　陈建志

大学毕业放弃城市舒适的工作，回到老家，跟母亲打擂台比赛种藕，看谁管理水平高。说起4年前的这个决定，杜进宝至今依然很佩服自己当初的勇气。

2012年7月，大学毕业之后，在北京等城市工作了2年的杜进宝突然提出，要回老家山东平邑，跟着母亲学习种藕。一听这事，亲戚朋友都不理解，父母明确表示“坚决反对”，好不容易考上大学，走出落后的沂蒙山区进入繁华的大城市，又要回来。“你在这个穷山窝里没待够?”

杜进宝诚心诚意地对母亲说：“我就想试试我的本事，跟您打擂台，一人管一片藕池。如果我种的藕产量比您的高，您给我100万元创业基金，我自己去创业；如果我种的藕产量比您的低，我就听您的话，回城市去。”看儿子一股犟劲，母亲勉强同意了，把原先自己管的30亩藕池一分为二，拿出15亩让儿子管。

跟母亲打擂台种藕，想赢，不是一件容易的事儿。杜进宝的母亲名叫崔凤美，种藕十几年了，技术水平高，管理又细心，种出的藕产量高、品质好，在当地很出名。

认准的事情，就要干好。作为一名种藕新手，杜进宝买来书籍，有空就学；遇到不懂的技术难题，书上没写的，就向擂台赛对手、自己的母亲请教。

作为二十几岁的年轻人，最可贵的是他不安于现状、大胆创新的精神。原来给藕池施土杂肥，都是一次全部投入，他改为分三次施，这样减少了肥料浪费，提高了肥料利用率。种藕的人都知道，施到藕池里的肥料必须事先腐熟，如何腐熟则大有学问。杜进宝买来日本原产的 EM 菌制作腐熟剂，他尝试着调整配方，经历多次失败之后，终于研制出一种新的腐熟剂，添加到肥料中，不但发酵更充分了，发酵时间还变短了。

春种秋收。4 月下旬栽下的藕种，逐渐发芽、展叶、长茎、开花，到了 9 月下旬该收获了。莲藕收获机开进藕池，“隆隆”作响，待到把藕池里的藕全部挖出来，过磅一称，母亲管理的藕池亩产藕 6000 斤左右，杜进宝管理的则超过 8000 斤。不用说，做儿子的取得了擂台赛的胜利！父母无奈，同意他留下来种藕。

“说好的 100 万元创业基金，兑现给儿子了吗?”面对提问，母亲崔凤美回答：“岂止是 100 万元，打那以后，种藕的事儿全交给儿子啦！我退居幕后，成了他的帮手。”当然，杜进宝也没有另起炉灶去干别的事，依然一心一意种藕。

随着种藕事业的扩大，小打小闹难成气候。杜进宝于第二年注册成立了平邑汪洋果蔬种植专业合作社，并任理事长。他的想法是，把周边种藕的乡亲们联合起来，一起把这桩事做大。

他带领社员们从蔬菜之乡山东寿光引进了一种产自外国的新品种雪藕。这种藕，切开之后颜色雪白，而且一天之内不变色，吃起来脆生生的，口感好，产量又高，亩产可达1万斤，比老品种产量高出一大截。

在向外推广新品种雪藕的过程中，杜进宝与有关企业合作，研发出一种移动藕池——用特制的纤维布作底的池子。使用时，按照平整土地→划线→打梗→铺布→上土→浇水→下种（栽藕）的步骤操作就行，十分简便。这种移动藕池，适合土壤瘠薄、小面积种植的地方推广使用，使用寿命长达十几年。什么时候不想用了，排净池子里的水，移走里面的土，再撤掉纤维布，就可以恢复土地原貌。

有些地方，土壤不适宜种藕，杜进宝就试验着改良。他开着车，走到一个地方，就在当地取些土样，回来测试，试验改良。比如盐碱地，需要加些酸性物质中和，否则种藕难以成活。

年纪轻轻的杜进宝秉承了沂蒙山区人憨厚诚实、乐于助人的优良传统。2016年4月，山西省一个客户，从杜进宝这里买了2000斤藕种，种下去没有正常发芽，自己也没找出原因。杜进宝接到电话之后，开车奔驰接近两千里路，赶到那里，一番检查、分析，可能是藕芽在运输途中受冻了。他当场提出，第二年免费给这名客户提供相同数量的藕种。当今社会，不少卖家只要卖出商品拿到货款就行，如果商品出现什么问题，总是推三挡四。杜进宝如此罕见的做法，令客户感动不已。亲戚朋友听说这事，议论纷纷，有人当面说他："你真傻，不是你的责任，为啥去承担损失?"他的回答倒是很实在："出了这事，如果客户承担损失，种藕的事就砸了，他可能一辈子再也不种藕了。我承担些损失，只是少挣几万块钱。咱做生意，不能只为了挣钱，还要帮助他们一起致富。"

也是在2015年，我省东营一个客户转包了500亩地，计划种植莲藕，并把37万元买藕种的钱汇了过来。杜进宝觉得那里的盐碱地不适宜种藕，可是客户执意要种。杜进宝跑到东营，取土化验，结果显示当地土壤碱性太强。他把钱退还客户，说服客户不要种植莲藕了。

几年来，杜进宝始终把产品质量放在第一位，免费提供种植管理技术服务，以诚对待客户，因此赢得广大客户的好评，同时赢得大片市场。至今，他的客户总共发展到1万多个，涉及山东省内各地以及江苏、河南、河北、辽宁、湖北、湖南、浙江、安徽、四川等多个省份。最近又传来好消息，四川省一家大公司，要在海南省大面积推广莲藕，邀请杜进宝负责种植管理技术，他施展本事的舞台更大了。在他看来，"干农业，找准项目，也会大有作为"。这也是当初他返乡的初衷。

（2016年8月11日）

这样管理苹果园　亩降成本5000元

莱州示范园用化学方法疏花疏果并免套袋效果显著

《农村大众》记者　陈建志　通讯员　刘观浦

“这片苹果园，用化学方法疏花疏果，果实没套袋。仅这两项改革，每亩就可节省成本5000元左右。”2017年10月14日，莱州市朱桥镇由家村琅琊岭生态农场示范园的主人王景波，站在自家果园里高兴地说。

王景波说的化学疏花疏果、免套袋，是国家苹果产业技术体系花果管理岗位科学家、山东省果树研究所研究员王金政的课题组开展的一个科研项目的主要内容。

试验示范是从春天开始的。在化学疏花疏果技术示范园里，课题组采用自主研发的疏花疏果剂，疏花、疏果各2次。其中，初花期、盛花期各喷施1次“智疏优花”进行疏花；盛花后10天和20天各喷施1次“智疏优果”进行疏果，并辅助人工定果。在免套袋的试验示范园里，配套实施病虫害预测预报、生物与物理防控、精准用药等绿色综合防控技术及生物增色技术。

经历了鲜花烂漫的春天和炽热湿润的夏天，迎来了硕果累累的秋天。10 月14 日上午，山东省现代农业产业技术体系水果创新团队首席专家、山东省农业专家顾问团林果分团团长、山东农业大学教授陈学森领衔的专家组，来到琅琊岭生态农场示范园现场考察验收。

专家们看到，这片苹果园采用的是现代矮砧集约栽培模式，砧穗组合为烟富 3/M26/八棱海棠，树龄为 7 年生，株行距分别为 2 米和 6 米。示范园里，树势强壮，园相整齐。从园中随机选取有代表性植株 7 株，统计单株坐果数；每个果园随机采摘 35 个果实称重，计算平均单果重、单株产量和亩产量，以及优质果率；用数显糖量计测定果实可溶性固形物含量。

验收结果显示：化学疏花疏果技术示范园，平均单果重 274. 2 克，亩产量 4218. 8 千克，优质果率 85. 4%，可溶性固形物含量 16. 4%，分别比对照提高 3. 4%、12. 1%、－2. 1% 和 11. 6%。免套袋技术示范园，平均单果重 265. 3 克，亩产量 4104. 2 千克，优质果率 85. 4%，可溶性固形物含量 16. 6%，分别比对照提高 9. 6%、17. 0%、－4. 7% 和 13. 7%。

王金政总结说，这个示范园的示范结果表明，采用化学疏花疏果、免套袋等省力化栽培技术，生产出的果实单果重、亩产量、商品果率等指标超过了常规栽培对照园；且因采用化学疏花疏果、免套袋两项技术，省工省力，每亩节省成本 5000

元左右。

在陈学森教授看来，节省成本与提高质量，是当前我国苹果生产增加经济效益的两个主要途径。采用现代矮砧密植集约栽培模式、苹果优质生产综合花果管理等技术，有利于提高质量；而采用免套袋与化学疏花疏果技术，目的是节省成本。由于苹果价格的“天花板效应”，市场上的苹果价格今后难以上升，节省成本对于增加果农效益来说，就显得十分重要且行之有效。

王景波是从 2016 年开始试验采用化学疏花疏果技术的，第一年的试验果园面积是 300 亩，获得成功之后，第二年他就主动要求把这项技术推广到所有开始挂果的 600 亩果园里，还增加了一个试验项目“免套袋”。在专家验收会现场，他从树上摘下一些红彤彤的苹果：“来，请大家品尝不套袋的苹果。这些苹果从表面上看不如套袋的光鲜，但接受光照时间长，积累的营养多，含糖量已经超过了 16%，再过 20 天成熟时，就可以达到 18%。这些苹果清脆香甜，客户自动找上门，其中的优质果预订价格是每千克 10 元，根本不愁卖！”

尝到节本增效甜头的王景波，在专家考察验收会期间，主动询问专家们：除了化学疏花疏果和免套袋，还有没有其他技术可以降低成本，比如有没有修剪枝条的高智能自动化机器？到哪里能买到？他坦言，随着城镇化的推进，到城镇打工的农村人多了，仍在农村务农的青壮年劳力越来越少，现在找个人来果园里干活不容易，成本越来越高。他的理想是，尽最大可能采用机械化智能化管理手段，把苹果园的人工管理成本降到每亩 15 个工以内，这样才能大幅度提升苹果生产效益。

（2017 年 10 月 31 日）

"自改委"破解棚户区拆迁改造难题

潍坊高新区引导居民自主决策、自我治理，拆迁进度快且未出现纠纷

《农村大众》记者 陈建志 通讯员 赵 宇 刘 杰

有人说，城市棚户区拆迁改造是"中国第一难"。此话有些夸张，但拆迁难是公认的事实。如何破解这个难题？中共潍坊高新区党工委、潍坊高新区管委会引导当地社区居民探索实施"自改委"模式，取得了良好效果。

成立"自改委"

居民自主决策、自我治理

素有"风筝之都"美誉的潍坊市，2015 年、2016 年又连获"全国文明城市""国家森林城市"两项殊荣。外地客人走进这座城市，尤其是踏入位于东部的潍坊高新技术产业开发区，看到城市规划大气，道路宽敞平坦，两旁绿树成荫，高楼大厦掩映在一片苍翠之中，常常不由自主地赞叹。

然而，美中也有不足。成立于 1992 年的潍坊高新区，经

过20多年的发展，伴随城区面积的逐步扩大，有些村庄尚未拆迁就被拔地而起的高楼大厦所包围，形成了一片片低矮破旧的棚户区。这与整个城区的规划布局极不协调，影响了市容市貌，也制约了经济发展。根据中共潍坊市委、潍坊市政府的安排部署，自2016年春天开始，高新区拉开了棚户区改造旧房拆迁的序幕，计划用3年时间完成辖区内所有棚户区改造工程，重点是91个村改居社区的棚户区改造任务。

目标任务确定，拆迁共识达成，具体采取什么策略？高新区的决策者颇动了一番脑筋。最终，他们决定，把旧房拆迁的难题交给当地社区，发动广大居民参与，让其自主决策、自我治理。

探索，首先在新钢经济发展区的8个社区试点。这8个社区，都是最近几年村改居的社区，说白了，就是原来的农村村落。新钢经济发展区管委会主任齐亚杰介绍，按照“上级指导、社区党支部领导、居民自治”的原则，这些社区先后成立了临时性议事执行机构——居民自主改造工作委员会（简称“自改委”），专门负责棚户区改造、旧房拆迁等事宜。

其中，谷家石门社区“自改委”由32人组成。负责人赵洪林说，这些成员当中，有社区党支部、居委会班子成员，有党员代表、群众代表，还有威望高的老干部、老党员。他们深入各家各户调查研究，拟写棚户区改造的初步方案，并根据居民们提出的一系列问题，修改完善方案，再张榜公示，然后入户宣传方案和有关政策，耐心解答居民们提出的问题，引导居民们积极参与拆迁工作。总之，“自改委”成员全过程参与棚户区改造。

一把尺子量到底

公平公正，公开透明

高新区所有社区的棚户区旧房拆除方案、回迁新楼方案，都经过多次反复、几上几下征求意见，并在社区公示。在实际改造过程中，每一个步骤、每一个环节均严格执行公示的方案。在拆迁补偿标准上，社区所有居民适用同一个标准、享受同一个待遇，绝不乱开口子，杜绝暗箱操作。

在具体操作细节上，各个社区则根据实际，自行探索，各显其能。比如，在新钢经济发展区后车社区，“自改委”成员们把拆迁旧房、回迁新楼的程序系统总结为十三个步骤，并把这十三个步骤印到一张明白纸上，一家发一张。实际运作时，严格按照这一程序执行，并接受全体居民监督。

如何分配新房，按照什么顺序挑选新房？这是大伙儿关心的关键问题之一。清池街道董流社区“自改委”制定方案时，规定谁家行动早谁家就早选新房，目的在于鼓励居民们早签协议、早拆旧房。具体做法是，把某一户签订旧房拆迁协议的顺序号码与实际拆迁旧房的顺序号码二者相加，再除以 2，得出的数字，就是这一户挑选新房的顺序号码。举个例子，在全社区中，张三家是第 5 个签订旧房拆迁协议的住户，他家实际拆迁旧房的顺序排在第 25 位，那么他家挑选新房的顺序就是

(5+25) ÷2=15 位。在正式挑选新房之前，“自改委”把各家各户的选房顺序与房源一起张榜公示。

在所有试点社区，“自改委”都遵循了公平公正、公开透明的原则，事先把拆迁方案公示，没有异议之后，再正式对外公布，操作时严格按照既定的程序。同时，做到一碗水端平，一把尺子量到底，以免早签协议、早拆迁的人吃亏，以免听话的人、老实人吃亏，从而打消了居民们的顾虑，赢得了他们的信任。

先建后拆

拆前见新房，解后顾之忧

棚户区改造，各地走的路径一般是，先拆旧房，再在原址上新建楼房，然后拆迁户回迁。按照这样的路径，从拆旧房到回迁住上新房，一般需要两三年时间。如果中间发生变故，比如建设资金不到位，回迁时间还要拖后。

在潍坊高新区，多数社区选择的则是与众不同的新路径，即先选址，筹集资金，由开发商建起新楼，居民再拆除旧房，挑选新房，领取新房钥匙。这样，就解决了居民外出租房时间长、生活不方便的问题。此外，未来的新家在哪里，新房子长什么模样，居民们在拆除旧房之前，看得见、摸得着，心里踏实了，对拆迁工作也起到了助推作用。

初冬时节，《农村大众》记者跟随当地干部来到新建的住宅小区——新钢经济发展区银通社区。据介绍，这个社区一期工程已经建成 21 栋 17 层住宅楼，能够容纳高铁官庄、赵家石门等周边 8 个社区的 1800 户 5000 多名居民。全部建成之后，总共可以容纳 3 万人居住。

走进居民张传寿的家门，他和母亲正坐在客厅沙发上拉呱。他说："住楼房，干净卫生，功能齐全。上下楼有电梯，也很方便。我母亲今年 98 岁了，往年害怕过冬，今年住上通暖气的新楼房，不用担心了。"

对于新建楼房的质量，中共潍坊市委常委、宣传部部长，高新区党工委书记初宝杰多次对街道、社区干部和开发商说："要拿出给自己爹娘盖房子的劲头，给居民建最好的房子。"他还叮嘱区建设局等部门负责人，要牵头搞好新建住宅小区的水、电、暖等设施配套建设工程。

营造和谐氛围

先办婚礼，再拆旧房

对于各个街道的棚户区改造工程，高新区有关部门定期检查和统计进度。每逢周一，高新区党工委、管委会召开党政联席会议，第一项内容就是听取棚户区改造工作进展情况汇报，商讨解决出现的新问题。平时，每个街道的有关干部分工包片，工作在拆迁一线，抓得很紧。不过，遇到特殊情况，当地干部和"自改委"成员们也会实施灵活措施。

7 月中下旬，新钢经济发展区中官庄社区，各家各户正在紧张地拆自家的老房子，他们要赶在"自改委"规定的截止日——7 月 22 日之前完成拆迁。恰好，7 月 22 日也是居民李元坤女儿出嫁的大喜日子。一时，李元坤及其家人手足无措，不知如何是好。他去找“自改委”负责人李同明，寻求解决办法。

“你别着急，我们开会商量商量。”李同明安慰李元坤。于是，当天“自改委”全体成员聚在一起，专门为此事召开了一次会议。成员们经过表决，所有人都表示同意，让李元坤先嫁闺女再拆迁，同时决定整个社区拆迁截止日往后顺延两天。

7 月 22 日，锣鼓喧天，鞭炮齐鸣，中官庄社区老宅院里的最后一场婚礼如期举行。婚礼结束，李元坤一家人马上开始整理物品，搬迁新楼。第二天，在机器的轰鸣声中，李元坤家的老房子被推倒了。

还有一个特殊的例子。在新城街道河北张庄社区拆迁现场，一片瓦砾之中，王红云家的老房子拆了一半，留了一半，十分扎眼。知情人透露原委：王红云已经挑选了新楼房，并且拿到了新楼房的钥匙，但是还没有装修完，无法按时搬迁，一家人临时又没有地方住。她把自家的困难如实反映给社区“自改委”。“自改委”经过开会研究，同意她家可以暂时保留这几间老屋，临时居住，等到新楼房装修完毕再拆。

有居民议论说，“自改委”既讲政策、原则，又适度灵活、人性化，真是咱自己的组织！

想通了再签协议

不停水断电逼迫拆迁

“自改委”的成员们，来自居民，又服务居民，想居民之所想，做居民之所做。在入户动员居民拆迁之前，他们首先大张旗鼓地开展宣传工作，营造良好氛围。

走在街头巷尾，看看悬挂的标语，有许多通俗易懂、朗朗上口的顺口溜——“不背井不离乡，跨过路去奔小康”；“一套楼房几十万，好好想想咋划算”；“向西搬一搬，财富翻十番”；“早签早搬早上楼，等等靠靠捡人漏”；“快拿钥匙早上楼，莫误装修黄金期”……

了解了政策，看到这些鼓舞人心的话语，绝大多数人动心了，自愿签订协议，开始动手拆迁。

然而，也有少数暂时想不通、不愿搬迁的居民。面对这种情况，面对暂时没有签订协议、拆除旧房的居民，当地街道、社区干部们和“自改委”成员们始终坚持一个原则：不靠停水断电“逼迫”他们。成员们进家入户，一遍遍讲解政策、解释方案，陈述搬迁的好处，直到把他们说通了，签完协议，再去拆旧房。

张子胜是个典型的例子。他所在的新城街道河北张庄社区，从2005年开始先后拆迁过6次，总共573户，到今年年初还有212户没有拆迁。今年实施第7次拆迁，街道和社区干部们压力很大。他们内部开会明确目标，制定计划，安排了进度，但是对外，置身居民之中，则认真宣讲政策，晓之以理，动之以情。今年以来，这个社区已经有86户签订了拆迁协议，76户完成了拆迁。

以前，张子胜也不愿意拆迁。他家原来的院落紧邻繁华的金马路，有8间房子，他和家人住3间，对外出租5间，每年有4万多元的收入，全家日子过得很滋润。今年，“自改委”成员一次次来到他家，跟他细算经济账，分析城市发展形势，展望未来生活。他最终点头同意，于8月中旬签订了拆迁协议。他对记者实话实说：“我这次自愿拆迁，主要是因为拆迁政策符合我家的情况，我家能分到两套楼房，还有十几万元的奖励和补贴。我今年68岁，年纪大了，不能错过这么好的机会。再看看发展形势，按照计划，潍坊高新区要在3年内完成所有棚户区的改造，提升城区形象。拆迁形势逼人，不等人。作为老居民，我们不能只打自家的小算盘、一直拖着不拆迁。”

实践证明，潍坊高新区探索实施“自改委”模式，居民们热情高涨，参与度高，自愿拆迁、自主改造、自我治理成为潮流，不少社区旧房拆迁进度之快大大出乎意料。新钢经济发展区中官庄社区仅用8天时间，就完成了所有107户的拆迁任务；李家石门社区不但拆迁快，还结合拆迁，彻底解决了遗留多年的小企业、小作坊违章乱建问题……据统计，截至目前，整个高新区91个社区有34个完成了整村拆迁。更为可喜的是，没有因拆迁发生一起纠纷和上访事件。

在潍坊高新区管委会主任宋赤锋看来，潍坊高新区的棚户区改造，既是城市建设和城市发展的需要，也是引导和助推村改居社区居民尽快融入城市、分享现代化建设成果，提升他们的生活水平和幸福指数的举措。具体到棚户区改造的策略，在各级党委、政府的引导下，社区成立“自改委”，放手让居民们自主决策、自我治理，实施和谐改造、幸福搬迁，是一条行之有效的途径。

（2016 年 11 月 24 日）

潍坊市新城街道山后徐家村的股改探索——

合作社经营集体资产，人口增减股权不变

《农村大众》记者 陈建志

春节期间，潍坊高新区新城街道山后徐家村处处洋溢着欢乐祥和的气氛。“村集体给每个股民发了600元钱的面粉、大米和花生油，过节足够吃的。平时孩子上学、老人养老还有补助。”村民梁振邦盘点着如今的好日子。

村党支部书记兼村委会主任徐向东说：“初步计算，村集体资产股份制改革之后，不到一年时间，每股分红现金和实物折合大约2000元。”

契机：旧村改造集体资产大幅增长

山后徐家村隶属潍坊高新区新城街道，随着市区开发建设规模扩大，耕地越来越少，该村逐渐成了城中村。

2005年，山后徐家村开始旧村改造，项目规划用地591亩，计划开发建设居民住宅楼及保障商用楼100余栋，总建筑

面积约59万平方米，小区建成后可满足6000户居住。至今，一至四期工程已经竣工，建设住宅楼和商用楼67栋，面积33.5万平方米。小区内拥有一个可以容纳1000多名孩子的省级示范幼儿园。旧村改造完成后，办公楼、幼儿园、克拉公寓等村集体资产大幅度增加。

股改：成立股份合作社

如何用现代理念和手段经营管理这些集体资产，实现其保值增值，成为摆在山后徐家村“两委”班子面前的一个课题。

2014年4月，山后徐家股份经济合作社注册成立，并以此为主体，拉开了股改的帷幕。经一家会计师事务所和一家资产评估事务所审计、评估，截至审计评估基准日2014年8月30日，山后徐家村集体资产总额为3.95亿元，负债总额为0.44亿元，净资产为3.51亿元。

哪些村集体成员享有股东资格？山后徐家村“两委”班子根据有关法律法规，参考外地经验，在广泛征求村民意见的基础上，制定了一个改革方案。方案明确，截至2013年12月31日，在该村有农业户口的2006名村民为股东，每人一股；同时，为鼓励村民实施计划生育，独生子女每人另加一股。上述二者合计2234股，每股净资产15.7万元。

村里召开全体股东大会，对这个方案进行投票表决，97%的村民赞成。大会决定，自此以后，村集体资产的权利归全体股东，其义务和经营风险也归全体股东。大会还决定，股份量化完成后，实行“两不增、两不减”的制度，即新出生、新迁入的人口不增股，死亡的、迁出的人口不减股。

这次村集体资产股份制改革之后，资产变股权，村民成了股民。

分红：社员有了财产性收入

股改后，山后徐家村集体出租幼儿园、克拉公寓等资产，利润大幅度上升。山后徐家股份经济合作社拥有股权的社员们，因此享受到种种红利。

搬进新楼后，物业费、水费全免，每股每年享受 400 元的取暖补助；中秋节、春节村里发放两次福利，包括面、油、大米等日常生活用品。

村里的孩子上幼儿园，每月享受补助 100 元。60 岁以上的老人每人每月补助生活费 320 元。2014 年下半年，村里每天又为他们发放一袋牛奶；重阳节村里向他们赠送羽绒服和随身听。合作社投资 1000 万元为全体社员缴纳城乡居民养老保险和医疗保险。

初步计算，2014 年大约相当于每股分红 2000 元。山后徐家村村民，除了务农、打工、经商，家家拥有合作社股份，股权分红，又有了财产性收入。

徐向东说，今年 5 月，山后徐家村将陆续开工建设佳乐家大型超市，今后还将陆续开建潍坊市中医院和沿街商品房。建成出租后，村集体（合作社）的收入比现在还高，届时村集体（合作社）每年将有1000余万元的收入，社员们可获得更多的财产性收入。

（2015年3月13日）

背靠实验室，合作社用上“私人定制”肥

不同地块配方不同，同一块地种植作物不同配方也不同

《农村大众》记者 刘秀平

“过来想看看合作社推广的‘定制玉米底肥’到底咋样。”4月4日上午，兖州区新驿镇天意合作社，社员张兴夫进门问合作社理事长吕中心。

小麦刚返青，玉米底肥咋说也得再过两三个月才用得着，社员们咋这么早就张罗起玉米底肥来了？

“俺们合作社用的是测土后的配方肥，和农资经销点的不一样，得提前测土，早定下来省心。我去年拿出100亩地做试验，觉得行。今年打算200亩玉米全部用合作社统一定制的玉米底肥。”天意合作社种粮大户张兴泉说，此前，他自己施用当地农资经销点的复合肥做玉米底肥，生长期追加二铵，一亩地需要两袋肥，费用是170多元。去年用了合作社定制的玉米底肥，按地力和玉米所需施用，一亩玉米只需要100元左右，“省钱也省工时”。

记者在天意合作社看到了已经发出的玉米底肥订单，共有5笔，160吨。“别看订单名称都叫玉米底肥，其实各家成分不一样。有30、6、6的，有28、5、8的。”吕中心说，30、6、6就是复合肥中含有的营养成分为30%氮、6%磷、6%钾。为了验证可行性，他去年拿出自己的400亩粮田做试验。

“我流转的400亩地，一亩1000元流转费，以现在每斤玉米7毛多钱的价格，肯定赔钱。”吕中心说，幸亏去年采用了测土配方施肥，每亩地少用了一半的肥，玉米产量却没减少，所以，今年才敢在合作社全面推广。

测土配方施肥为啥可以少用肥料？“播种前，通过测量土壤的成分，确定化肥的养分占比和施肥量，也就是作物缺什么元素就补充什么元素，需要多少补多少，农民不再担心地力不够而盲目多施肥，省钱的同时还会避免多施的化肥对土地造成污染。”吕中心说。

测量土壤成分技术含量挺高，合作社如何能做到？“我们合作社社员可耕土地加起来有一万多亩，社员抱起团来是个很大的市场，因此，北京天辰云农场有限公司主动和我们联系，将农场主服务中心设在我们合作社。”吕中心说，这家公司与中国科学院、中国农科院等单位合作，在全国建立十几家中央实验室，嘉祥县就有一家，免费为农场主测量土壤成分，提出配肥建议。在天意合作社，记者看到了云农场为合作社提供的配肥机。该配肥机通过互联网，接收中央实验室的土壤成分数据，并根据配肥建议，配出最适合用户土壤和作物的复合肥，用的原料则是合作社自己从电商平台采购的基础肥，比如中农集团的磷酸二铵等。

“如果种的不是玉米而是大豆或其他作物，就算同一块地，复合肥成分也会有变化。”云农场济宁地区项目负责人李晋童说。

（2016 年 4 月 7 日）

黄瓜长在沙床上，苦瓜喝着生态水，蔬菜交易有大数据平台监测

“娇生惯养”，孙家集创新“蔬菜品质学”

《农村大众》记者　刘秀平　通讯员　王　艳　李　扬　纪建斌

黄瓜秧苗从地里生出，却非长在土里而是沙床上；大棚苦瓜自滴灌补水，喝的不是普通水而是“生态水”；瓜菜外运经长途跋涉，有恒温保驾和大数据二维码自证身份。瓜菜如此“娇生惯养”，基于寿光市孙家集街道创新性地把蔬菜品质提升作为一门科学来研究。6 月 20 日，记者实地探访该街道的“蔬菜品质学”实践。

孙家集街道是全国大棚蔬菜发源地，被国家命名为“中国大棚蔬菜第一镇”。发起中国北方蔬菜种植“绿色革命”的王乐义所在的三元朱村就属于该街道。

“我街道群众之所以能这么富裕，其收入主要来源于蔬菜，但全国设施蔬菜面积达 6000 万亩，产量 2. 52 亿吨，产能已相对过剩。我们必须站在设施蔬菜的最高端，由量的扩张向质的提升转变，实现人无我有、人有我优、人优我转。”在今年春

节后召开的第一次综合性大会上，孙家集街道党工委书记王帅说。

在孙家集街道，蔬菜交易大数据监测、“沙培”系统、生态水灌溉等物理农业高端技术已成为蔬菜品质学研究的强大助力。

大数据平台

让蔬菜带上身份证闯全国

6 月 20 日，在三元朱村明凯蔬菜合作社蔬菜收购点，收购点负责人徐建明正在组织工作人员给苦瓜装箱，准备发往郑州。已经装好的苦瓜保温箱上，贴着带有产地信息的二维码“身份证”，记者掏出手机一扫，就显示出收购方：寿光市明凯蔬菜合作社，此外，还有收购时间、订单号、种植户姓名等。

“蔬菜有了‘身份证’，就有了可追溯的通道，大棚户会把自己家卖出的瓜菜当成自家大棚菜的品牌，用肥用药严格执行种类与时间间隔规定，而外地订货商会重视这个有‘身份证’的瓜菜品牌。”负责孙家集街道农业大数据监管服务的山东绿坤信息科技有限公司总经理王广法说。

除了产地信息，更多蔬菜交易数据在街道农业大数据监管中心持续跳跃，包括蔬菜价格、数量。同时，大数据中心 15 个速检室在紧张运转，来自全街道 140 多个收购点的蔬菜样本在接受药残快速检测，发现可疑样本则进入法检程序，即定性定量的检测：哪种蔬菜在哪一项农药指标上超标，可一目了然。王广法介绍，农业大数据监管服务设计了土壤检测、产地信息追溯、农残检测信息、物流信息、智慧平台等七个功能，未来可根据需要入网使用。

生态水灌溉
让瓜菜吃了“大力延寿丹”

在孙家集街道的齐家村，有一个现代农业生态水灌溉技术示范园区。齐家村党支部书记齐德文在此拿出两个大棚做生态水灌溉对比试验。两个大棚都是近两亩，一个大棚的滴灌设备接入的是普通地下水，另一个接入的是由专门设备制出的农业生态水。两个棚都是黄瓜与苦瓜套种，现在黄瓜已收获完毕，苦瓜收获期也接近尾声。

“使用的品种、下苗的时间、水肥量都一样，收益却大不一样。”齐德文说，“用了生态水的棚，年前半个月就开始收黄瓜；没用生态水的棚，正月十五左右才开始收。现在，苦瓜收获盛期已过，没用生态水的棚这两天就该拔棚了，用了生态水的棚则再晚 15 天拔棚没问题。”

齐德文还在每个棚随意拔出两根苦瓜秧对比。记者看到，用了生态水灌溉的两根苦瓜茎干根部直径有三四厘米粗，根系粗大；而另两棵苦瓜茎干根部直径只有一二厘米粗，根系也小得多。

是不是生态水里加了肥料之类的营养物质？“生态水就是普通的地下水经过高速冲击和强磁处理，用纯物理的方法，并没有加其他的东西。”示范区技术负责人、潍坊鲁泉环保设备有限公司孙锡玲说。

“但高速冲击后的地下水能携带更多的氧气，促进根部壮大。壮大的根系能吸收土地里更多的氮磷钾等营养物质，使植株生长旺盛，同时，壮大的根部也能伸展更远更深，利用一部分残留在土里的肥料，改良土壤。”孙锡玲说。

记者看到，用生态水灌溉的苦瓜根系强大，仿佛让苦瓜吃了“大力延寿丹”。两个对比棚中，用了生态水灌溉的大棚，虽然盛果期已过，叶子仍然黑亮油绿，果实饱满；而另一个棚的苦瓜秧苗多数已经萎黄，不久将被拔出。“两个棚绿苔也不同，水经过高速冲击能形成臭氧，杀灭细菌，抑制绿苔。水原有的钙镁离子的性状也发生改变，不再变成钙镁垢附在土壤表面，使土壤板结。”经孙锡玲指点，记者看到，用了生态水的大棚滴灌保水膜下没有绿苔，没用生态水的则绿苔不少。据了解，生态水灌溉项目在孙集街道共有 44 处，街道还为此召开评价现场会，安排专人收集实验数据，为农民提供指导。

水气循环沙培系统

水肥定时定量无生态污染

在孙家集街道三元朱村的 2 号示范棚，记者看到，油绿绿的水果黄瓜长得正盛。与别的大棚黄瓜不同的是，这里的黄瓜秧苗并不是长在土里，而是生在沙床上。沙是普通的建筑用的中粒沙，能给黄瓜提供营养的是沙床下面所连接的水气循环沙培系统。据负责此项技术的山东田立方农业发展有限公司研究员、副总经理朱文贤介绍，该项目是三元朱村借鉴以色列、荷兰、美国等国家先进的无土栽培种植技术，结合目前中国农业国情研发的。经测算，用“沙培”技术种植，黄瓜的产量与普通大棚差不多，西红柿则比普通大棚多20%。

据介绍，黄瓜所需营养由气循环定时定量送入根部。多余的则经由沙介质渗出进入回收系统再利用，如此往复循环，此项技术可节水节肥60%。该项技术最大的特点是能隔离来自土壤的病虫害，降低农药用量。同时，避免了肥料和农药过量施用残留在土壤中造成的生态污染。

记者看到，除了水气循环技术，该大棚所采用的粘虫板、补光灯等物理农业设备也发挥着巨大作用。去年，该大棚种出的大棚西红柿，品质好，口感佳，卖到每斤8~10元，而市场上其他普通西红柿每斤只有2~3元。

（2018年7月5日）

新技术　严监管　净环境　抓示范

孙家集洗地净污摸高“品质农业”

《农村大众》记者　刘秀平　刘真真　通讯员　王　艳

“每月至少抽取5000个蔬菜样本，天天检测无缝隙。”12月21日，孙家集街道农业综合服务站蔬菜检测室内，检验员王莹正把当日采集的茄子和黄瓜样本取皮切片，放入试管检测药残。有“中国大棚蔬菜第一镇”之称的寿光市孙家集街道，今年开启了纳米土壤修复、拆除污染场所、统一蔬菜检测等一系列洗地净污工程，探索蔬菜产地环境改良方式，自加压力摸高“品质农业”。

摸高，是体育测试项目，即跳起来摸，达到尽可能高的目标。具体到孙家集街道来说，这里几乎家家户户种大棚蔬菜，曾发起中国北方蔬菜种植“绿色革命”的王乐义所在的三元朱村即隶属于孙家集街道。该街道是潍坊市农产品质量示范镇，大棚蔬菜品质一直在行业内领先。“作为全国大棚蔬菜发源地，孙家集街道要把进一步提升蔬菜品质作为蔬菜产业二次革命。”

中共孙家集街道党工委书记王帅说，必须实实在在改善产地环境，土壤、水质、空气改良同步。

针对蔬菜产区因多年连作造成的土传病害、土质退化等问题，三元朱村先行试点，与宁夏大荣生物集团合作，探索药肥一体化和纳米土壤修复技术。据介绍，药肥一体化可有效提高肥料及农药利用率，减少土壤污染。而纳米土壤修复技术，则是通过在受污染土壤中撒下纳米物质，将土壤中的重金属固定，相当于用纳米物质给土壤洗澡，以阻止有害物质迁移到农作物的体内。据介绍，该技术试验成功后，将在全街道推广。

今年九月，孙家集街道接到大棚种植户反映，石门董村有两处鸭血厂在生产过程中，散发刺鼻气味，排出的污水影响大棚菜浇地用水品质。街道办立即协调城建环保部门联合执法，依法拆除了鸭血厂等三处污染场所。为解决大棚垃圾难题，街道在泽科村试点引进建设菌禾生物有机肥制造项目，回收利用蔬菜垃圾、小麦秸秆等，用以生产有机肥。为保证农业生产安全，孙家集街道还开展企业整治，26 家涉氨企业全部按照消防要求，进行了低压管道及线路改造；对无纺布、棉被厂进行全面整治，40 多家存在隐患的加芯厂被强制关停。大棚户们反映，整治后空气异味没有了，浇菜用水干净了，蔬菜有品质了。

环境好了，安全监管也不放松。为此，孙家集街道实行“百名党员农业科技示范工程”。选取 100 名党员建设“党员示范棚”标牌，带头试用新技术，发挥党员在农产品质量安全方面的带动引领作用。同时，创新蔬菜检测方式，成立检测互助组，以合作社为中心，辐射周边 6 ~ 8 处蔬菜市场，聘用专职检测员，实行统一检测，提高了蔬菜检测覆盖率。为让所有大棚户用上放心农资，孙家集街道开展农资市场专项整治，成功破获 1 起跨界制售高毒农药的黑窝点，取缔 7 处农资非法代销点，整顿 38 家，并承办了寿光市创建全国食品安全城市现场会。

“农业发展不仅是量的扩张，更重要的是品质的提升，孙家集蔬菜有责任和义务努力探索‘品质农业’新内涵。”王帅说。

（2015 年 12 月 29 日）

这家合作社，根据试验效果决定项目取舍

《农村大众》记者　刘真真

在合作社事业的探索上，夏津县田庄乡东滕创新农业种植农民专业合作社喜欢先试验，再大刀阔斧地扩种或建厂房，且成效显著。合作社理事长滕岱训、监事长滕永院因此带领合作社摸着石头过河，实现快速发展。

试烘干成功
不再只卖鲜药材

据了解，这家合作社种了400亩中草药、100亩葡萄、400亩黄晶梨、80亩榛子树。滕永院主要负责合作社的经营，他还是田庄乡东滕村的党支部书记。

400亩中草药田，主要种植了白术、板蓝根、防风、天花粉等。起初，合作社只卖鲜药材，但利润并不理想。“有场地，有资金，为何不稍微加工一下再卖呢？”今年秋天，合作社决定，先在两个小型烘干房做试验，看看烘干后究竟能不能卖出

去，能卖多少钱。

“我们试验后发现，一吨草药能多获取10%的利润呢，而且供不应求。我们以后再也不鲜着卖了。”滕永院说，合作社决定今年冬天投资100万元建设一座大型烘干房，现在即将开工。

与此形成对比的是，葡萄做了烘干试验结果就不理想：与新疆葡萄干相比，本地葡萄干并不占优势，而且还需要QS认证，反倒是鲜食葡萄的利润远远高出葡萄干。于是，合作社果断放弃了对葡萄的深加工，将来一旦行情有变，再考虑葡萄干。

种榛子树

先去东北考察

尝试种坚果，也是合作社的探索与试验之举。合作社到东北三省考察后发现，榛子油每斤能卖到200元，主要做巧克力用，榛子本身具有很高的营养价值和经济价值，亩产能达到400~500斤，市场潜力巨大，而榛子树在山东的栽植面积极少，这种稀缺性注定很有卖点。2016年冬天，合作社栽植了80亩榛子树。

“如果能在坚果市场占有一席之地，那我们合作社就真的有大发展了！这些树明年就能结果了，如果效益不错，我们就扩种到400亩。”滕岱训望着这80亩榛子树说道。

在与滕岱训、滕永院攀谈的过程中，记者发现，他们始终盯着市场，用他们的话来讲，消费市场上的任何风吹草动都会影响合作社的生产计划。

鲜榨梨汁

试水全城配送

在多次外出办事的过程中，滕永院发现，现在大城市的空气质量并不能满足都市人的要求，人们越来越注重对肺脏的保养。他由此断定，400 亩黄晶梨的根本出路在“梨汁”。

为此，他专门考察了夏津县城的社区、超市、食堂等部门，考察发现，相关产品只有几家公司的冰糖雪梨，而他们的梨汁不加糖也能赶上别家的甜度，还是鲜榨的。回来后，合作社专门组织人员对梨汁进行研究，研究发现，一斤梨可以出七两汁，出汁率达 70%，而且梨汁含糖高，不氧化，无渣。记者品尝发现，这种梨汁的口感果然不错。

“我仔细盘算了一下，如果这个项目能打开销路，那我们的效益就会比单纯卖梨翻好几番啊。居民一个电话，我们一个小时就能把鲜榨梨汁送到家。”滕永院说。目前，他正着手办理卫生许可证，并在县城物色店面。

（2017 年 11 月 1 日）

后八村“产改”，外聘员工和村民同等待遇

《农村大众》记者　刘真真

12 月中旬，邹城市钢山街道后八村第二次集体经济组织成员代表大会暨后八村股份经济合作社成立大会召开。会上决定，将后八村村集体自 2005 年至今积累的 12 亿元集体资产，全部折股量化到每一名后八村集体经济组织成员，每股价值 30 万元。目前，后八村确认的集体经济组织成员有 1576 人，其中包含村民 1441 人，工作年限满两年村企员工 135 人。预计 2018 年 12 月 20 日，这些集体经济组织成员可以领到首笔分红。

后八村曾经是一个穷村、乱村、负债村，自 2005 年开始搞集体经济建设，经过 12 年的发展，目前村集体资产已累计达 12 亿元。从今年 7 月初开始，后八村就开始了农村集体产权改革工作。这次会议表决通过了《后八村（股份）经济合作社章程（草案）》，选举后八村党委书记宋伟为合作社理事

长。把村办企业员工纳入后八村集体经济组织成员是全体村民一致同意的。宋伟坦言，村集体经济发展到今天，除了本村村民，也离不开外聘员工的努力，村里搞“产改”，不能让他们心凉。

与众不同的是，后八村在全省创新性设置了培养股、养老股和社会荣誉奖励股，并实行动态化管理，即死亡的村民，当月截止；新出生的孩子，很快就会列入进来。“我们的村民和员工，凡是为国家做出特殊贡献或者获得省级以上荣誉，引得社会广泛宣传和学习的，在原股基础上增加两股，并终身享受。”宋伟说，本村农业户口村民享受 1 股，不满 20 周岁人员增加培养股 1 股，享有两股；对于年满 60 周岁以上农业户口人员，且在村长期居住，没有医疗、养老、工伤三险或三险以上保险的，增加保健养老股 1 股，养老股 1 股，也就是这类老人享有 3 股。“我们设立培养股，就是为了帮助家庭培养孩子，也为后八村的发展储备人才；设立养老股则是为了让大家尊老、爱老。”宋伟说。

今年 48 岁的后八村村民吴伯荣和老公都在村办企业鑫琦集团干保洁工作，儿子在外当兵。他们这个三口之家总共分到了 8 股，这相当于 240 万元的资产。“村集体辛辛苦苦干了这么多年，原来都是给咱干的呀！”吴伯荣说。像她一样，后八村每个家庭大都分到了 10 股左右，即总价值 300 万元。而在鑫琦集团，不论级别，不分岗位，都享受同一个标准的股权分配办法，即“领导不持大股”。

“我们发展集体经济的初衷就是为了村民，现在把集体资产折股量化给大家，为的就是让村民和在村办企业上班的员工有依靠，有获得感。”宋伟说。

（2017 年 12 月 18 日）

时隔 39 年，孔里庄村老作坊重新开张

《农村大众》记者　刘真真

1 月 17 日，刚进腊月门，冠县范寨镇孔里庄村的老磨坊、老油坊一大早就开始轰隆隆地工作了。临近年底，这老磨坊和老油坊成了十里八乡的“新宠”，乡亲们纷纷来此寻找当年的味道。其实，在孔里庄的历史上，老磨坊、老油坊早就有之，然而，新的生产力诞生后，这些手工作坊在 1978 年纷纷停产。时隔 39 年，孔里庄老磨坊、老油坊重新开张，而孔里庄老酒坊也即将在 2018 年春天开张。

一走进孔里庄老磨坊，记者就看到写着“孔里庄老磨坊”的商号旗子在风中飘扬。据介绍，孔里庄老磨坊是 2017 年 7 月重新开张的。记者看到，这里有两间厂房，一间专门用来洗麦、除杂，另一间则用电机带动石磨来磨面粉，一天可磨出面粉 500 公斤左右。与现代面粉厂不同，这里运用的是“冷磨”工艺。村会计王道申告诉记者：“我们磨出的面‘不发烧’，所以嚼劲很大，能找到我 15 岁以前吃到的味道。”自从开业以

来，很多外县的老人也慕名而来。

来到老油坊，记者发现这里的原料竟然是在路边沟沿长起来的油菜花和向日葵，可别小看这些边边角角，全村算下来得有200亩。2017年12月11日，孔里庄老油坊重新开张。这意味着，在孔里庄春夏可赏花，秋冬可吃油。村民孔德强说，这间老油坊一天可生产100余斤油，这些油既对外出售，也将作为年货发给全体村民。

其实，39年前，孔里庄村4个生产队每队都有老磨坊、老油坊。据王道申回忆，那时候，人们往往排队磨面、榨油。不过，那时候生产力落后，完全靠人力干活，一天也就能磨出40斤面。如今，这些老物件已经被做成了艺术品布置在村口。之所以让古老的手工作坊重新开张，王道祥说："乡村要想吸引游客，要想真正振兴起来，首先就得找差异化发展之路，我们能够提供原汁原味的吃食，这就是我们发展的优势。"

现在，老磨坊、老油坊暂时由村集体经营，面粉以每斤3.5元的价格对外出售，比市场价每斤高出1.5元。孔里庄人还开发出了5公斤装的小包装。"村集体只是先培植市场，将来步入正轨后，我们会把老作坊承包给有能力经营的村民，而村集体还是得腾出手来搞经济发展。"孔里庄村党支部书记王道祥说。

如今，孔里庄老酒坊已经选好址，设备正在洽谈中，预计2018年春天开张。孔里庄将用自产的小麦、高粱土方酿制地道的粮食酒，届时，这里的每条胡同都会飘起酒香。可赏花、可品酒，还有原汁原味的吃食，孔里庄的“诗意”将越来越浓。

在孔里庄的规划里，这些原汁原味的面、油、酒都将作为村庄特色旅游伴手礼，目前，产品细节正在商讨阶段，而老磨坊、老油坊、老酒坊也将作为孔里庄“三景”，并入全村的旅游版图。

拔掉106根线杆，孔里庄村弱电全入地

《农村大众》记者 刘真真

3月9日，冠县范寨镇孔里庄村的村道上车来车往，会车自如。这番景象要多亏这个村庄敢于“碰硬”，去年硬生生拔掉了106根电线杆，村里的路才得以拓宽。去年6月1日，孔里庄村“天上”的通信线路全部顺利“入地”，安全、美观的“规划时代”正式到来。

“各通信部门在村里安线杆，从不跟村委会打招呼。他们各自为政，随意安装，这无形中占用了村民的空间。我们修下水道也修不成。”孔里庄村党支部书记王道祥说，移动、联通、广电等部门的线杆你一根我一根，一个胡同口往往矗立着三四根，村道每隔30米就有一处“马蜂窝”。

为此，孔里庄村村“两委”商议，坚决打响这场“空间保卫战”。2016年4月初，经过一次又一次打电话联系，孔里庄村村委会终于把移动、联通、广电三个部门的相关负责人请到了村里进行“谈判”。经过几轮艰难协商，四方最终达成共识：

拔掉线杆，由村里出资购买地下管道，并通过切割水泥路、线路上墙的方式把信号送到每家每户。移动、联通、广电提供技术支持。

2016 年 4 月中旬，孔里庄村开始了轰轰烈烈的“拔线杆运动”。这是这项工程里的“硬骨头”，也是花钱最多的地方。据聊城市食药局派驻孔里庄村的第一书记陈立明介绍，拔一根线杆的人工成本是 180 元，费用由村里承担。一想到村民的热切期盼，村集体还是从微薄的集体收入中切出了这一块。就这样，孔里庄村前前后后总共拔掉了 106 根线杆。村集体买来的管道埋到了距地面 10 厘米以下的地底，总共铺设约 840 米，这些线路有了地下的“家”。每条胡同口都开了一个线路“出口”，用户可直接接入。截至当年 6 月 1 日，孔里庄村实现了弱电全部入地。

这 106 根线杆拔掉后，村里出资把线杆占用的地面重新铺上了水泥路。就这样，原先 4 米宽的路，愣是变成了 6. 3 米宽，这可乐坏了老百姓。另外，拔掉线杆之前，村里的下水道既修不通，也修不直。现在不光下水道能修通修直，村里的马路还留出了修建小花池的空间。村民高在菊说：“我以前在房顶上晒花生，一不小心就碰上这些‘蜘蛛网’，现在再也不愁这事儿了。”

“与高压线电线杆不同，这些通信用的线杆往往埋得比较浅，有很大的安全隐患，弱电入地以后，这个隐患就被彻底排除了。”孔里庄村党支部副书记王广东说。弱电全部入地，在城市尚且难以实现，在村庄就更难了。孔里庄村是冠县首个弱电全部入地的村庄，这在全省农村中也较为少见。

（2017年3月14日）

“IT 男”返乡，大棚有了“互联网思维”

《农村大众》记者　任治安

在华为工作六年，如今在深圳拥有三家科技公司的昌乐小伙李洪光，2015 年返乡创业。这个 34 岁的“IT 男”，用互联网思维和工具改造传统蔬菜种植，将无土栽培、水肥一体、种植全程直播、O2O 销售配送、产品追溯等新理念、新技术应用到传统农业中，实现了农产品的高产、优质和优价。

7~8 月份，一般是蔬菜大棚闷棚的时节，而昌乐县朱刘街道北庄村李和百姓菜园的种植示范棚今年不用闷棚，棚中的西红柿依然茂盛生长，且全部坐果良好。

“不闷棚，是因为无土栽培不用担心土传病害问题，降温用了遮阳+微喷双重措施，大约可以降 8℃。”李和百姓菜园理事长、深圳市岳洋科技有限公司董事长李洪光告诉记者。据了解，西红柿根线虫病是造成西红柿死棵的最严重的土传虫害，种植户通常需要进行夏天闷棚操作来控制其危害。“但即使是闷过棚，死棵率也会到 15%~20%。”李洪光介绍。

李洪光采取的措施是用双层防水布隔绝土壤，栽培基质全部用椰糠，然后配上水肥一体化设施和遮阳、微喷等降温设施，让大棚四季随时都能生产。他从去年开始做实验，验证了改造后的模式还具有定植后缓苗快、生长快、产量高等优势。据测算，如果扣除死棵因素，再加上增产部分，这种模式总的产量比传统种植可提高近50%。“最主要的，无土栽培能最可靠地保证蔬菜的绿色食品品质。”李洪光说。

李洪光利用专业优势，自主开发了一套蔬菜大棚生产全程直播系统。硬件方面就是在大棚内布设电脑和多角度监控探头，软件方面与开发的移动端商城对接。用户通过微信公众号就可进入直播通道，可随时观看大棚内的生产及作物生长状况。他计算，改造一个1.5亩的传统种植棚，全套下来大约需要10万元。一台水肥一体化机可供4~6个棚使用。如果成片改造，只改无土栽培和微喷、遮阳，平均每个棚需3万~4万元。

目前，李洪光在北庄村联合两家合作社进行了新模式改造，改造费用全部由公司承担。按传统棚年收益来算，先付签约农户全年60%的保底收益，一个财务年度末再付另外40%，全年额外盈利部分再与农户二八分成。农户只负责日常种植管理，销售全部由公司负责。全年若出现亏损，差额全部由公司承担。一家合作社负责管理10~20个棚，公司根据其管理所有棚的整体业绩给予理事长发放工资和奖金。

“像西红柿，农户每年有6万保底收益。不用浇地，基本也不用打药，省时省力。但必须按合作社要求运营管理。”参与其中的昌乐县球网土地股份专业合作社理事长李庆光介绍。

李洪光的销售是O2O模式，通过微信服务号平台，实现线上预订、冷链配送及直营店提取，部分客户送货上门，终端销售价格一般是普通市场价的2~3倍。他还专门开发了一套二维码追溯系统，所有配送产品均可实现扫码追溯，在生产直播以外，又加一层品质保证。

安丘大姜走遍“一带一路”40国

占出口总量的一半以上

《农村大众》记者　任治安　通讯员　吕海波　刘久平

6 月3 日，安丘市凌河镇大姜收购商李胜林，将刚刚从农户手中收来的8000 斤带泥大姜，送到镇上的汇禾食品加工厂。这8000 斤大姜，经过洗净、晾干、包装，漂洋过海 40 多天后，被送到欧洲某个国家的超市货架上。

像汇禾这样的加工厂，在凌河镇有十几家，而汇禾算是规模较小的一家。这个不足 20 人的小型加工厂，每年出口大姜的量约在 5000 吨。在整个安丘，2016 年的大姜出口量是 25 万多吨，其中，有一半以上的份额出口到了“一带一路”沿线的 40 个国家。

“安丘模式”保证好品质

安丘大姜是山东省著名特产，种植历史可追溯到明朝万历年间。历经近 500 年的选种培育，安丘大姜形成了色泽鲜艳、结构紧密、块大丝少、辛辣清香的特色，具有较高的食用和药用价值。2006年，国家质检总局批准对安丘大姜实施地理标志产品保护。

“安丘大姜之所以有较好的品质，与安丘的温度、光照、土壤条件非常适宜大姜生长有关。安丘土层深厚，具有良好的透气性和排水性，也有很好的保水性，能防止水分和养分渗漏，有机质含量特别高，有利于大姜幼苗生长和根系发育。”安丘市农安办副主任孙衍平介绍。

因国际市场对于生姜进口有着极其严格的检测标准和要求，安丘市狠抓源头控制，推行标准化生产，加强末端检测，保证生姜质量安全，创立了“安丘模式”。围绕出口农产品质量安全示范区建设，安丘还组织起草制定了出口大姜生产良好操作规范，并在2011年6月被确定为国家推荐性标准。

四分之一加工出口国外

目前，国际上种植大姜的国家主要有中国、印度、越南、巴基斯坦、日本、朝鲜等，而尤以我国出产的大姜量大质优。

记者从潍坊出入境检验检疫局了解到，目前，安丘大姜出口（潍坊口岸）国际上70多个国家，其中，“一带一路”沿线国家就有40个。2014、2015和2016近三年，安丘大姜出口总量（潍坊口岸）分别为16.49、24.61和25.03万吨，平均年货物总值约2亿美元，其中，出口“一带一路”沿线国家所占的份额从2014年的37.87%增加到2015年的47.88%和2016

年的51.22%。

“2016年安丘大姜出口最多的国家是巴基斯坦，这一个国家就有3.7万吨。”潍坊出入境检验检疫局副局长李英强介绍。

2016年，安丘全市大姜种植面积18.5万亩，年总产量约100万吨，是江北最大的生产基地。目前，安丘以大姜为原料的加工出口企业达到63家（潍坊口岸报检），年加工出口量占到了总产量的1/4。除了以保鲜大姜块为主，其他加工产品还有脱水姜片、软化姜芽、腌渍姜块、姜精、姜汁、姜糖等。

迎来出口好政策

李英强向记者介绍，为更好地服务于食品农产品出口企业，帮助企业借好“一带一路”倡仪的东风，潍坊局出台了送政策上门，深入企业进行一对一指导，深化检验检疫行政审批改革，完善“单一窗口”服务，全面优化审批流程，将审批时限再缩短20%等一系列举措。

今年3月3日，我国首个食品农产品技术性贸易措施研究评议基地落户山东潍坊。基地的建立有利于更好地融合各方力量，推进国外技术性贸易措施信息跟踪、通报评议、研究解析以及应对措施研发等工作，共同推动食品农产品技术性贸易措施工作向精细化、精准化方向发展，帮扶企业规避风险，为政府决策提供技术支持，为产业升级提供技术服务。

“支持食品农产品技术性贸易措施研究评议基地建设，是山东局与总局标法中心、地方政府合作的重点领域，是检验检疫服务地方经济发展的重要平台，将进一步提升潍坊出口食品农产品质量安全示范区风险防控和应对能力。”李英强说。

空棚半年，只为试种“网红西瓜”

昌邑俩农民有钱先不赚，探路现代高效农业

《农村大众》记者　任治安

1 月 24 日，腊月初八。昌邑市北孟镇小南孟村，张佃栾雇了专业会种瓜的劳务队，栽种刚刚引进来的“网红西瓜”。棚外最低气温零下 12 度，棚内却热火朝天。

张佃栾告诉记者，为了栽西瓜，这个棚已经空了半年。从去年 8 月闷棚以后，就一直空着茬。而隔壁他的另一大棚闷棚后种上了西红柿，目前正在收获上市，预计一茬能带来不少于 4 万元收入。有钱不赚，老张这是算的什么账？“西红柿永远是菜，而西瓜是水果，附加值要更高，而且我种植的是网红瓜。”张佃栾说。

据了解，张佃栾引进的这个网红西瓜品牌叫“小乐”，近几年在互联网上卖得非常火，主要面向城市的高端消费群体销售，每斤最高卖到 12 元。

小乐西瓜创始人宋会灵介绍，她其实是个半路出家的新农人，南开大学读的中文，毕业后做过记者和营销，原先对农业可谓一窍不通。

2014年，为了给爱吃西瓜的儿子种出放心、好吃的瓜，宋会灵辞去工作回到潍坊农村开始学种瓜。创业成功后，她决定让更多的农民跟她一起种好瓜。她以儿子乳名创建“小乐”品牌，利用自己的专业优势，在品牌建设方面倾注了大量心血。

凭借传媒行业的功底，宋会灵以《这个妈妈的梦想就是种出最安全的西瓜》视频为母本，拆分为“老农教你如何挑选西瓜”“设施农业种植的优势”“什么品种的西瓜最好吃”等多个分类传播点，辅助线下试吃活动，实现近40家媒体平台的线上线下传播。她还通过与国内知名英语教学机构密切合作，制作了4集英文版《小乐的故事》，同时推出了两套《小乐故事》原创绘本，受到粉丝大力追捧。

如今，宋会灵联合农户发展生产基地300多亩，西瓜年产量逾百万斤。小乐西瓜供不应求，宋会灵却坚决不使用化肥提高产量，这种做法还曾使一些农户颇有微词。面对这种情况，宋会灵表现出了极强的决心，若用化肥，则拒收。

宋会灵给记者算了一笔账，一亩地种1800棵瓜，预计头茬产量1万斤，二茬5000斤。按头茬3元/斤，二茬0.8元/斤计算，农户可实现纯收入3.4万元。一个棚两亩地就能收入6.8万元。从上游种苗、有机肥，到下游包装、销售等成本，均由小乐公司承担，农户只是出地、人工，且耕种收全程也都会有小乐公司的技术专家来指导。这是种一季大棚的收入，而秋季茬，她们正在试种一个甜瓜品种，也会以同样的模式与农户合作。

张佃栾与同村农户刘少坤这次各试种一个棚的西瓜，张佃栾对记者说，他们种大棚，资源是有人工有地，而小乐公司的优势是有品种资源、标准化管理技术、营销策略和渠道，最重要的是已经有了品牌知名度，这些是他们这些老农民做不到的。

对于今年的试验种植，宋会灵说，不管结果如何，都会给予两位农民保底收益。如果成功了，就与农户签长期合作协议，并以后在该镇优先扩大规模和优先推广新品种。而这一点，也得到了当地党委、政府的支持。

“我们聘请了‘小乐’品牌创始人做全镇农业顾问，通过引来专业的‘新农人’，引来品牌、技术和市场，助推全镇的农业供给侧改革和三产融合，探路现代高效农业。”北孟镇党委书记郭兴平介绍说。

跨五村引水，尹村实干闯出强村路

《农村大众》记者　任治安　通讯员　徐广辰

龙口市石良镇尹村，是个千余口人的小山村，“尹龙”牌粉丝和巨峰葡萄是这个村的主要产品。尹村缺水，而这两种主要产品都需要大量水。为保障产业发展不再受水限制，村党支部书记刘玉祥从去年开始谋划跨五个村、十多公里调水。

“先是花了两个多月时间，打通山洞和地道，埋好所有水管，然后又花了近三个月时间挖好一个万方水容量的蓄水塘。算下来，总投资超过了100万元，活儿全是村里自己干。尹村集体年收入近200万元，有力量办这个事，就坚决办了。”尹村党支部书记刘玉祥说。

集体富带动村民富

20世纪80年代尹村搞建筑队，90年代搞粉丝厂，后又搞起淀粉厂，如今又靠种葡萄种出了大名堂。刘玉祥告诉记者，虽然村集体有粉丝和淀粉加工厂，但尹村作为以农业为主的山区村，群众致富还是要在土地上做文章，2012 年以来，尹村逐渐成为知名的巨峰葡萄种植专业村。刘玉祥介绍，2011 年，村党支部牵头成立了果蔬专业合作社和巨峰葡萄服务销售中心，吸引全村葡萄种植户加入合作社，实行统一提供良种、统一种植技术、统一管理模式、统一生产标准、统一收购成品、统一对外销售“六统一”管理，为群众提供产供销一条龙服务，取得了“平台一搭建、果价往上翻”的效果。如今，仅果品种植一项，群众户均年收入就达两万元。

组织兴带起好村风

“一个支部就是一个堡垒，一名党员就是一面旗帜。党员干部是村级发展的‘领头雁’和‘中坚脊梁’。抓好这支队伍，才是抓住根本和关键。”刘玉祥说。

“五登门”是尹村党支部多年前立下的规矩，即群众家中有生病住院的登门探望，有红白事的登门帮忙，有邻里纠纷的登门调解，有天灾人祸的登门帮扶，逢年过节登门慰问。这使村干部与群众拧成“一股绳”，成为“一家人”。

去年“七一”时，尹村党支部组织开展了“作为党员，你贡献了什么”大讨论，村里向党员亮出了粉丝厂的“家底”，党员汇报为村里做了哪些事情，为家庭付出哪些努力，进一步增强党员的身份意识、责任意识和争先意识。

走进尹村，与村里男女老少攀谈，每个人都能随口讲出一连串村党支部的“执政清单”：全村 65 岁以上老人每人每年享受120元至1200元的生活补贴，百岁以上老人可领取2400元的长寿津贴；在进村道路两侧补栽景观苗木，全村绿化面积近600平方米；安装路灯40盏，路灯照明实现全覆盖；实行街巷硬化“扫尾工程”，全部沥青罩面，全村硬化面积3000多平方米；对全村墙面进行粉刷，打造“四德”文化墙、“二十四孝贤”育民文化彩图等；新增紫藤苑、合欢园、巨柳苑、泰山石、村训石雕等8处景观；将全村街道排水沟清理并安装盖板，村里统一供应菜种，群众可在自家门前盖板上种植小菜园；2016年，村里投入120万元，新建通往邻村的水泥路，不仅改善了本村群众出行环境，还惠及周边村庄，邻村群众都说，跟着尹村沾老光了。

2014年至今，村里累计投入600多万元用于美丽乡村建设，群众出行、观景、生产等方面的需求都得到了满足。

尹村还有独具特色的村训——家荣业兴、精读勤耕、崇德敬道、忠孝礼义、艰难困苦、玉汝于成、与时俱进、朝夕只争。村训也是各家各户教子育人的“座右铭”。

如今，“颜值”与“内涵”深化提升的尹村，连续在烟台市美丽乡村建设评选中名列前茅，并通过了山东省旅游特色村评审，成为远近闻名的富裕村、文明村，荣获全国文明村、省级文明村、烟台市先进基层党组织等荣誉称号，每年都吸引众多党员干部、企业职工、中小学生等到村参观学习。

志愿者领读报纸文章，半年群友参与人次逾千

《农村大众》记者　魏新美

今年以来，《农村大众》发起的社会主义新农村学习工程（简称村学工程）继续在省内推广。除了线下的学习小组集中学习，村学工程还组建了线上的微信家庭教育小组。组员们在报社记者辅导员和志愿者带领下开展定期读报活动。半年来，小组在线上发起读报活动 10 多次，群友累计参与 1000 多人次。尤其在近一个月内发起的“三个一”“行动才是爱”等主题活动，更掀起了网上读报用报的热潮，吸引群友 300 多人次参与。

村学工程微信家庭教育小组，成立于去年 4 月，它依托《农村大众》做好父母群，形成了一个面向省内乡镇村居的家庭教育传播平台。在平台上，村学工程的辅导员与志愿者向群友免费分享家庭教育先进理念，带领群友自我成长。自今年 2 月开始，《农村大众》记者和志愿者每两周一次、固定在周五

晚上带领群友在群内读报，内容以《农村大众》教育版刊发的文章为主，在此基础上延伸、拓展。在春节后持续开展的10多次读报活动中，每次线上的集中学习，都由辅导员精心备课，搜集材料，吸引了大量群友热烈讨论。

5月26日，《农村大众》教育版刊发稿件《唱着儿歌学习爱》，就是围绕这篇文章，辅导员在群中发起了“三个一”“行动才是爱”活动，倡议群友以拥抱、陪伴、夸赞等行动，在日常生活中把对孩子的爱正确、及时、有效表达出来。该活动分3个阶段，每个阶段10天。第一个阶段，倡议群友每天至少给孩子一个拥抱，第二个阶段，倡议群友每天至少全心陪伴孩子一小时，第三个阶段，倡议群友每天至少夸赞孩子一次。将“爱”这一抽象的词汇，具体为可见、可行、可用的行为，这一活动极大地调动了群友参与积极性。除了省内的父母，远在北京、河北、江苏、湖北等地务工的群友也纷纷参与进来。群友们写作业、说困惑、谈感受，学得不亦乐乎。

学以致用，让不少群友感到了家庭和孩子的变化。去年11月，夏津群友嵩阳之缘加入村学工程家庭教育微信群，一直坚持写作业，几乎每天都在群里和大家分享自己的进步。她说：“加入村学工程家庭教育微信群后，我对大儿子不再不顾他的想法、霸道地指手画脚，不再要求他一味学习，我学会了听孩子说话，学会了站在孩子的角度考虑问题，特别是近来，我明显感受到了拥抱、夸赞给孩子带来的改变，现在儿子什么事儿都告诉我，这是我以前想都不敢想的事情！”郓城的方楠和肖梦晴一个月前才进入村学工程家庭教育微信群，通过一个月的学习，她俩也有了收获。方楠说："通过这段时间的努力，我变了，女儿的改变也很大，连她奶奶都感觉出来了。"肖梦晴说："学习以后我发脾气的毛病改了不少，每天的拥抱让母女关系更近了，孩子也比以前听话了。"

要提高群友的水平，先提高自身。半年来，领着群友读报的志愿者团队在记者的组织下，每周集中学习一次，以提高自身素质，更好地带领大家读报用报。济南的志愿者董瑞，是一家公司的财会人员。她每次在平台上带领群友读报，3000 多字的文稿都是一口气读下来，群友纷纷给她点赞："辛苦了！"可董瑞一点也不觉得辛苦，反而觉得每次带领读报，既锻炼了自己，又增加了学习动力。

线上读报的学习方式还在继续。继"三个一""行动才是爱"活动后，记者根据新加入群友需求，又发起了朗读践行《父母规》亲子承诺活动，目前参与者已近 100 人次。

（2017 年 6 月 30 日）

坡里何庄学习小组首场讲座之后的调查——

能学以致用，学起来才更有趣味

《农村大众》记者　魏新美

《农村大众》“村学工程”落地后，坡里何庄学习小组迎来首场讲座。对这场公开课，村民们评价怎么样？大伙儿觉得哪些内容有益处、哪些内容可讲可不讲、又有哪些问题想听没听到？对于学到的知识，能够给自己家庭带来多大的变化？随后，《农村大众》记者通过现场采访、微信群交流等方式展开了调查，调查时，也听到了一些小故事。

打电话到北京

婆婆让儿媳妇学习

70岁的黎莲芝老人，是学习小组核心成员中唯一的一位老年人。黎莲芝的老伴去世多年，有两个儿子，但儿子儿媳都在北京打工。如今，她带两个小孩在家过，孙女10岁，孙子8岁。

当天的讲座，她领着孙女、孙子来听课，一直认真地听到最后，并且专门回家拿来手机号码，打电话给儿媳妇，让她参加线上的学习。

“你讲得很好！”老人说。当天听完讲座，老人回家后忙着做饭，孙子破天荒地回到家就扫地、擦桌子、整理抽屉，把家里拾掇得干干净净。干完活，孙子还说：“奶奶，你看我收拾得好吧？”

老人说，当天的讲座，让自己学到了很多东西。比如，以前从没想到，让孩子干家务活儿会有这么多好处；《农村大众》老师讲明白的这些道理，是自己不知道，也没有人告诉过的。

拥抱时有点忸怩

可母子俩都开心

“听完课，我回家就抱了抱儿子。他很开心！”梁福改说，拥抱时，儿子有些不好意思，但是问他时，他还是说，真的希望妈妈能每天都抱抱自己。

讲座当天，记者以《送给孩子最好的礼物》为题，为村民们讲解了陪伴、拥抱、夸赞、示范对孩子的重要性。“我今天听了课，才知道儿子为什么和我这么生疏。”梁福改说。

梁福改有两个孩子，儿子 8 岁，女儿 6 岁。丈夫长期在外打工，女儿出生后，儿子就由奶奶专门照顾。因为这几年陪儿子的时间少，跟儿子沟通得少，儿子看到妈妈也没有多少话，对妈妈说的话也时常无动于衷。以前，梁福改还以为这是正常情况，现在，她可不这么认为了。“以后，我得多陪陪儿子，并且还要像你说得那样，专心陪伴。”梁福改对记者说。

没听到很遗憾

坐后边很后悔

周艳荣，当天没有听讲座，却给记者发来一张讲座调查反馈表。这是为什么呢？

“去听课的人，都说讲得非常好！”周艳荣说。因为抽不开身，周艳荣没去听当天的讲座，但她非常想知道讲的啥。为此，她抽空专门去问那些听课的人。听着别人的描述，周艳荣有点后悔：“下次再来讲课，就是找别人给我看着孩子，我也得去听。”

周艳荣有两个孩子，大的5岁，小的2岁，丈夫也长期在外打工。讲座当天，婆婆照常去邻村一个厂子干活。“两个孩子都这么小，害怕他们在讲座现场闹腾，我就没去。”周艳荣说，可对于如何教育孩子，她是很上心，也很想多学一点知识的。没事时，她也从手机上看一点相关的知识，但看来的知识，很多是知道了却做不到。“比如说，我也不想打他骂他，但有时候就是控制不了自己。”这种矛盾，到现在她还没克服。

没听讲座的觉得遗憾，听了的也有遗憾。

“我下次一定往前坐。”身高近1.7米、身材微胖的梁卫华说，坐后边听不清，并且不能跟老师互动。

梁卫华也有两个孩子，女儿15岁，儿子7岁，丈夫在外边打工。因为家离讲座地点很近，梁卫华心想按时来就行。可真到现场一看，教室过道里都挤满了人，只剩了最后边还有几个座位。

说到讲座中提到的教育细节误区，梁卫华说："我就像你讲得那样，经常用手指着孩子，弄得孩子和我很对立。"这让她认识到，以后一定要多发现孩子的优点，多肯定、鼓励孩子。

"我们这里有两三个孩子的很多，孩子之间经常打仗。"梁卫华说，她希望下次讲座能讲讲怎么让孩子们之间好好相处。

（2017 年 6 月 2 日）

我，是一切的根源

——《农村大众》“村学工程”做好父母群两周年成长报告

《农村大众》记者　魏新美

几乎所有的父母，都希望自己的儿女幸福、快乐、健康成长。但是，愿意为子女健康成长而改变自己的父母，却不多；愿意为子女的健康成长持续学习、不断成长的父母，更是少之又少。

《农村大众》“村学工程”做好父母微信群，就聚集了这样一群“少之又少”的父母：他们一起读书看报，每周定期学习，每周写作业，把学到的知识到生活中践行……从 2016 年 4 月到现在，已经走过了整整两年。坚持不懈的学习，让他们从内心到外在、从个人到家庭，发生了什么？

5 月 2 日晚上，100 多名群友相约，一起分享了自己的变化和成长。

从关注孩子
到关注自身成长

“我以前天天管我两个儿子的学习，现在，我只管我自己学习，只管自己写作业。”嵩阳之源说。

嵩阳之源是夏津县香赵庄镇张屯村学员李爱青的微信群昵称。她至今清楚记得自己进群的日子——2016 年 10 月 30 日。进群后，每次读报，她都一字不落把读报内容写下来，一笔一画，认真而虔诚。几乎每周的作业，她都是第一个分享到群中，有时是晚上八九点钟，有时是夜里十一点多。白天去赶集，晚上干完家务再一字一句写作业，这几乎成了她的日常生活。

“我把教育孩子的重点，从孩子身上转移到了我自己的身上。”丽日风和（平原县平原镇桃源街道办学员魏莉）说起自己进群后的最大变化，和嵩阳之源很像。她说，以前自己有点啥事都是老盯孩子，写作业呀，做家务呀，什么时间都想管她；现在把目光已经转向了自己，做家务、读书、学习，做好自己的事。“以前孩子学习成绩有点波动，我就非常烦躁。现在通过学习，知道了‘生命如波’，知道这是孩子生命波形的一个点，我就不再焦虑了。”丽日风和说。

育儿先育己，育人先育心。这，成为做好父母群群友的共识。那么，当把关注的目光从孩子转移到自身后，群友们最先觉察到的是什么呢？

从经常发脾气

到及时觉察自己的情绪

情绪，无处不在。积极的情绪，让人看世界如阳光普照；消极的情绪，则让一个人看世界犹如黑云压城。但一个正常的人，喜怒哀乐爱恶惧，有什么情绪都属正常，关键在于能否及时觉察、处理。

“我以前经常发脾气，现在能及时觉察自己的情绪。”菏泽学员海洋深度（牡丹区李村镇魏楼村学员魏合民）说。魏合民2016年6月进群，一直坚持学习，从修习微笑、欣赏课到参加志愿者培训，再到带领群友读报，一步步，他走得扎实而坚定。他说：以前别人做的事，只要不符合自己的想法自己就认为是错的，随之产生情绪；通过不断学习，现在能及时觉察自己的情绪，并尝试根据不同的情形进行处理。

“以前，儿子做了同样的事情，我心情好的时候，就不会追究他；但心情不好的时候，就会拿他发泄，或者对儿子用冷暴力。”皆布衣（桓台县学员周晓）说。2016年6月，皆布衣被一个“跑友”拉进群。开始，她并没有上心群内的学习，有一搭无一搭，有空就看点。一直到2017年春天，因为儿子不断地被老师“约谈”，同时看到身边坚持学习的群友发生巨大变化，她才沉下心一次次跟着学习。现在的她，当自己有情绪时，会这样对儿子表达：“我现在很难受，需要冷静一下。等我冷静好了，我们俩再来说话。”

“当觉察到自己的情绪时，我会同情自己。”济南天桥区学员张敏说。一年前，张敏从一个大学同学的朋友圈中，看到其分享的《要教好孩子，先做好自己——〈农村大众〉做好父母群成立一周年成长报告之二》，深受触动，主动联系进入微信群。经过一年的学习，她也成为一名志愿者，并且负责做好父母群读书会部分日常工作。她说：过去自己有情绪时，经常对引起自己情绪的人和事进行评判；现在的自己，知道“情绪是自己的，每个人都应该为自己的情绪负责”，并且试着同情自己、安慰自己。

当情绪的潮水退去，理性自然会浮出水面。先处理情绪，后处理问题。这让做好父母群的群友们，在安抚自己的同时，避免了情绪对他人，尤其是对身边亲人的伤害。

从觉察情绪

到认清情绪的来源

“你考了这么点分，可把我气死了！”

“教多少遍了，你还不会，我对你彻底失望了！”

“好好表现，妈妈依然喜欢你！”

……

生气、失望、喜欢……这些情绪，来自哪里？真的是因为“孩子表现”而引起的吗？

是因为自己心中有一个标准，孩子达不到这个标准，父母往往产生生气、失望、愤怒等负面情绪；孩子达到这个标准，喜欢、高兴、快乐等正面情绪油然而生。当天晚上，不少学员不约而同表达了类似观点。春兰秋菊（长清万德镇长城村学员王玉芹）分享了前两天刚发生的一件事。

“你把这几个字改一下，就会和谁谁谁一样能得A+了。”春兰秋菊说，“我给儿子说了这句话，他无动于衷，这时我觉察到自己产生了烦躁情绪。我的烦躁，来自哪里呢?”春兰秋菊反思，是因为自己在以“别人家的小孩”为标准来要求自己的儿子，儿子不愿意接受这种标准。“是啊！每一个人都是独特的，不要拿自己的孩子和别的孩子比，要比就和自己的过去比。”觉察到自己情绪的来源，春兰秋菊随之想到在群内读报学到的知识，失望焦躁的情绪，减轻了很多。

评价孩子的标准，如果是“别人家的孩子”，容易引发负面情绪；评价丈夫，如果以“理想中的男人”为标准，也同样会引起一个人的负面情绪体验。

“这么大了，不该有玩心了!”“有空也不管孩子，你太没有责任心了!”皆布衣说，以前自己经常这样指责丈夫。在学习中，她正在慢慢放弃“理想男人的标准”，清除自己头脑中“应该”“以偏概全”的观念，逐渐接纳身边这个爱着自己的活生生的人。“偶尔出去跟朋友聚个会，玩玩游戏放松一下，这都是很正常的一些需求。不能为了你这个妻子，他连自己的时间和空间都没有。”皆布衣说，想通这些后，自己因为丈夫引起的负面情绪越来越少。

从苛责别人

到接纳自己正视现实

“别人家的孩子”和“理想的男人”，这些标准，来自哪里？作为妈妈，作为妻子，为什么苛责身边的人？

“一个人对别人的苛责，是内心对自己不满的投射。”张敏说，自从在书上看到这句话，自己时常反复揣摩。

当一个人不相信自己时，很自然就不会相信周围的人和事；当一个人不相信自己时，就没有自己的评价标准；当一个人不相信自己时，就不会生发出爱。

自信，是一个人活在这个世界上最重要的底气。做好父母群的群友们，在不断学习中了解自己、接纳自己、提升自己，自信心越来越强。

润铭（惠民县桑落墅镇村学工程学员王敏），在基层政府部门工作，也是两个男孩的妈妈，大儿子上一年级，小儿子才2岁。自去年9月入群，她一直在坚持学习。她说：“以前，我明明感觉自己犯了错，也不会去正视；通过这半年多的学习，我能比较清楚认识到自己的失误或者是不足的地方，能正视自己的错误，慢慢地和孩子一起成长。”

“我以前在群里交流只敢打字，现在我敢用语音了。”航程（夏津县香赵庄镇打帘王村学员付雪）说。航程2016年11月进群，一直在群里潜水学习，不敢冒泡。偶然的一次机会，得到记者的鼓励，她尝试着在群里语音互动，经过两个多月的实践，发言越来越自如。

因为得到及时的鼓励，不断突破自己的群友还有很多，胡力文（沂南县孙祖镇学员胡发波）是其中一个。读书会录制音频的时候，他开始不敢录，也不会录，所以就给记者请假。“你大胆地去读、大胆地去练、大胆地去录，什么样都是可以的！”得到记者的鼓励，其他志愿者又教他如何录制音频。“在大家伙儿的鼓励下，我第一次录制了音频，然后胆子就大了。”胡力文说。

从不敢到敢，并不仅是胆量的增加，而是内心力量的增强。早在2016年5月进群的雪飞（聊城市经济开发区学员徐丽燕）有着深刻的感受。她回忆道：“刚进群的时候，我在群里分享声音都是颤抖的，带着哭腔。第一次主持大群的学习活动，我吓得声音也变了，突突突光看着稿子念，大脑一片空白。”经过两年的学习，雪飞一步步成长起来。现在的她，不仅带领大家读报游刃有余，还有条不紊打理着读书会的事儿。“加入做好父母群，是我人生的转折点，以前浑浑噩噩养孩子，如同一个空心的人，没有一点力量；现在，我觉得自己充满了力量，对未来有了很大的信心和希望。”雪飞说。

“以前的我，自信不足可能是因为……”在本报记者陪伴下，雪飞、张敏、皆布衣等不少群友对自己的过去进行了初步的探索，并尝试通过叙事分享，增强自己内心的力量。

当内心力量不断增长时，群友们回看过去自己的言行，有悔恨，有自责。嵩阳之源起初也这样，但现在的她，经常这样说："我以前不会做妈妈，但我当时也爱孩子，也给了孩子最好的爱。我对自己的要求是，每天进步一点点。"

没有自信的父母，几乎养不出自信的孩子。做好父母群的群友们，秉持"每天进步一点点"的信念，不为过去悔恨，不为将来担心，过好当下的每一天，相携相伴走在做好自己、做好父母的路上。

（2018 年 5 月 25 日）

"撸起袖子加油干"成了谷农座右铭，金秋里——

春谷金黄，笑声满仓

《农村大众》记者 祝超群 通讯员 刘 伟 高 勇 王 昆

在胶州市洋河镇房家村南，顺着一条淹没在茫茫玉米地里的水泥路蜿蜒而上，尽头是几座风力发电机正慢悠悠地摇着扇叶。眼下，一片惹喜的金黄铺满了整座山丘，馋得十几只燕雀欲走还留。

山丘不高，却显得离天很近，兴许是近期的雨把天洗了个干净。雨过天晴，高志勇心里乐了，老天爷给了两天好脸，300 多亩春谷该抢收了。

今年雨水格外好，坡上的谷子也格外精神，高志勇拿镰割了一小捆新下来的谷子挂在家里，这是他的"仪式"，以祈求来年风调雨顺，五谷丰登。

9 月7 日，下午4 点，被雨泡了一夜的泥土路终于干利索了，收割机勉强进了谷子地。三四个小时的突击后，近二十亩的谷子运到仓库等待分拣加工。此时，高志勇抬头看见天上的星星越发明亮，知道谷子该睡了。

六年前，高志勇和几个胆大的村民流转了这片山坡上的500 亩地，成立了青岛馥谷园粮食专业合作社。当时很多人不理解，因为农民都知道圈不住水的丘陵地种粮食长不好。高志勇说，他不求高产，“只想地里长出绿色健康的庄稼”。

47 岁的高志勇并不保守，他特别关心国家农业政策。高志勇心里很清楚，发展绿色生态农业大有可为，在山坡上种一年一茬的春谷再合适不过。

500 亩丘陵地被高志勇分成了四块，三块 150 多亩的种植区，一块十几亩的养殖区和简易存储管理区。三块种植区实行轮作，每块地隔一年就倒茬种一年的玉米小麦；养殖区里圈养了总计约 1000 只的山羊和寒羊，由崔红利等三四个饲养员负责管理；虽然不是禁养区，合作社还是在养殖区旁边新建了一个沼气池用于处理污水粪便。

其实，这座山坡上并没有多少粪便需要处理，因为这 1000 只羊的粪便经过腐熟后成了 300 多亩春谷地唯一的肥料。当然，100 多亩地的玉米秸秆也成了羊的最佳饲料。绿色、循环、无污染，高志勇喜欢给合作社的春谷冠以这样的宣传，他觉得“事实如此，并无半句海口”。

馥谷园的春谷确实有了口碑，去年底，被青岛市农委等部门和当地市民联合评选为“岛城市民最喜爱的农产品品牌”。今年 4 月，合作社的春谷还没开种，高志勇的朋友就花 3000 元预订了 50 箱。

如今，高志勇的春谷收成逐渐稳定在每亩600斤左右，销售渠道越来越宽，直到今天的供不应求。六年的坚守，高志勇和合作社的近百户社员终于尝到了甜头。

“最开始的一两年，人们还不认可所谓的绿色食品。当时一斤春谷卖八九块钱，消费者就觉得接受不了。”高志勇说，随着“八项规定”执行得越来越严，春谷的销路受到了一些影响。“当时多走单位团购。”但现在看来那反而是释放了消费者，打开了绿色健康的消费观念。经过短暂低迷期，绿色生态春谷反而大受普通消费者欢迎，从“官府”走进百姓家。

从来不相信天上会掉馅饼的高志勇，特别喜欢习近平总书记的一句话：撸起袖子，加油干！这句话也被他当成自己2017年的座右铭写在微信朋友圈里。

每想起这句话，高志勇就斗志满满。

踏着月光，高志勇没有回去吃饭，而是把新下的谷子送到了加工厂，加工成小米，并入色选机分拣去杂。“去年，农业局等部门补助合作社20万元买了这台色选机，能实现自动识别分拣黑色粒、异色粒等。”合作社生产部长王昆良说，政府的支持让他们受到鼓舞。

谷子落地归仓的当天，六只新生的小羊羔让高志勇笑得合不拢嘴，毕竟收获对于谁来说都弥足珍贵。十几只燕雀依然不舍得飞走，只是收割后的谷地又多了十几只悠闲的山羊，风力发电机依旧转个不停。

（2017年9月8日）

合作社十年回头看（一）

服务型合作社越来越“吃香”

《农村大众》记者　祝超群

山东省农业厅发布的《2016年山东省农业和农村经济发展报告》（下简称《报告》）显示，到2016年年底，山东省在册的农民专业合作社达17.3万家，与同期全国相应数据对比，山东农民专业合作社数量占到全国的十分之一左右。对比往年的相关数据可发现，2011年山东省农民专业合作社达5.7万家，社员55.9万人；此后，山东省的农民专业合作社数量年均增幅几乎都在2万~3万家。对此，山东省农村经济经营管理总站站长滕希群表示，近几年山东省农民专业合作社的数量增速稳定，“仅从全省数据上看，不存在合作社发展收紧的说法”。

青岛农业大学国际合作经济发展研究中心副主任王勇介绍，我国农民合作社在发展之初处于缓慢探索阶段；在2009年至2011年处于井喷式发展阶段；2011年之后处于稳步发展阶段。“在 2009 年到 2010 年之间，全国平均一个月就有约 10000 家合作社成立；当时山东平均一天增加 40 家。”

滕希群指出，十年来，山东省农民合作社的类型有了不少变化，从开始的土地流转型合作社为主，到如今的“托管”“半托管”等服务类型居多，“目前来看，各种形式的服务类合作社发展比较好，‘生产在家，服务在社’的模式应该继续鼓励和落实”。

对此，茌平县丰源农作物种植专业合作社理事长马思建感触颇深。丰源合作社成立于 2009 年，最初流转 50 多亩地搞种植，并为社员提供农资和“半托管”服务。“刚开始‘半托’了 4000 多亩地，主要就是种、收和施肥。”马思建说，他看到了农业服务的好处，就决定把主要精力放在农业全程社会化服务上。去年，丰源合作社共托管全县耕地 21 万多亩，占到茌平县全部耕地的 1/3；服务范围更是扩大到深松播种、施肥用药、收获烘干及仓储等全部环节。据《报告》显示，2016 年山东的农业社会化服务组织已达 20 多万个。

“在继续以农产品营销、农资供应为主体业务的同时，越来越多合作社由专业性经营向综合性经营发展；将大量涌现诸如农机合作社、消费合作社、旅游合作社、劳务合作社等服务型合作社。”浙江大学中国农村发展研究院教授徐旭初说，合作社将呈现单体规模逐渐扩大、数量增加势头逐渐减缓的态势；今后合作社将越来越重视纵向一体化，特别是农业生产合作与农产品营销、深加工合作的一体化。今年的中央一号文件也指出，要积极发展合作社生产、供销、信用“三位一体”综合合作；总结推广农业生产全程社会化服务试点经验，扶持培育农机作业、农田灌排、统防统治、烘干仓储等经营性服务组织。

曹县的三宝种植专业合作社于2008年成立，合作社从刚开始的100多亩地、十几户社员，发展到现在的1000多亩地、70多户社员。“除了种植黑小麦还搞加工，黑麦面粉、面条、速溶炒面等都已推向了市场。”合作社理事长郭玉宝说，“黑小麦加工成面条，利润翻番。”

“‘三产融合’是合作社发展的必然，下一步不同功能、类别、区域的合作社将联合或联盟，并组建联合社等组织抱团发展。”王勇说。

（2017年8月3日）

合作社十年回头看（二）

合作社法大修，合作社束缚被逐步解开

《农村大众》记者　祝超群

今年 6 月 22 日，《中华人民共和国农民专业合作社法（修订草案)》（下简称《草案》）提交第十二届全国人大常委会第二十八次会议初审，这是现行法自 2007 年实施以来的首次大修。这次大修，为解决十年来合作社发展过程中遇到的问题，以及顺应合作社新时期的发展需求提出了修订草案，修订草案的背后是众多“消失”的合作社在铺垫。

为解决钱的难题

内部信用合作被允许

多数“消失”的合作社都是没能过了“钱”这道坎。记者采访中发现，有些合作社因为盲目扩张，导致资金链断裂。“国家提倡适度规模经营，这样可以避免资金、管理等方面的问题集中爆发。”茌平县丰源农作物种植专业合作社理事长称，在他身边，由于盲目扩张导致资金链断裂而“死”的合作社不在少数。

另外，贷款难也是不少合作社“缺钱”的一大原因。“虽然国家出台政策扶持农民合作社，银行也推出了不少优惠政策，但是能拿到扶持的合作社毕竟是少数。”曹县三宝种植专业合作社理事长郭玉宝说，他从2008年成立合作社到现在九个年头，社员增加了不到六十户，“并不是我不想扩大规模；没钱上项目，社员的农产品回收了我处理不了”。

“针对农民合作社发展，国家应该实行重点扶持和普惠制相结合的模式。”青岛农业大学国际合作经济发展研究中心副主任王勇说，做得好的合作社可以重点扶持，让其做大做强；普通合作社也应“有口饭吃”，提高老百姓参与这种互助组织的积极性。另外，王勇表示，各级政府要建立机制落实好政策，确保国家政策能走到基层合作社里。

资金互助作为一种解决合作社资金问题的新形式，被《草案》明确。农民专业合作社，可以在生产经营合作基础上，依法开展内部信用合作，进行成员之间的资金互助等活动。为规避资金风险，《草案》还规定，农民专业合作社开展内部信用合作不得改变信用合作资金的农业生产经营用途；坚持资金在成员内部封闭使用原则，不得对外吸储放贷，不得支付固定回报，非个人成员不得使用信用合作资金。

增设联合社专章
提高抗风险能力

此外，现在很多农民专业合作社普遍存在着抵御风险能力弱的症结。“目前来说，农业还得看天吃饭。”汶上县汶香种植专业合作社理事长崔修路说，连续两年天灾就可能让一个大户或合作社血本无归。对此，王勇表示，完善的政策性保险是今后农民合作社规避风险的主要办法。“省内政策性农业保险品种还是略少，应该加大覆盖面，并附加一些混合性质的农业保险。”王勇说，政策性保险如何直接与农民合作社对接是现在需要研究的问题。“加强合作社培训和人才队伍建设也很重要，政府要拿出政策鼓励人才回流，新型的经济组织要靠新型的人才来驱动，尤其现在，农村电商的发展更需要年轻人才。”

此外，王勇认为，合作社组建联合社也是解决合作社抗风险能力弱的一个方法。这次的《草案》就增设农民专业合作社联合社专章，明确联合社的成员资格、注册登记、组织机构、治理结构、盈余分配及其他相关问题。三个以上的农民专业合作社可以设立农民专业合作社联合社，依照本法登记，取得法人资格。“联合社就像一个航空母舰战斗群，各个合作社术业有专攻，相互配合，互助互利，摊薄风险。”王勇说，联合社的优点并不是大而全，而是功能全面、系统运行。

工商资本加入

有利亦有弊

近几年，农民合作社还面临着工商资本的冲击。《草案》规定，从事与农民专业合作社业务直接有关的生产经营活动的企业可以成为成员。“工商资本可以加入农民专业合作社，一定程度上为合作社的发展提供了更多有利资源。”王勇说，“同时也必须防止合作社农民社员的利益被边缘化。建议国家制定明确保障农民权益的硬性法规，比如有人提出保障国家财政直接补助形成的财产及收益由农民享有等。”

（2017 年 8 月 4 日）

"一带一路"让勘探之乡泉沟镇有了新机遇——

泉沟镇万名农民工勘探队跨国探路

《农村大众》记者　祝超群

5 月 14 日，电话里的徐翠林有点激动，说话显得有些语无伦次。

"你看了吗，国家向丝路基金新增资金 1000 亿元，我也有机会去国外干活了！"在陕西洛川工地上，徐翠林用手机看了"一带一路"国际合作高峰论坛直播，他生怕记者忽略了这个和他以及他们泉沟有着直接关联的重大新闻，"国家开发银行、进出口银行也将分别提供 2500 亿元和 1300 亿元的专项贷款，用于支持'一带一路'基础设施建设、产能、金融合作。"

说起来，徐翠林兴奋的背后是有故事的。

家家都有钻机

今年年初七，新泰市泉沟镇果庄村，10 辆车载着 20 台钻机和 78 个壮劳力在鞭炮声中浩浩荡荡地出发了。37 岁的徐翠林是其中一员，他的目的地是陕西洛川。西安到延安的高铁洛川段马上要修建，前期的地质勘探工作由他们来完成。

这是徐翠林连续十年跟着勘探队外出勘探，但这在村里并不足奇。从1986年勘探产业在泉沟镇起步，全镇已有成百上千人在勘探行业里干了一二十年，几乎家家都有钻机。不管是戈壁荒漠，还是滩涂雪原，不管是公路高铁，还是桥隧大厦，一顶帐篷、一台钻机就是他们的家，勘探成了泉沟一代人的记忆。

有资料显示，泉沟镇32个行政村，约4.7万人，其中从事勘探产业的有1万多人。这次西延高铁洛川段的勘探任务由泉沟镇杨家牌村的新泰百顺地质工程有限公司承包，为保质保量地完成工作，公司总经理周新波拉起了近百人的勘探队伍，其中八成是泉沟镇人。

一年苦干三百天

地质勘探是个辛苦活。“常年在外工作，一年在外差不多300天。”徐翠林说，由于修路筑桥地常在荒郊野外，相应的工作环境十分恶劣。

勘探工作确实辛苦，但收入也比较可观。一个机组一台钻机，4个人：一人记录，两位工人，一位机长。“工人一般每天150元，记录一天240元，机长工资在280元到300元之间。在国外干挣得更多。”果庄村的马增彦是一个机组的机长，今年40岁的他干勘探已有15年。据他说，平均下来一个人一年能赚9万元左右。“我们主要勘探地层里的地质情况，哪个深度是土，哪个深度是沙或者岩石等，有了这些数据，技术人员才能研究分析。”马增彦开玩笑说，路从哪儿走他们说了算。

其实，西延高铁洛川段的工作队只是泉沟勘探队伍的一个小分支。经过30多年的发展，泉沟镇勘探队伍的足迹已经遍布全国31个省、市、区，以及苏丹、越南等20余个国家和地区，业务范围从以铁路为主，拓展到公路、机场、工业民用建筑等行业。果庄村36岁的周新普也是大年初七离村的，不过他的目的地不是洛川而是巴基斯坦。周新普说，不仅巴基斯坦，在“一带一路”沿线国家的基础设施建设中，总能找到泉沟勘探队的身影。

现在的泉沟勘探早已在行业内打响了名气。2002年，徐西涛钻机队远赴非洲开展地质勘探工作，泉沟勘探队首次走出国门；2014年，泉沟镇成立了新泰市勘探行业协会，泉沟地质勘探行业正式步入了抱团发展的新阶段。“泉沟镇已拥有勘探队伍116家，从业人员上万人，钻机2000余台，年产值十多亿元。”新泰市勘探行业协会副会长徐西斋说。

走向“一带一路”

随着国家“一带一路”倡议的实施，泉沟的勘探行业迎来了新的机遇。目前，以中巴、中蒙俄、新亚欧大陆桥等经济走廊为引领，以陆海空通道和信息高速路为骨架，以铁路、港口、管网等重大工程为依托，一个复合型的基础设施网络正在形成。《新泰市工程地质勘探行业发展情况调研报告》显示，亚太区域未来10年间在我国“一带一路”上的基础设施投资将达到8万亿美元，地质勘探行业迎来了黄金发展期。

与此同时，泉沟勘探行业也面临着一些挑战。目前，泉沟镇勘探企业只有1家有乙级勘探资质，其他企业只有劳务资质，没有直接参与竞标的资格。

“下一步重点推进勘探产业升级和勘探文化品牌建设，力争把泉沟建成名副其实的‘中国勘探之乡’。”泉沟镇党委书记史新国说，搭乘“一带一路”顺风车，泉沟镇将培育一批龙头勘探企业，带动本地行业发展；并同国内各大勘探科研院所和工程机构建立合作关系；延伸产业链条，发展勘探设计、技术研发、整机制造（包括大马力、履带式、背包式）等高端产业，构建制造、维修、销售、服务等一条龙的全产业链。“勘探产业服务中心项目正在筹建，2017年将完成勘探博物馆、展销馆建设，服务中心将成为全国最专业的勘探产业服务平台和聚集区。”史新国说，泉沟镇正在把传统勘探打造成“智慧勘探”。

（2017年5月15日）

80 后夫妻：我们要建一处“世外桃源”

《农村大众》记者 戎 宁 通讯员 宋来珍 杨 华

3 月 19 日，济南仙乐园有机蔬菜有限公司总经理张明伟正在大棚里挪韭菜。“这个棚种韭菜的时间太长了，养分不够了，挪一下长得旺。挪到盆里还可以按盆销售，消费者更喜欢。”张明伟说。

本来在城市工作、生活的张明伟，去年卖掉了济南的一套房子，带着妻子和两个孩子回到平阴县榆山街道，接手了一个效益一般的农场。张明伟说：“我们两口子做事比较容易冲动，想到什么就做什么。这是缺点，也是优点，因为创业就需要这么一股子冲动，最关键的就是要迈出第一步，然后再完善。”

卖房回村建农场

1988 年出生的张明伟，原来在济南市有份不错的工作。但随着第二个孩子的出生，他渐渐有了新打算。“孩子老生病，一个月有半个月都在医院。医生说是体质和环境的问题，我们就想回老家，一边创业一边给孩子换个好的环境。”张明伟说。

2014 年，张明伟曾在附近流转过 400 亩地种植玉米，说不上成功，但毕竟积累了一些经验。去年 9 月，他得知有个农场要出售，就意识到机会来了。“我了解到农场原来效益不高的原因，是种的菜卖不上价。我们两口子都是做销售的，销售是我们的优势。”张明伟说。

为了买下农场，张明伟卖掉了济南的一套房子。

打造田园综合体

说起农场的发展，张明伟有着自己的宏伟蓝图：“我想打造的是生态田园综合体，成为一个可供市民吃住游一体的‘世外桃源’。游客在这里能品尝到原生态的蔬菜瓜果、地道放养的土鸡和亲自垂钓的新鲜鱼，还可以伴着花香、看着星光，一觉睡到天亮。”

接手农场后，张明伟把原来的大棚整修了一番，又精心挑选栽种了绿化树木。“只有让大家感受到一种享受、放松的状态，才能让游客忘记一切烦恼，从而吸引到生活节奏快、压力比较大的城里人。”张明伟说，除了能够在大棚采集无公害的韭菜、西红柿、菠菜、油菜等蔬菜，其他的比如一面彩绘墙、一组摄影作品、一幅简笔画等都能成为别样的旅游体验。

农场除了种蔬菜，还养着猪、鸡等家禽家畜。张明伟介绍，农场采取的是生态循环、种养结合的模式，建成了水循环、肥循环、种植循环、餐饮循环、太阳能转换等五大封闭式循环模式，不仅减少了农药的使用，而且综合利用了农业废弃物。

如今，农场还处在基础设施的建设阶段，利润主要还是靠销售蔬菜。“我们通过微商、电商等方式进行销售。因为我们的蔬菜不用农药，有无公害认证，价格要高一点。如普通西红柿市场价在两块钱一斤，我们的能卖到六块钱。”张明伟说，后期综合设施得慢慢发展，比如可以吸引投资者来盖木屋，再租出去，利用利润差回收成本，预计以后年利润能达到50万元以上。

朋友圈招聘新农人

前几天，张明伟在朋友圈发布的招聘广告吸引了不少好友的关注和点赞。“我们想把农场做得好玩又有趣，招一些有责任和担当的年轻人，除了设计和创作，还可以分担农场的日常劳动。”张明伟说。

“在周边找的都是从事种植的人，年龄都在四十岁以上了。但同时能兼顾销售、有创意的人很少。”张明伟说，“如果卖给菜贩子，利润就没了。我们想的是以零售的价格往外销售，需要招聘来能做到这样效果的人，同时还能培养些从事农业生产的年轻人。”

但实际操作起来，朋友圈的招聘并没有设想的那么美好。“现在的大多数年轻人还是愿意到城市工作、生活，愿意留在农村的人很少。”张明伟说，虽然不容易，但他并没有放弃，尤其是随着乡村振兴战略的实施，相信会有越来越多的年轻人回到农村创业。

兜兜转转 34 年，他又回村当农民

《农村大众》记者 戎 宁

4 月22 日，安丘市景芝镇逄家庄下了一场小雨。出村庄往西 1 公里多，一块千亩农场里，两台自动节水喷灌设备刚结束了几天的工作。“这场雨下得好，再浇一遍相当于锦上添花。”农场主逄作棋看着窗外的麦苗露出了笑容。

今年 62 岁的逄作棋是安丘市长兴家庭农场负责人，也是安丘市广发粮食种植合作社理事长。在这之前，他是一位农民企业家，经营着一家效益可观的工艺品厂。

建工艺品厂
一把剪刀打天下

20 世纪 70 年代，逄作棋是村里的一名农机手。1984 年逄家庄实行“大包干”后，逄作棋租了村里的拖拉机跑运输，一直干到 1990 年。此后，逄作棋开了家修理厂，卖农机配件、修农机和汽车。

彼时，工艺品行业在景芝镇发展起来。“改革开放政策使得外贸出口这块很旺，特别是工艺品出口，整个镇上到处都是工艺品厂。”逄作棋说，1998 年，他在镇上开了一家中等规模的工艺品厂。

逄作棋将那段岁月形容为“一把剪刀打天下”。“那些年光给我的工艺品厂做加工的就有上千人，经济效益很可观。比较大的订单都是从美国、土耳其等国家来的。1999 年，我接到的一个订单是做玉兰花，一百多万元。那时候人工成本低，就是挣个手工钱。2006 年和 2007 年那会儿一天一个人 15 块钱的工钱就行，就算是加班，顶多也就 20 块钱。”逄作棋说。

这样的盛况在 2010 年达到了最高峰。之后到了 2012 年，逄作棋感觉到人工紧缺，开始考虑转行。“工艺品行业没什么技术含量，基本就是靠人工。老百姓现在有吃有穿，给的工资低了就没人干了。”逄作棋说，“现在就算我种地雇人干点零碎活，一天也得 150 块钱。”

2013 年，逄作棋萌生了转行的想法，儿子接手了工艺品厂。这之前的一年，虽然人工费上涨，但逄作棋的工艺品厂年产值仍然有六七百万元。

投身农业

一人打理千亩田

2013 年年初，逄作棋看到 2013 年中央一号文件提出发展现代农业，他产生了回村流转土地搞规模化种粮的想法。“国家连续这么多年的一号文件都是关于农业，农业是国家提倡的，也是我最熟悉的。”逢作棋说，他用了半年的时间详细调研，计算投资额。

当逢作棋告诉家人要去种地，而且要投200万元的时候，不仅家人反对，周围的亲朋好友也都不理解。“他们跟我说：‘你又不是吃不上饭，回家弄这个干啥。’”逢作棋说，“虽然他们这么说，但我自己一直有信心。做农业虽然累，但会越做越好，看着老百姓种地太累了，面朝黄土背朝天，农业不应该是这样，到了该变革的时候了。”

不顾家人的反对，逢作棋孤身一人回到了逢家庄。2013年村里开会，逢作棋提出以每亩800元的价格承包土地，走机械化的路子。“我包地有两个条件是必须具备的，一是浇地必须是自动灌溉，再就是必须有大型烘干设备，不然这么多粮食放哪儿。”逢作棋说。

第一年，村里有500多亩的土地流转给逢作棋，到了第二年就增加到了1000亩。“一开始有些老百姓自己还想种，第二年他们算了算，还不如租给我，自己出去随便打打工，挣得比原来多不少。”逢作棋说。

签完所有的土地流转合同后，逢作棋将土地重新平整，填起了原来的沟、坑、湾，1000亩地连成一片。花大价钱购置了拖拉机、播种机、收割机、全自动节水灌溉设备、烘干机等一整套农业机械，耕、种、割、收、晒全部实现机械化。

“我没去过发达国家，也不知道他们是怎么种地的。但人家一个人顶咱好几个人的工资，种着大片的土地，粮食出口到咱们国家才六七毛钱，靠的肯定是科技。”逄作棋说，“比如我买来的这套自动灌溉设备，这一千亩地，我一个人，一个星期就能浇完，成本还很低。总的算下来，我种一亩地粮食比普通老百姓种能省400到500块钱左右。”

深耕沃土
打造青山绿水

逄作棋有个习惯，在哪儿工作就在哪儿住，这样才能“盯得住”。开工艺品厂的时候是这样，现在做农场还是这样。在承包地边上，逄作棋盖了几间小屋，吃、住、干活都在这儿。房后的20亩荒地，也被逄作棋改成了桃园，树下铺着一条条黑色的喷灌管道。

“现在住的这块地方，原来就是个大湾。村里用不起来，老百姓就往里边倒垃圾。”逄作棋说，他把这块地包下来，修整后更改土地性质，还解决了农业机械和粮食的放置问题。

看着眼前上千亩正在生长的麦苗，逄作棋的思绪又回到了刚开始回村种地的时候。2013年，逄作棋回来包地的第一年就赶上干旱。连着旱了四年，去年六月份最困难。“村里90多岁的老人都说没经历过这样的情况，水都抽干了，下到70米深的泵都够不到水皮。那时候只能咬着牙坚持，还好下半年的时候终于好转了。”逄作棋说。

“不光是干旱，第一年连一台150马力的农业机械在安丘都买不着，最后是从潍坊调过来的，可以看出来当时种地都还是按照老传统。”逄作棋说，“隔了一年，100 马力以下的机械都没人用了，这又说明农业的发展很快。”

买农机加上包地、整地，本来 200 万元的预算没多久就花光了。“当时考虑得有点简单，到现在已经投了 500 万元左右，可以说严重透支了。加上现在玉米价格放开了，效益肯定比预计的低。”逄作棋说，“但我很有成就感，这是给以后的发展奠定基础。”

其实这期间逄作棋有抽身而退，甚至小赚一笔的机会。很多人看中了逄作棋整改后的这片地，承诺可以高价租一块种药材，但他没同意。

“我这块地不往外租，要么合作种植，要么你给我订单我来种。不然把地都租出去，我就没有发展空间了。”逄作棋说，现在已经有 100 多亩的订单土豆，以后还准备生产石磨面粉，发展粮食深加工。周围的荒地，则准备种些经济作物发展休闲农业。

2014 年，逄作棋联合周围种植户成立了安丘市广发粮食种植合作社，100 多个社员、3000 多亩土地加入合作社。2016 年，工艺品生意难以维持，逄作棋的儿子也回到村里跟他一起打理农场。“原来那些老伙计，现在见面都说我转行转得对。”逄作棋说，“其实我也没做出什么成绩来，就是搭建了一个平台。既然选择了就义无反顾，我也坚信农业会越来越好。”

禹城在全省率先试点宅基地有偿使用

超面积要交钱，给下一步宅基地退出、流转奠定基础

《农村大众》记者　戎　宁

5 月 26 日，禹城市辛店镇大秦村召开了村民代表大会，定下了每年 200 元/亩的村内空闲地承包价。大秦村党支部书记秦庆文说："我们村宅基地有偿使用改革已基本完成，有的村民一看超占的宅基地和空闲地都在收费范围内，原来占下的这些空闲地就不想要了，集体再把这些统一发包。"

上个月，禹城市出台了农村宅基地有偿使用办法，对全市范围内农村宅基地超过法定面积进行收费。作为农村宅基地改革的全国 33 个试点县市区之一，禹城市宅基地有偿使用迈出了宅基地改革的重要一步。

据了解，《山东省实施〈中华人民共和国土地管理法〉办法》第四十三条规定，农村村民一户只能拥有一处宅基地。宅基地面积最多不超过 264 平方米。针对这一规定，禹城市农村土地制度改革工作办公室在致全市农民的一封信中，确定了应收取

宅基地有偿使用费的范围和标准。

在公开信中,禹城将宅基地有偿使用收取范围分六种情况:一户一宅的,超出 264 平方米的部分;一户多宅的,超出法定应分配宅基地面积部分;非本村集体经济组织成员通过继承、受赠房屋或其他方式合法使用的宅基地;符合分户条件而未分户的,两代或两代以上共同拥有一处宅基地的,超出法定应分配宅基地面积部分;原集体经济组织成员因上学、入伍、工作等原因退出集体经济组织,且在原籍拥有宅基地的,参照村集体经济组织成员执行;占有、使用宅基地和承包地以外的空闲地、坑塘等,一并计入有偿使用范围。公开信还发布了收费标准。

"一户一宅"的,有偿使用根据其超起征面积实行阶梯式计费:超出面积不足 100 平方米部分,按每年 1 元/m^2 计费;超出面积大于等于 100 平方米且不足 150 平方米部分,按每年 3 元/m^2 计费;超出面积大于等于 150 平方米部分,按每年 5 元/m^2 计费。

"一户多宅"的,其中一宅超法定面积的,超过部分与多宅部分累计按照阶梯式计费;一宅未超法定面积的,多宅部分扣除一宅不足面积部分,剩余面积按照阶梯式计费。

非本集体经济组织成员通过继承在农村占有和使用宅基地的,按实际占地面积计费,每年 2 元/m^2,以其他方式在农村占有和使用宅基地的,按实际占地面积计费,每年 3 元/m^2。

仅用了一天时间,禹城市十里望回族镇冉庙村应缴纳宅基地有偿使用费全部收缴完毕,共收到 11778 元。这笔钱存入了村集体账户,用于村庄基础设施建设。

冉庙村村民王付生家里一共十口人，两个孩子和他住在一块。"我家宅子一共350平方米，这是算上了院落的面积。两个孩子和我们两口子算是三户，宅基地面积是3个264平方米，所以我家不用交钱。"王付生说，"十口人住在一起不太方便，两个孩子想盖房，但是村里没多余的地方。"

"你想要盖房没地方盖，他却占着不退出，这在农村很常见。通过宅基地改革，多占的宅基地现在有偿使用了，有的村民会选择退出，这样一来，村庄在有限的建设面积内，可以更好地合理规划和调整使用宅基地。"冉庙村党支部书记尚光秀介绍，全村共142处宅基地，近一半超面积，农户从交几块钱到一两千块钱的情况都有。

除了解决宅基地的供需矛盾，村内闲置地的回收利用是禹城市这一轮宅基地改革的重点。辛店镇党委书记庞吉民告诉记者，辛店镇已拆除闲散宅基300多处，81个村基本完成了宅基地有偿使用改革，目前正在进行闲散地发包。

宅基地有偿使用费的收取，给下一步宅基地退出、流转奠定了基础。"因为一些历史遗留问题，我们村一户两宅、三宅、四宅的情况都有。现在要收宅基地使用费，有的村民提出要有偿退出。有几户已经签了退出协议，但具体的退出标准还在协商中。"辛寨镇苏庄村党支部书记柴洪卫说。

庄户学院走出大批“土专家”

《农村大众》记者　戎　宁　通讯员　张德杰　孙科强

针对乡村人才短缺的问题，平度市仁兆镇沙北头村党支部书记王桂欣带头成立庄户学院，一改以往请专家过来培训的老模式，让种植能手走上讲台，培养出一批批乡土人才。实用而接地气的“办学方式”，在沙北头及周边地区掀起了一场“种地革命”。

一年多的时间，2000 多位农民走进庄户学院接受培训，500 人顺利拿到新型职业农民资格证书。

种地比试
转变传统观念

沙北头村是个只有 112 户村民的小村庄，种植蔬菜历史较长，但效益一直不太好。2007 年 8 月，王桂欣牵头成立了沙北头蔬菜专业合作社。但合作社成立之初，村民们大多观望。王桂欣没有气馁，找到反对意见最多的村民窦泽英进行了一场比试，用产量和品质来说话。靠着科学的管理和水肥控制，王桂欣种的大姜亩产比传统大姜种植户窦泽英的多了几千斤，品相还好。看着摆在眼前的对比结果，之前持观望态度的村民开始动心了，专业合作社的经营模式逐步深入人心。

2012 年，合作社开办了“农家学堂”。2016 年 2 月，以“农家学堂”为基础，成立了“庄户学院”。在田间地头、村口树荫下，王桂欣先是自己现身说法：洋葱怎么亩产超万斤，为啥日本人、韩国人喜欢买直径 8 厘米以上的洋葱……

“办庄户学院的目的就是转变乡亲们的传统种植观念。”王桂欣说，“我们先让专家给种植能手讲，等这些人明白了，再结合自身的种植经验教给乡亲们。”

66 岁的种植户王财瑞就被推选为“洋葱师傅”。“他一亩地能种出 22000 斤洋葱，按照‘洋葱师傅’的种法，一亩地能比原来多产 5000 多斤，谁还不跟着学。”王桂欣说。

培养职业农民

让种地有奔头

走进合作社的盆景葡萄大棚，一米多高的盆景葡萄结满了果实。窦泽英穿梭在其中，不时查看打理，现场演示各种操作细节。20 多名乡亲围拢在她周围，用手机录着视频，生怕漏听了关键内容。

自从合作社从外地引进盆景葡萄种植技术，窦泽英就被聘为葡萄园区的技术指导员，过上了职业农民的新生活：每天早上 8 点上班，下午 5 点下班，按月发工资，年底还有年终奖。

之所以有这么大的转变，窦泽英说多亏加入合作社，去年又拿到了青岛市职业农民资格证书。“以前种地一年也就剩两万多块钱，现在光工资就有 5 万多块钱，土地流转还有收入。”窦泽英说。

“乡亲们通过学习都成了种植专家，光我们沙北头村蔬菜专业合作社去年销售额就超过 8000 万元，村里又新建了 5 个葡萄盆景大棚，老百姓的生活更有奔头了。”王桂欣说，一亩盆景葡萄一年的毛收入能有 30 万元。不满足于盆景葡萄的成功，王桂欣最近在跟外地专家商议，计划种植火龙果盆景、蓝莓盆景。

合作社的生意越做越红火，吸引了越来越多的年轻人回乡务农创业。“我们要把农田管理得像标准化工厂，让农民成为职业工人。”王桂欣说。

不断创新

给乡土人才搭舞台

韩国、日本等地向沙北头村下了很多洋葱订单，但当地的洋葱收获季主要在 6 月，其他时间供不上货，咋办？在庄户学院专家的参谋下，沙北头村建立了“买中国、卖世界”的合作社模式，在云南、河南、甘肃等地建立了洋葱种植基地，保证一年四季都有稳定货源。仅洋葱一项，2017 年就卖了 12500 吨，带动农民增收 2300 多万元。

王桂欣说，沙北头村正在筹划实施休闲农业和乡村旅游精品工程，建设一批设施完备、功能多样的休闲观光园区、乡村民宿。“现在搭建平台，是为了以后让更多人有施展才华的机会。”王桂欣说。

目前，合作社已有社员815户。2013年，合作社党支部经仁兆镇党委批准升格为二级党委，成为山东省首家设立党委的专业合作社。

在我们的采访接近尾声时，平度市古岘镇组织一批村党支部书记来沙北头村学习，王桂欣讲了一堂合作社管理的课。王桂欣说，庄户学院不但覆盖了沙北头村周边村镇，还应邀在滨州、临沂、菏泽等地开设了“流动学堂”，定期去传授技术。

农民变身为产业工人，行业工会在农民工中发展

滨城区一合作社成立工会组织

《农村大众》记者 马 磊 通讯员 李荣新 胡德民

6 月 9 日，滨州市滨城区三河湖镇馨湖生态农业专业合作社工会揭牌成立，22 名社员全部加入。据了解，这是滨城区成立的首个农业合作社工会组织。

合作社成立了工会，对社员们的生产生活有哪些影响呢？6 月 22 日，记者来到馨湖生态农业专业合作社进行了采访。

合作社工会
就是职工之家

馨湖生态农业专业合作社成立于 2015 年 12 月，采取“企业 + 合作社 + 农户”发展模式，主要种植高品质大棚葡萄。合作社社员们大部分是周边村庄的农民，对于工会组织都非常陌生，了解工会，是从一次事故开始。

前不久，社员李春香的丈夫出了车祸，暂时失去了劳动能

力，而她的孩子今年中考，家庭一时面临困难。李春香把情况反映给了合作社工会主席陈连堂。陈连堂马上汇报给上级工会组织，下一步要对这个家庭进行特殊帮扶。

陈连堂说：“工会其实就是职工之家，会员们在生产生活中遇到困难，可以找工会。以后工会还会开展一些活动，比如中秋节、春节发放节日慰问品，组织会员健康查体等，让大家感受到工会的温暖。”

滨城区总工会党组成员、副主席尚建军说：“区总工会把这22位会员加入在职职工医疗保险互助会，会员们如果生病住院，医保正常报销完成后，还可以进行二次报销。这样的保障只有加入工会后，才能享受到。”

工会职能

维护职工权益，促进企业发展

张琳今年25岁，是合作社招聘来的大学生。他平时负责合作社的销售，东奔西跑开的都是自己的车，每个月的油费花费不少，但碍于情面不好意思向合作社领导提。他试着把这件事告诉了陈连堂。陈连堂了解情况后，马上与合作社理事长进行了沟通，合作社从此每个月为张琳报销600元的油费。

滨城区总工会组织与民管部部长王程介绍，工会的职能是维护职工权益和促进企业发展，利用这样的协商机制，维护企业稳定，促进企业发展。

滨城区总工会党组成员、主任科员刘新民介绍说，由于农民工群体流动性大、组织性弱等特点，工会组织一直无法覆盖。随着农业专业合作社、家庭农场等新型农业经营主体的发展，一些农民变身为产业工人，有了稳定的工作。下一步我们将推进工会工作向这一领域发展，并做出长期规划，以点带面，成立农民工的行业工会，维护更多农民工的权益，服务农业行业发展。

（2018 年 6 月 26 日）

惠民一乡村中学俩老师——

义务植树 6 万棵，换来绿色满校园

《农村大众》记者 马 磊 通讯员 郑 超

紫荆树 300 棵、构树 500 棵、香花槐树 1000 棵……在一所乡村中学里，共栽种了 6 万多棵绿化树，涵盖了 40 多个树种。“这些树都是我们学校的两位老师义务栽种的，12 年，栽 6 万多棵树，太令人佩服了。”5 月 15 日，惠民县辛店镇第一中学校长姜奎良说。

李延栋，43 岁，学校的美术老师；何吉聪，63 岁，主管学校的后勤工作。2003 年，惠民县辛店镇第一中学成立，李延栋与何吉聪先后调来学校工作。学校刚成立，校园里光秃秃的，而且有 30 多亩的闲置地。“我们都住在学校里，课余时间也没什么事情，我们就商量着为学校种点树。过去我们两个不熟，但通过种树这事，一来二去就成了忘年交。”李延栋说。

李延栋与何吉聪的工资收入都不高，为了节省种树的成本，大部分的树都是他们繁育出来的。“在校外，只要见到适合学校绿化，并且比较新奇的树种，我们就问人要种子或枝条，回到学校查资料，学习种植繁育技术。”李延栋说。

本来只是一个简单的想法，可他们渐渐地把种树当成了习惯。2007年，闹虫灾，两人心急如焚，没找到好的办法，他们就登上梯子一棵一棵地找虫眼、灌农药，一忙就是四五个月，像这样印象深刻的经历还有很多。“前年7月份下了二十多场雨，树林里都涝了。开始我们挖排水沟，后来就拿水泵往外抽，整整忙了一个月。”何吉聪说。

辛勤的付出换来了校园的一片绿色。如今，辛店镇第一中学绿树成荫，教学楼旁种上了北栾树，餐厅外飘着苦楝树花的清香，樱花、枫树、龙爪槐……不同的季节，不同的色彩与花香，让一所普通的乡村中学有了独特的韵味。

最大受益者是学生，美术课有了现成的写生基地，生物课采集植物标本也不需走出校门。“这样的绿化规模在城市的学校里也很少见，我们学校也因此出了名，2011年，被评为市级环境教育基地；2013年，被评为省级绿色学校。”姜奎良说。

今年4月，辛店镇新建了一所中学，李延栋与何吉聪挑选了260棵最好的绿化树送了过去。“这些年光捐出去的树也有五六千棵了。只要它们能为学生们带去一片绿色，实现它们的价值，我们就很开心。”李延栋说。

（2015年5月20日）

定陶县杜堂镇乡村医生戚凤亭人好心善

行医 49 年，“挣”了 10 万多张欠条

《农村大众》记者　马　磊　通讯员　臧宝安　任志康

“台祥瑞，86 元；董世才，765 元；王文忠，36.5 元……”这是一张张的欠条，近几年的还保存得相对完整，但三四十年前的都已经发黄了，字迹也褪了色。像这样的欠条，在定陶县杜堂镇杨店村戚凤亭的家里有 10 万多张。

近日，戚凤亭接受记者采访时称，每一张欠条，他都不舍得扔，“不是想着要账，而是每一张欠条背后都有一个故事”。

戚凤亭是一名乡村医生，17 岁从卫校毕业后，他便背上了药箱，走家串户给人看病，一干就是 49 年。行医对于家境贫寒的戚凤亭来说是个好生计，妻子邵玉枝却经常和他闹别扭。“别人出去拿回来的是钱，可他拿回来的都是些白条子。”邵玉枝说，“刚结婚头几年孩子小，家里也有困难，俺真是不理解，觉着嫁错人了。”

戚凤亭的弟弟 6 岁时得了小儿麻痹症，为了治病，一家人

只能用小推车带着他弟弟四处求医。弟弟艰辛的求医路给戚凤亭留下了深刻的记忆，从医之后，只要遇到看病有困难的村民，戚凤亭都倾囊相助。病人没钱，有时打个欠条，有时连欠条也不打。欠条越积越多，戚凤亭也不在乎。“从小心就软，就是见不得没钱瞧病的人。”戚凤亭说。

1988 年冬天的一个中午，外面下着大雪，忙活了一上午的戚凤亭正准备吃饭，附近乡镇的村民田学礼来敲门了，说家里有人昏过去了。正发着烧的戚凤亭二话没说，便推上自行车出诊了。路程有十几里，半路上，戚凤亭一不注意跌进了一条深沟，他也没多想就爬起来继续赶路。把病人救醒之后，戚凤亭才发现自己的小腿摔伤了，流了一裤腿的血。“俺这辈子也没见过像你这样的好人。”田学礼说。

“拿回来的又是一张白条子，可他还是那么卖命地干。”邵玉枝说，“这些年来像这样的事情太多了，记都记不过来。”刚开始戚凤亭是步行出诊，后来改骑自行车。近处杜堂镇的 66 个村庄，远处其他乡镇，甚至外县，都留下了戚凤亭的身影。三四十年前，农村缺医少药，村民就医条件很差，戚凤亭往往从这家出来，又被那家喊去，一个上午都出不了一个村。

“记得有一回，一个瘫痪的病人对老戚说，俺这辈子还不了你钱了，下辈子还你。俺真是一下就理解他了。现在不管到了哪个村，人们见了俺都和见了亲人一样，俺还真没嫁错人。”邵玉枝说。

“这些欠条对我来说就是一个念想，我也从来没算过一共多少钱，可能有四五十万吧。我大儿子毕业后没去大医院上班，也做了一名乡村医生，我算有了接班人，我现在很知足。”戚凤亭说，“现在我越来越老了，但还有一个心愿，就是能在村里建一个集娱乐、保健和医疗于一体的综合活动中心，免费给村民提供服务。”

（2014 年 9 月 17 日）

付庄村试水集体资产股份合作社式运营

《农村大众》记者　兰姬慧　通讯员　贾传亮

山村六月麦收忙。6 月 12 日，伴随田野里轰隆隆的机器作业声，付庄村集体资产股份合作社理事长亓明轩心里的大石头也终于落了地。“合作社的 350 亩土地全部承包出去了，只要见着了收益，咱这改革的法子就行得通！”亓明轩说。

付庄村位于平阴县孝直镇南部，全村 220 户、887 人，土地 2000 亩。“村里基础并不好，一没优势、二没特色、三没资源，集体收入基本为零。”村党支部书记亓明轩说。可偏偏是这样一个“三无”村庄，却在两年前悄然有了新“家底”。

2013 年年底，付庄村开始了为期 3 年的新型农村社区建设，截至 2015 年年底，通过旧村复垦，“沉睡”的 350 亩土地被盘活了！

“集体一下子有这么多地，村‘两委’攥在手里难以服众。”亓明轩琢磨，得把集体资产“当生意做好”。2015 年，平阴县付庄村集体资产股份合作社成立，亓明轩任理事长，合作社组建了理事会、监事会等机构。

合作社以户为单位，将本村无地、空挂户口的家庭逐个排除，最终确定 197 户村民成为集体资产股份合作社的首批社员。合作社以土地面积为单位，将 350 亩土地量化为 350 股，每个家庭配一股，余下的 153 股则作为集体资产入股合作社。

“不用东奔西走，在这里就能租到连片土地!”来自黑龙江的郑殿奎说。前不久，他刚刚与合作社签订了 230 亩土地的 10 年承包合同。亓明轩介绍，流转费一年一收，因土地刚复垦，头两年定为 600 元/亩，第三年开始为 1000 元/亩，全部作为合作社收益。

据估算，今年，合作社将收益 21 万元。其中，收益总额的 10% 用于社员分红，“剩下 90% 的收益将用在建设老年人日间照料中心、发展村级公益事业等方面。”亓明轩说。

（2017 年 6 月 16 日）

自筹44万元，合作社把滴灌引进田

《农村大众》记者　兰姬慧　通讯员　申忠芹　贾传亮

今年春天，平阴县孝直镇付庄村的土豆种植户们乐得合不拢嘴。“前几天刚收上来的土豆品质高、价格好，200亩地的土豆7天就卖完了！”5月11日，付庄村土豆种植户亓兰柱笑着对记者说。

田野里传来阵阵丰收的喜悦，付庄村党支部书记亓明轩倍感欣慰。“正是有了大家伙的一起努力，才把高效节水灌溉设备引进了土豆田，高效便捷，省时省力。”亓明轩感叹。

付庄村并不富裕——无资金来源、无优势产业、无区位条件，被亓明轩形容为传统“三无”村庄，全村2000多亩土地就成了付庄村最大的资本。如何利用现有土地谋得出路？亓明轩没少想法子。自上任以来，他牵头组建了土地股份合作社，引导土地合理有序流转，实现了对全村1800亩土地的集中统一管理。

土地规模化经营后，农田水利设施不能拖后腿。亓明轩深知，完善的基础设施对现代农业发展有重要意义。

去年上半年，付庄村被列为省级高效节水示范区，亓明轩高兴之余又犯了难。“项目总投资110万元，除去财政补贴还要自筹44万。”亓明轩说，“这是一笔不小的费用，合作社一下子拿不出这么多，社员也不一定能明白这个事有啥好处。”

经过反复考虑，亓明轩想出了一个“两全其美”法子。“我们号召大家一起筹钱，让社员以每亩土地200元入股，1800亩土地共筹集36万元，剩下的8万元由合作社和种植面积200亩以上的社员承担。”亓明轩向记者介绍。为了调动社员的积极性，亓明轩积极召开社员大会，广泛征求意见；带领社员外出参观学习；向大家发放了高效节水灌溉“明白纸”……

众人拾柴火焰高。很快，让亓明轩头疼的资金问题解决了。去年下半年，现代化的高效节水灌溉设备铺设完成，合作社的550亩土豆田率先尝“新”。

“以前浇地，得好几个人一起在地里看着，有的看着挖水渠、有的管着冲肥料……现在好了，上百亩的土豆田只要一个人拉开水闸就行，每垄田里都铺有一条滴灌带，浇水施肥能精准到每棵土豆苗，不仅土豆长得好，品质高，咱管理起来也省时省力又高效!”种了十几年土豆，50岁的亓兰柱第一次实打实地感受到农田水利设施现代化带来的巨大改变。

社员的认可更坚定了亓明轩继续发展的信心，他告诉记者：“将充分利用省级高效节水示范区的建设，早日实现1800

亩土地的滴灌设备全覆盖，让社员享受到现代农业设施提升带来的红利。”

付庄村的实践是孝直镇创新发展高效节水灌溉新模式的一个缩影。近年来，孝直镇立足实际，积极探索发展节水农业，推进水肥一体化建设，截至目前，该镇共发展高效节水灌溉示范区 6000 亩，实现了全镇经济、社会、生态效益的协同发展。

（2018 年 5 月 31 日）

金丝皇菊孝直安家，头茬干花650元一斤仍供不应求

王凯：南菊北种蹚出致富路

《农村大众》记者　兰姬慧　通讯员　贾传亮

11月16日下午，记者驱车来到平阴县孝直镇孝直村，远远便看到田野里一片耀眼的金黄，在万物凋零的初冬时节格外引人注意。“这些菊花可金贵了！都是今年最后一茬花了，明天又要降温，大家都在抓紧把地里的菊花都抢收抢收!”玫菊缘家庭农场负责人王凯一边忙活着，一边对记者说。

乍一看，王凯口中提到的“菊花”与普通观赏菊花并无明显区别。再凑近仔细观察，记者仍然没有发现其中的“金贵”之处。“这是金丝皇菊，头茬干花能卖650块钱一斤呢！你说金贵不金贵啊?”王凯和记者打趣道。

2016年，王凯与金丝皇菊结缘。短短一年的时间，他靠着自己的勤劳与坚持蹚出了一条致富增收新路子。

南下游玩意外收获

金丝皇菊一朵卖 20 元

作为土生土长的孝直村人，多年来，王凯一直经营着自家的包装箱买卖，靠着良好的信誉和口碑，一家人的日子过得红火。“这两年，环保督查越来越严格，包装箱成本逐年增长，买卖越来越不好干了……”王凯说。继续坚持老本行？还是重新开拓新领域？正当王凯愁眉不展的时候，一次出游让王凯发现了新商机。

“去年 9 月，我和朋友一起到广东游玩，在当地的一家茶楼里点了一壶菊花茶，刚开始以为是普通的花茶，一入口却觉得格外清甜！”王凯告诉记者。出于好奇，王凯当下便询问了茶楼工作人员，得知是金丝皇菊茶，一朵 20 元，一壶泡一朵。

这个信息让王凯既惊喜又意外。他立即上网搜索，了解到金丝皇菊是一种花草茶，其原产地在江西修水。然而，当与修水县花卉育苗商询问金丝皇菊的育苗技术时，王凯却一下子傻了眼。

运水运土几百吨

不惜高价异地育苗

“因为气候原因，金丝皇菊在修水县的种植面积越来越少了！”王凯连声感叹道。更让人犯愁的是，当地花卉育苗商告诉他，因南北方的自然条件差异较大，培育好的金丝皇菊苗在北方不易成活。

这个消息再一次让王凯不知所措。“咱不能眼看着这么一个好路子干着急啊!”王凯告诉记者。经过一番深思熟虑，王凯做出了一个大胆的决定：自带“家当”，异地育苗。

“既然种植环境不合适，那咱就带上自己的‘家当’，在修水县‘造’一个孝直村的生长环境，让苗子先扎进家里的土，‘喝’上家里的水。”

于是，2016年春节后，王凯带上孝直村的200吨土、9吨水，驱车1000多公里来到修水县，开始在这里培育适合北方生长的金丝皇菊苗。

南菊北种迎高产

头茬干花一斤售价650元

今年6月10日，王凯用恒温运输车将培育好的10万多棵金丝皇菊苗运回了孝直村。他一边比画着，一边对记者说：“那时候，平均每棵苗子只有15厘米高，运回来的时候叶子都掉得差不多了，种进地里，被街坊邻居笑话是种了一地的‘干枝菊’……”

一直到7月底，看到地里的“干枝菊”鼓出了新芽，王凯的心里终于踏实了。“万幸万幸，咱这育苗花的70多万没打了水漂!”王凯说。

得益于前期的成功育苗，金丝皇菊在孝直村的长势喜人。今年10月底，43亩金丝皇菊陆续开花。“一株金丝皇菊平均开花100朵左右，咱地里的金丝皇菊一株开花250多朵，仅头茬花，就收获了干花340斤！”王凯笑着说。而今年行情好，头茬干花每斤收购价高达650元。尽管如此，王凯家的金丝皇菊仍然供不应求，这更让他坚定了自己蹚出的金丝皇菊致富路。

王凯计划，明年将继续扩大种植面积，并投资兴建菊花观赏园。“咱一边种着金丝皇菊，再试种点其他的新品种，比如我刚刚发现的一种球菊……”王凯兴致勃勃地向记者介绍着，眼神真诚而笃定。

（2017年11月30日）

老砦镇村个村设立土地流转信息管理员，规模化种植效应初显

48家家庭农场种了全镇三成多耕地

《农村大众》记者 张 超 通讯员 赵 磊 乔志宇

在鱼台县老砦镇闫集村，党支部书记鲁宏从去年下半年开始多了一项义务工作，他作为该镇驻村的土地流转信息管理员，负责协调本村土地成片流转，收集村民对土地流转的意见，然后反馈到镇里。

“我们村是劳务输出大村，很多村民都外出务工，留在村里种地的村民越来越少，甚至部分耕地出现撂荒。”鲁宏说，随着国家对土地的确权，很多村民都有了流转的念头，他主要在村里负责协调这方面工作。

记者了解到，在老砦镇像鲁宏这样的土地流转信息管理员，每个村都有。

村村都有

土地流转信息管理员

老砦镇老北村村民刘健长期在外从事工程建设，家里6亩多地已经撂荒4年多。去年，在该村土地流转信息管理员侯圣彬协调下，他的地被家庭农场主商骑以每亩流转费用800元的价格承包了。

“我以前就有把土地流转出去的想法，但是因为长期在外工作，没有时间，另外对土地流转费用也不了解，害怕被人骗了。”通过电话采访，刘健告诉记者，近两年粮价低，不少承包土地的人都赔本，甚至跑路了，他一度对土地流转持怀疑态度。

但是地总不能就这样荒着，作为老北村土地流转信息管理员，侯圣彬介绍，去年经过他协调，全村共流转土地263亩，其中荒地35亩。

“我们村土地流转均价为800元一亩，这个价格比较适中，是我和村民以及家庭农场主三方协商后定下来的。”侯圣彬认为，他作为土地流转信息管理员，有义务让村民得到实惠，也让有意向承包土地的新型经营主体得到收益。

老砦镇副镇长刘伟介绍，该镇在2013年开始在全镇推广设立土地流转信息管理员模式，目的是加快全镇土地流转进程，让土地流转良性发展，以满足现代农业规模化机械化种植。

家庭农场主商骑告诉记者，他的家庭农场成立于2013年，是全县最早一批成立的家庭农场。“一开始我承包的地只有50余亩，后来规模慢慢扩大，现在达到510亩。”商骑认为，这两年他承包的土地面积逐渐扩大，除了国家政策好，还和镇里的大力扶持有关。

镇政府掏腰包扶持

家庭农场发展有底气

老砦镇属于传统的农业大镇，全镇耕地面积3万余亩。由于地处微山湖区，地势较洼，实行“一麦一稻”的种植模式，当地新型农业主体也都以这种种植模式为主。

商骑告诉记者，随着家庭农场面积逐渐扩大，投入成本也连年增加，尤其是人工成本增加最为多。和商骑一样，面临同样问题的还有家庭农场主张金宽，他的家庭农场面积更大，有1100亩。

“耕地面积大了，秸秆处理起来都麻烦。”张金宽掰着手指头跟记者算了一笔账，一季小麦生产投入成本在600元左右，再加上每亩800元的土地流转费用，基本上小麦这一季没有收益，如果再加上一些别的费用，例如秸秆处理费，可能还会赔钱。

家庭农场想要持续良性发展离不开政府支持。在充分了解当地家庭农场主的意愿后，老砦镇在两季作物上分别给予政策和资金扶持。

“2015年，镇政府掏腰包免费为300台小麦收割机安装秸秆切碎抛洒器，对小麦联合收获秸秆还田的新型经营主体每亩补助25元。”刘伟介绍，整个补贴流程，按照验收合格—填报表—补贴资金直接支付给开展作业的农机专业合作社这一流程展开，新型经营主体再也不用为秸秆的处理操心了。

水稻种植方面，老砦镇从2013年陆续投入资金300余万，细化水利建设网络，把排灌站修到新型农业经营主体的“家门口”。“现在一亩地一年只需拿60元水费，就可以保证两季作物旱涝保收了。”张金宽笑着告诉记者。

全镇规模化种植
效应初显

从2013年开始推广土地流转信息管理员模式以来，老砦镇的土地流转速度明显加快，全镇机械化、规模化种植得到飞速发展。目前全镇共成立新型经营主体71家，其中家庭农场48家。

为了保证成立的新型经营主体健康发展，老砦镇每年举行4场新型经营主体负责人培训会，培训的内容包括农业技术知识、农业新品种推介以及国家政策等方面。

此外，镇里每年还会对这些新型经营主体进行摸底考试，对无法产生社会效益、连续多年亏损、经营不善的新型经营主体进行经营权置换，保障农民的利益。

现在，48家家庭农场种了全镇三分之一的耕地，耕地多成片，适合机械规模化种植，规模化种植效应开始显现出来。

在刘伟看来，该镇在土地流转方面实行的各种鼓励和扶持措施是三方共赢的：不愿意种地的农民得到了实惠；新型经营主体得到了效益；全镇规模化、机械化种植面积大，以往令人头疼的秸秆焚烧问题也彻底解决了。

责任到户，追溯到人，质量到家

每斤贵3毛，前韩村韭菜“任性”4年了

《农村大众》记者 张 超

惠民县淄角镇前韩村的韭菜价格，始终比市场高出3毛钱。这是怎么回事？

7月21日，记者跟随前韩村韭菜绿色种植管理者之一村民韩连华，一探前韩韭菜的健康生产管理。

一家一户一个编号
追溯体系责任到户

夏季，每茬韭菜的收获几乎都是从早上5点开始的。7月21日一大早，记者便来到前韩村韭菜田里，和村民攀谈起来。“早上干活不热，收割后，我们回去还要统一清洗、分拣、包装，后面的活儿也不轻快。”村民韩涛笑着说。

韩连华介绍，前韩村有10余年的韭菜种植历史，在当地，韭菜几乎家家户户都会种。“几年前，我们就有了抱团发展思

路。但是统一标准进行管理，产品质量如何保证呢?”

有思路才能前进，2013 年，农产质量追溯体系还是个新名词时，前韩村就开始落实了。

“我们的追溯体系责任到户，每家每户有一个生产编号，生产的韭菜在包装环节结束后，都要贴上标签。”韩连华说。

起初很多村民都觉得这一模式太过复杂，给原本劳累的工作添了麻烦，不少人都不愿意。“必须给农民做工作，让他们了解韭菜安全生产以及品牌化的意义。”前韩村党支部书记韩增华也是追溯体系主要推动者之一，他认为，既然大家抱团发展，就一定要走品牌化的路，质量安全问题就要摆上第一位。

村民韩明俊在村里追溯体系的编号是001，他是村里第一个信任并推行这个体系的人。“我年年种韭菜，知道消费者对韭菜这一蔬菜的安全质量异议很大，想要消除不好的看法，就要就从自身做起，绿色无公害生产。”韩明俊说。

追溯体系责任到户，有奖有罚，所有参与的农民必须按照规定的种植方式种植管理。如果客户反馈韭菜出现质量问题，涉及问题农产品的农户就要退出团队，并处罚款 5000 元交给村集体。

管理方式得当，前韩村韭菜连续四年没出过任何质量问题，甚至还得到中国农业科学院植保所的点赞，并被授予“绿色无公害韭菜种植示范基地”称号。

韭菜质量好

太阳底下晒十分钟也不蔫

夏季雨水充沛，每茬韭菜的生长期只有 12 天。早上 8 点记者在前韩村蔬菜农贸市场见到了等待收购韭菜的江苏籍商人胡勇。

“这里的韭菜质量好，耐储存，每把韭菜大小粗细均匀。都收了两年前韩韭菜了，每天 8 点准时到地方，来晚了等不着。”胡勇说。

胡勇的话不假，在该村有这么一个故事，曾经有个南方客商前来收菜，村民给出的价格每斤高出市场价 3 毛钱，客商就问：“同样是韭菜，为啥你们村就比别的村贵 3 毛钱?”村民也不多说话，把自家生产的韭菜和客商从别处收来的韭菜一块放在太阳底下晒，五分钟过去，别处收来的韭菜就蔫了，十分钟过去，村民自己生产的韭菜还不蔫，这下客商才明白，这 3 毛贵在这里。

韩连华介绍，前韩韭菜质量好和土壤、施肥、管理都息息相关，村民施的肥料有机质高，各种营养元素均衡。

“村民们尝到了甜头，现在每斤韭菜市场价 1.2 元，我们每斤可以卖到 1.5 元。”韩连华说，每斤多出的 3 毛钱，不仅仅是村民多出的盈余，更是村民多出的意识素养和管理水平。

六年交了50余万“学费”

李小刚攒足电商经验“学有小成”

《农村大众》记者 张 超 通讯员 赵 磊 乔志宇

在鱼台县王庙镇古李村，80后回乡创业大学生李小刚的名字，几乎人人都知道。大家都羡慕他的成功，但很少有人知道他也曾多次失败。

“2012年流转土地尝试水稻机插秧失败，2013年年底做线上农产品销售，在多个电商平台尝试创业无果；网上花大价钱做产品推广无效……”李小刚说，他从失败堆里走出来，攒足了电商经验。

转型做电商 坎坷连连

今年34岁的李小刚，2011年回乡创业，在家乡流转土地准备大干一番。“鱼台是‘鱼米之乡’，当时尝试做水稻插秧项目，结果因为不了解农业政策而失败。”李小刚说。

第一次创业失败，给李小刚泼了一头冷水，从失败中吸取经验教训，他认为自己走错了创业方向。

2013 年年底，李小刚开通了网上农产品销售渠道，开始转型做农产品电商。

“我当时在三个互联网平台——天猫、淘宝、聚划算都开通了网店，但是一年下来农产品销量很少，一算账，挣的钱还不如前期开网店投的多。”李小刚说，当初他对经营网店不熟悉，他认为只要在网上开了店，产品好就能卖得好，可是事与愿违。

想明白其中的道理，李小刚觉得他只管生产好农产品，找一家熟悉电商业务的公司帮他代经营管理网店，就可以打开“互联网”大门。谁知这一步李小刚也走错了。

2014 年，李小刚和北京一家农产品电商经营公司签订协议，他只需支付每年 30 万的管理费，电商经营的事情全部由北京这家公司进行操作。

“当时约定，我这边只需负责生产、包装、邮寄农产品，他们负责经营，并保证达到每年 100 万的销售额。结果半年时间过去，他们的销售额还不到 6 万元。”李小刚说，现在想想当初的决定很幼稚，哪有别人代管理就能做好的事情。

坎坷连连，2014 年下半年，李小刚终止了和北京这家公司的合作，转而自己经营。

农产品做推广

竟被忽悠

自己经营电商毕竟人手有限，2015 年，李小刚放弃经营淘宝和聚划算上的网店，开始专心经营天猫网店。

李小刚介绍，天猫的消费群体和经营理念跟其他电商平台有很大的区别，一是天猫客户的消费水平和素质普遍较高；二是天猫实行产品打分制，好的农产品打分就一定高。

李小刚说，以往在淘宝上，客户经常以农产品是不是原产地等莫名其妙的原因进行投诉，最多时淘宝上的网店一个月就有 20 多次。

“我们的农产品 100% 来自原产地，枸杞来自宁夏，薏米产自云南，这些都有物流证据可证明。”李小刚说，奇怪的投诉太多也是他放弃继续经营淘宝网店的原因之一。

做好农产品电商，网上推广是必不可少的环节。但是找到合适的推广网站并不容易。

“推广就是花钱买吆喝，要根据网店需求而定，不能盲目推。”李小刚说，2015 年，他先后花费 10 余万，在淘抢购、折 800、卷皮等门户网站上给农产品做推广，结果投进去的钱连个“水花”都没有。

李小刚认为，推广网站并不能真正帮助提高网店农产品的销量。

另类促销

日寄千份邮件

李小刚说，经营农产品电商三年多，他总结最有效且最能提高销量的办法就是“多、好、促”。多指的是产品种类多，好是产品品质好，促就是做好促销。

在李小刚创业基地的产品包装车间，记者注意到各种标注有“李小刚的三农实践”的农产品多达58种。

为了保证农产品质量，李小刚还指定了产品检测流程，筛选—挑拣—化验—晾晒—包装，对有问题的农产品实行来回免邮费置换处理。

在促销环节，李小刚实行“38元包邮，第一件半价”的办法。“第一件半价制可以带来可观的销量，但我们亏钱，客户也明白光一件农产品不能包邮，有需求往往都会多买两件。”李小刚说，这种另外促销，在保证销量的同时，还带来了可观的效益。

去年，李小刚还专门建了一个微信客户群，邀请了全国各地的16位客户到基地参观。“创业6年来，我在电商学习中交了50余万的学费，不过现在也‘学有小成’，创业园每天外发千余订单。”李小刚说。

“垃圾分类”已成邹城北齐村民自觉行为

讲卫生成良好习惯，一场大会后未留一丝垃圾

《农村大众》记者　张　超　通讯员　张长青

香城镇北齐村建立垃圾分类机制，村民自觉将垃圾分类并装袋，投入自家门口的分类垃圾箱。保洁员回收后，送入垃圾分类管理站统一分拣。全村真正实现垃圾减量化、无害化。

近日，记者来到北齐村，一探乡村垃圾分类的“邹城北齐样本”。刚一入村，记者就看到家家户户门前都有两个颜色各异的垃圾箱，北齐村党支部书记齐士湖告诉记者，这仅仅是北齐村垃圾分类管理的一部分——村民自觉分类打包环节。

据了解，北齐村每个月都会发给每家每户一批编了号码的蓝色和绿色垃圾袋，绿色专装厨余可堆肥垃圾，蓝色装生活中不可堆肥垃圾。每天早上 7 点，村里四名垃圾分拣员将各家各户的垃圾袋回收到管理站，再进行开袋分拣。

分拣员将按照编号，对每户人家分类情况按照“优、良、合格、不合格”进行评定。分得好的由村里进行奖励，年底除

了奖金，还有物质奖励——四袋有机肥；分得不合格的，由联系的党员或村民代表上门指导、监督。

“可循环利用的堆肥垃圾有一家有机肥企业回收，不可利用的通过分拣由镇里拉走。”北齐村保洁员齐传民说，通过分拣，以前镇里来运垃圾是 3 天一次，现在垃圾量大幅度下降，只需 15 天左右一次，每天的垃圾通过分拣后只有 40 公斤左右。

在北齐村，除了蓝绿两色垃圾箱，还有一类专用垃圾箱用来回收玻璃、酒瓶、电池、灯泡等生活垃圾。“蓝绿垃圾箱放在村民家门口，玻璃等器具垃圾箱，统一放在村里的十字路口。”齐士湖说，“有回收价值的垃圾全部卖给废品站并记账。这让村里有了集体收入。”

去年年底，北齐修建了垃圾分类管理站，用于统一收回分拣全村垃圾。垃圾分类管理站站长齐振臣介绍，北齐村所有的垃圾现在全部由保洁员回收后，运到分类管理站进行挑拣，严格按照废品属性进行归类。

“这样就能把村民的生活垃圾进行彻底分类，有用的垃圾实现效益，没有用的垃圾进行无公害处理。”齐士湖说，北齐村的做法就是让垃圾回到自己的“家”。

科学的管理，让北齐村人讲究卫生成习惯。齐士湖介绍，今年 2 月 20 日北齐村召开全村扶贫动员会，全村 1300 多人集中在一个会场，会议结束后，地上没有一片纸屑、没有一个烟头。

省内首家，
青州试点土地经营权入股农业企业

农民当股东，参与分享加工、流通等环节的收益

《农村大众》记者 李 伟 通讯员 王新杰

临近年关，青州市南小王村晟丰土地股份合作社理事长孙国贞依然忙着与杭州天禄蔬菜集团洽谈合作社入股企业的各种事项。双方的合作正是青州市土地经营权入股发展农业产业化经营的试点形式之一。

2015 年 12 月底，《青州市农村土地经营权入股发展农业产业化经营试点方案》获得农业部批复，青州成为全国首批 7 个土地经营权入股发展农业产业化经营试点县（市），也是山东省唯一一个试点县（市）。

据青州市农业局副局长陈玉兴介绍，青州市进行的农村土地经营权入股发展农业产业化经营试点，主要有三种形式：一是农民以土地经营权入股土地合作社，合作社再以土地经营权入股农业龙头企业；二是农民以土地经营权直接入股龙头企

业；三是农民以土地经营权、资金、大棚产权等多种要素入股龙头企业。晟丰土地股份合作社和杭州天禄蔬菜集团的合作属于第一种试点形式。

据孙国贞介绍，合作社成立于2008年9月，目前社员达到350户，入股土地3000多亩。社员加入合作社后，土地由合作社统一经营，主要从事蔬菜种植，社员们的收入包括土地流转费和盈余分红。“一亩地一年的流转费按926斤小麦算，折合1000元多一点，此外，盈余分红是浮动的，从腊月二十开始，社员开始领2015年的分红，每亩地2300多元。”

“现在，合作社的收入主要来自蔬菜种植和销售。双方合作后，天禄蔬菜集团除了蔬菜种植，还有蔬菜加工和农产品物流等多个项目，到时候，社员们的分红肯定比现在多。”孙国贞说。

“至于说哪一种试点形式能成功，或者是更有推广价值，都要看最后的试点效果。”陈玉兴说。根据试点方案，2017年6月底要完成相关试点工作，并总结完善试点经验。目前，涉及的农业龙头企业已经开始资产审计。

陈玉兴认为，土地经营权入股发展农业产业化经营，远比土地经营权流转复杂，中间有多个新的问题需要解决，核心问题之一就是土地经营权与企业原有资产的比价问题。“举个例子，企业原有1000万元资产，农民用1000亩土地的经营权入股企业，各自能占多少股份，需要双方充分协商，另外，入股土地的地力、水利灌溉等条件也需要考虑进去。”他说。

“同时，建立健全风险防范机制也很重要，不能因为企业经营不善，损害入股农民的利益；也不能因为个别农民中间撤股，影响到企业正常经营。”陈玉兴说。

（2016年2月2日）

肥城在省内首推农房抵押贷款

《农村大众》记者 李 伟 通讯员 房 燕

截至5月20日，肥城农村商业银行已经受理农民住房抵押贷款申请13笔，发放贷款2笔，金额12万元。今年3月31日，肥城市王瓜店街道东大封村种植大户李敬国，利用自家的农房作抵押，在肥城农村商业银行办理了2万元的贷款，用于购买农资，这笔贷款成为山东省首笔农民住房财产权抵押贷款。

土地、房屋是农民最重要的资产。长期以来，由于缺乏有效价值认定，加上法律规定的限制，农村房屋不能作为贷款抵押物。为了破解农民贷款难，2015年8月，国务院出台了《关于开展农村承包土地的经营权和农民住房财产权抵押贷款试点的指导意见》，在全国选择基础条件好的县（市、区）先期开展试点。同年12月27日，第十二届全国人民代表大会常务委员会第十八次会议正式决定，允许全国59个试点县（市、区）暂时调整实施《中华人民共和国物权法》《中华人民共和国担保法》关于集体所有的宅基地使用权不得抵押的规定，试点地区获得全国人大的法律授权。我省的肥城市、滕州市、汶上县被列为农民住房财产权抵押贷款试点县市。

肥城农村商业银行结合农村住房特点和抵押贷款相关规定，创新性地推出了“农民住房便民贷”信贷产品，明确了农民住房财产权抵押贷款的相关条件和操作流程，并简化贷款步骤，实施利率优惠。这是我省首个农民住房财产权抵押贷款产品。

作为抵押物的农房，价值评估是个难点。“在办理农房抵押贷款过程中，为减轻借款人的负担，减少评估费，采取了协商评估的方式，即由借款人与银行协商评估房屋价值，贷款授信额度为评估价值的50%。”肥城农村商业银行业务管理部经理范辉说。

肥城市潮泉镇玉皇山村村民王光忠种着53亩地，去年秋天他开始种植苹果树，并准备在林下种植中药材和散养鸡，可到今年春天，他仅整理土地和购买果树苗就花了20多万元，下一步他打算购买鸡苗，但钱花没了。得知当地推出农房抵押贷款后，王光忠于4月21日向农村商业银行提出贷款申请，5天后，他获得了10万元贷款。王光忠成为肥城第二个获得住房财产权抵押贷款的农民。目前，王光忠已经利用贷款建起鸡舍，并购置了400多只芦花鸡苗。

据中共肥城市委农工办提供的数据，截至目前，肥城已在340个村为6.9万户农民颁发了农村房屋所有权证，发证比例达到56%。农户手持宅基使用权证和农村房屋所有权证，在肥城农村商业银行任意一家网点，都可以申请农民住房财产权抵押贷款。

（2016年5月23日）

“能沤的”沤成肥，六成垃圾不出村

《农村大众》记者 李 伟 通讯员 姜 明

巨野县探索对农村垃圾进行减量化处理、资源化利用，取得初步成效。目前，231 个试点村在实行垃圾分类的基础上，把可以再利用的玻璃瓶、废纸等挑出来，厨余垃圾等投入村里的降解池中就地降解。因此，运到县垃圾处理场的垃圾减少六成以上。

8 月 19 日中午，董官屯镇董海村村民董振山提着一塑料袋西瓜皮，走出家门，把西瓜皮倒进门前的蓝色不可回收垃圾桶，然后把塑料袋放进绿色可回收垃圾桶。如今，大多数村民都养成了这样的习惯。

随着城乡环卫一体化推进，农村垃圾全部向县垃圾处理场集中，造成垃圾场负载过重。“原来县城每天大约产生 200 吨垃圾。2015 年下半年，实行城乡环卫一体化之后，每天接收的城乡垃圾超过 500 吨。”巨野县垃圾处理场负责人谭稳新说。

自2016年2月起，由巨野县文明办牵头，在董海村进行垃圾分类和减量化、资源化、无害化试点。村里新建了垃圾降解池、垃圾收集池等；同时，指导村民对自家产生的垃圾分类，村内保洁员按类别收集。最后，把厨余垃圾等可降解垃圾投进降解池中，沤成肥料；把旧衣服、塑料袋、尿片等不可降解垃圾，放到收集池中，定期清运。

经过一年半实践，董海村进城垃圾量明显减少。“以前，垃圾清运车每周必须来村里两三次。现在，全村每天收集到的塑料袋等不可降解垃圾只有5公斤左右，垃圾清运车3个月来拉一次就行。”董海村党支部书记董峰说。

据巨野县文明办主任李兵估计，试点村出村垃圾总量比以前减少了60%以上。

实行垃圾分类后，村民们开始把玻璃瓶、废纸等留着卖废品。如果村民不要，保洁员回收时可以拣出来卖掉，钱归自己。董海村保洁员董忠金说，靠卖废品，他每个月能多收入三四十元。

留在村里的可降解垃圾，也不影响环境卫生。记者在董海村看到，容量约10立方米的垃圾降解池，目前填到一半。“一边堆放，一边沤，底下的垃圾已经变成了有机肥。”董峰说。

为了让村民准确掌握垃圾分类方法，当地用“能沤的”和“不能沤的”贴近农民的语言进行前期宣传和指导。身为山东大学环境学博士的中共巨野县委常委、宣传部部长程凤鸣，是这项改革的倡导者和设计者。他表示，对农村垃圾减量化处理、资源化利用，既减轻了垃圾处理场的运行压力，又可变废为宝。巨野计划用2年到3年时间，把这项改革成果推广到全县所有村庄。

（2017年8月29日）

年出栏肥猪 5 万头，养殖场只需 5 个人

《农村大众》记者 李 伟 通讯员 贾海宁

先进设备的应用和养殖技术的提高，让养殖业需要的人工越来越少。近日，记者在沾化区利国乡崔铺村的瑞东农牧（滨州）有限公司（以下简称“瑞东农牧”）的养殖场了解到，一个年出栏 5 万多头育肥猪的养殖基地，只需要用 5 名技术员来管理。

瑞东农牧总经理李金光介绍，2015 年春，公司开始在崔铺村建设育肥猪场，当年 9 月开始养殖。目前，崔铺村有两个养殖场。“一个猪场投资 2000 万元，采用的是成套的自动化设备，喂料、喂水、粪污收集等各个环节均实现自动化。”李金光说，每个猪场有 4 栋猪舍，一栋猪舍大约可以养殖 2400 头育肥猪，一年可以养殖 3 个批次。算下来，两个猪场年出栏育肥猪 5 万多头。

这么大的养殖基地，却只有 5 名技术员负责。据李金光介绍，这些技术员全是大学学历，他们每天的工作不是传统的喂

料、清粪等工作，而是在猪场内定期巡查，保证猪的健康。瑞东农牧在粪污处理方面，有严格的操作流程，猪粪尿经过沉淀后，先进行干湿分离，固体用作肥料，液体厌氧发酵制成沼液，再施用到土地中。

在崔铺村猪场的四周，公司专门流转了2700多亩盐碱地，用来消纳猪场粪污。为了快捷高效地施用沼液，公司专门购置了300多万元一台的播粪车。播粪车实现了一边旋耕，一边均匀播洒沼液。自2015年秋季以来，瑞东农牧在流转土地上种小麦，春天再把麦苗翻到土中，做绿肥，再种植玉米。原来盐碱地玉米亩产量不高，只有六七百斤，经过改良后，玉米产量将近翻了一番。

李金光表示，瑞东农牧在滨州地区已投资建成3个母猪场，配套两个保育场，6个育肥场。后期计划继续加大产业链布局，利用猪粪发酵生产有机肥还田，并发展饲料加工，用于生猪饲养，最终打造年出栏生猪百万头的现代化全封闭产业链。

（2017年12月26日）

30 字村风村训提振赵瓦村“精气神”

《农村大众》记者　房孝钰

走在淄川区双杨镇赵瓦村的大街小巷，可以看到很多古色古香的仿古大门，大门以“忠孝仁和、福寿康宁”来命名。忠义街、孝诚街、阜康巷……一条条充满寓意的街巷，让人们感受到厚重的传统礼仪与文化气息。近些年，赵瓦村通过制定村风村训、建设民俗博物馆、吸纳产业等方式进一步提升该村文化品位，赵瓦村成为远近闻名的“文化村”。

“公为民、心念党、遵法纪、树形象、家庭和、孝先讲、邻里睦、诚要扬、创业实、铸辉煌。”这 30 个字便是赵瓦村的村风村训。“我们村共有 1263 户村民，自 2005 年始，村‘两委’便要求各村各户制定符合自家实际情况的家风家训，随后我们又根据家风家训提炼出 30 个字的村风村训，目的是通过这些进一步将乡村文明植根于每一个村民心中。”赵瓦村党委副书记李爱琴介绍说。

制定村风村训的同时，赵瓦村在村内安装了近百个广播小喇叭，村“两委”班子成员根据最新的政策及村风民俗等撰写广播稿，每天定时通过小喇叭开展教育宣传，从传统文化到人际交往，从大政方针到生产技术，精准切中村民需要，不断丰富着村民的精神文化生活。“别小瞧了这小喇叭，日复一日地广播，起到潜移默化的作用，村风村训已经深入到每个村民心中。”李爱琴说。

2014 年，赵瓦村花费大量精力把村里 250 余件老物件收集起来，建成了民俗博物馆。从第一代的拖拉机到抡耙、纺车等，村民日常生活、农业耕作用过的老物件都收藏在民俗馆内。目之所及，都是浓浓的乡愁。

“这锄头我当年在山里种地时可没少用过，现在来看看，有很多那个年代的回忆。”在民俗文化馆，村民郭训富说，以后他会常带孙女来这看看，让孩子了解一下老一辈生活的样子。

更为可贵的是，如今民俗博物馆已成为德育教育基地、未成年人思想道德基地，每年都有学生来此参观。

文明与文化的滋养，让赵瓦人充满正能量，焕发出不一样的精气神。这从赵瓦村会堂的受欢迎程度可见一斑。不管是山东省“中国梦·党在心中”百姓宣讲团来到村里宣讲，还是淄川区组织的歌唱培训，近四百人的礼堂每次都座无虚席，村民争先恐后地参加。

精气神提上来了，文化振兴与产业振兴同频共振，不少企业“寻味而来”。目前，赵瓦村有 17 家企业入驻，涵盖汽车、纺织、物流、农业等多个方面，村集体年收入达到 300 万元以上。

双泉村，朴素生态引来观光客

《农村大众》记者　房孝钰　通讯员　刘克伟

沂源县燕崖镇双泉村，是一个凭借最朴素生态环境吸引游客的村庄。承载了时代印记的挎筐、漫山遍野高高挂在枝头的大樱桃、天然的乡村环境……一个个看似再普通不过的自然元素，勾勒出了一幅乡村“仙境图”。

陪伴村民几辈子的挎筐挂在了白墙上，点缀上玉米和草叶，俨然成了艺术品。望着纷纷拍照的游客，干了43年村党支部书记的刘保吉，跟许多村民一样，一时还难以相信自己的眼睛。

20世纪70年代，村民用挎筐抬土、垒堰、整地，解决了温饱问题；90年代，村民用挎筐采桑养蚕，有了零花钱；进入21世纪，村民用挎筐施肥种樱桃，一亩收入过万元；而今挎筐挂上了墙，游客合影拍照交钱忙……

20世纪80年代，面对恶劣的自然环境，在“愚公书记”刘保吉的带领下，手搬筐抬，五年整地，两年引水，愣是从石头缝里抠出了上千条堰高土厚的梯田。栽桑树、种花椒、种葡萄，村民把石头山变成了花果园。

从20世纪90年代开始，该村在村“两委”的号召下，开始种樱桃，如今，双泉村全村252户773口人，家家户户都有樱桃树，2017年，全村种大樱桃实现收入1500多万元，户均年收入近8万元。

近年来，为了提高大樱桃的产量和果品品质，村民建起了100多个沼气池，推广应用了水肥一体化技术。村民刘成财介绍，他家种植了300多棵樱桃树，去年收入17万多元，一棵树卖果最多收入2000多元。

2015年，村“两委”抓住商机，成立了旅游公司，将闲置多年的村办企业旧址，改造成了旅游接待中心，号召10多户村民改建民宿，抱团发展乡村旅游。

为了吸引游客，村里把村民的樱桃园进行了整体规划，完善了旅游设施，建起了写生基地和精品采摘园。在旅游接待中心，为了突出乡村元素，村子里的簸箕、油灯、纺线车都被做成了艺术品，就连村民弃之不用的挎筐也上了墙……

据悉，2017年，双泉村累计接待游客5万多人次，带动户均增收近1.5万元。

西沟村全村 508 亩土地整体流转

《农村大众》记者　房孝钰

李汝名是招远市蚕庄镇西沟村党支部书记，在任 30 多年，在他带领下，西沟村实现集体经济年收入 4000 万元，人均年纯收入达 2.2 万元。

“自 2008 年以来，西沟村坚持走集体化经营之路，通过土地流转、专业化经营，促进三产融合发展，率先实现了共同富裕，为更好地解决‘三农’问题提供了一个成功‘样本’。”蚕庄镇包区干部李明介绍说。

西沟村是一个仅有 108 户 300 人的小村庄，拥有耕地 508 亩。“针对近年来农村劳动力缺失现状，村‘两委’经过多次研究，果断决定引导村民联合起来，变‘单干’为‘抱团’发展，2008 年，该村就开始着手进行土地流转工作。”李汝名介绍。

“当时，确定好走集体化道路后，又出现了谁来种地的问题。”李汝名介绍说，最后经所有参与合作的村民同意，最终确定通过“确权确股不确地”的方式明确农户的股份，并以人均持有的土地作为一股计算。这样，家里有几口人就持有几股。通过这种方式，2008 年底，西沟村 508 亩土地全部实现流转。

土地流转后，西沟村组建了招远市鹏泰农业开发有限公司，考察聘用了一批专业能人规划经营土地，找到了现代化经营的“良方”。

李汝名介绍，公司成立的同时颁布了公司章程，根据公司章程，全体股东投票选出了相应的机构和成员。一是成立理事会，属于决策管理层，具体负责公司的发展思路，包括计划的排列和方案的制定等；二是成立监事会，负责监督公司的运营情况和账目管理情况，确保公司正常、合法经营；三是成立经营管理小组，小组根据各自专长负责果园管理、高效农业种植、淡水养殖等各个方面。

目前，西沟村种植经营大姜 100 亩，果园、干杂果 170 亩，土豆、地瓜 200 亩，池塘养殖和垂钓水面共 30 亩，亩均纯收入由 300 元提高到了 2000 元，部分高效农业亩均收入达到 1 万元。

为进一步发展，2009 年，西沟村以鹏泰农业开发有限公司为依托，村集体以农业设施、机械设备折价入股，成立了招远市最早一家以土地入股的招远市鹏泰农业专业合作社。以土地和设施入股的村集体和村民占股 51%，以生产技术和资金入股的农业公司占股 49%。

“合作社不参与农业公司的具体经营，把土地经营中的责权利分离，专心干好‘发起、协调、分配’三件事。”刘汝名介绍。

如今，西沟村实现集体经济年收入4000万元，人均纯收入2.2万元。“现在村庄的发展还不错，但如果想更进一步发展，必须解决人才匮乏的问题。”李汝名说，虽说现在引进一部分人才，但从长远的发展来看还远远不够。接下来，村集体每年会拿出20万作为培训费用，与有意向的院校合作，走产学研之路。

刘传礼：6年打响一个土猪品牌

《农村大众》记者　房孝钰

在单县浮岗镇，提起大坝村的刘传礼，大家无不称赞。6年前，只有33岁的他放弃外面较好的工作，毅然返乡创业搞养殖，短短几年时间便干出了一番名堂。建基地、成立公司、利用互联网让自己的美传养殖场的生猪走出单县，走进金锣、双汇等多家全国品牌企业，打响了“浮龙黑土猪”品牌，实现了生猪养殖“公司+基地+鲜肉销售”的产业化发展。

高中毕业后，刘传礼回到家里务农。看到身边同龄人，一个个去外地打工，往家里寄钱，要强的刘传礼决定外出打工。2005年，他背上行李，拿了1000元，直奔向往已久的浙江宁波，顺利找到了一份稳定的工作。由于他人勤快，又有眼色，很快就当上了领班，月薪5000元。

然而一个偶然的机会，让他产生了回乡创业的想法。那是一个周末，他去当地工友家做客，在那里，他看到农户通过科学养殖收入颇丰，于是决定辞职回乡养猪。

刘传礼不打无准备的仗，由于之前没养过猪，2011 年 4 月，他专门到莱芜一家养猪场打工，利用几个月的时间熟悉饲养流程，学习科学养猪的技能，然后带着在外地打工期间积攒的 20 万元，回到了家乡开始创业。

通过市场考察，结合本地资源优势和市场需求，刘传礼将自己的养猪项目定位在了走规模化的路子上。经过测算，猪场预计得投入 300 万元，而自己手里只有 20 万元，出现不小的资金缺口，到哪里去筹集这么多钱呢？正当刘传礼为难之际，包村干部把此事汇报给浮岗镇党委政府，在政府的帮助下，刘传礼拿到了 200 万元贷款。

2012 年 3 月，占地 30 亩的标准化猪舍建起来了，很快从莱芜种猪场引进了第一批猪。为了把猪养好，刘传礼一天到晚待在猪场里，喂料、消毒、打针，几乎和猪睡在一起。就这样，经过几个月的细心饲养，猪场里的猪个个膘肥体壮，村里人都竖起了大拇指。

可是，猪养得不错，新的问题又来了。由于大坝村地理位置偏僻，信息相对闭塞，往常这里的生猪销售都是靠长期进行生猪收购的小商小贩，而现在满猪圈的生猪却卖不上价钱，资金回笼慢的问题摆在了刘传礼面前。

有了问题就得想办法解决，刘传礼把目光投向了网络。他买来电脑，在网上发布自己猪场的信息，进行网上销售，没想到，销量惊人，网上年销售育肥猪 5000 多头。

养猪获得成功，刘传礼又有了个大胆的想法，放弃白猪的养殖，通过多方考察、论证，他决定养殖远近闻名的中华黑猪——浮龙黑土猪。

浮龙黑土猪外形似野猪，被毛全黑，体型中等，四肢结实健壮，生命力顽强，同时猪的脂肪洁白，瘦肉鲜红，纹理细致，肉味浓郁芳香，细腻可口，肉质鲜美。为了让广大群众能吃上放心肉、有机肉、无公害肉，刘传礼在原来养猪场的基础上扩建，大力发展浮龙黑土猪养殖。在饲养过程中，刘传礼用玉米、豆粕和红薯叶喂猪，不加任何饲料添加剂，所以猪的抵抗力特别强，只是生长周期比较长，一头猪正常情况下，12 个月才能长到 90 多公斤，一年半才能长到 110～120 公斤，两年的猪才能长到 150 公斤。

刘传礼从养殖源头上严格把关，远离激素催长，再加上 14 个月的养殖周期，浮龙黑土猪肉一上市就以肉质鲜美、营养丰富等特点赢得了市场。为了满足广大消费者的需要，刘传礼在单县县城开了十多家鲜肉直营店，同时向周边的大中城市发展。

刘传礼的付出得到了社会的回报，2014 年浮岗镇大坝村换届选举，刘传礼以绝对优势票当选为大坝村党支部书记兼村委会主任，同年 12 月被浮岗镇政府授予“带头致富劳动模范”称号，2016 年当选县人大代表。